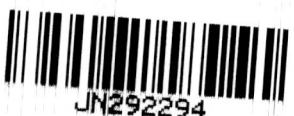

経済学教室 13

現代経済事情

丸山 徹 編

培風館

編　集

丸　山　　徹

序

本シリーズは，大学において経済学を体系的に学び始めた方々が，まず修めなければならない基本的常識を簡潔かつ正確に解説することを目標に編集した。そして生きた経済社会に発生する具体的な諸問題を筋道を立てて考える力の涵養を図るべく，各巻の執筆者にご尽力いただいた。

しかし社会生活のなかで重要な意義を有し，また話題にのぼることの多い経済問題の悉くに一巻ずつを費しては，このシリーズを甚だ膨大なものにしてしまうであろうし，初学の読者に過大な負担を強いる結果となるにちがいない。そこで今日，私たちが直面する経済問題のなかから，とくに六つの基本テーマを選び，それぞれについての簡明な展望を一巻にまとめて，シリーズの仲間入りをさせることにした。シリーズ中に独立した著作が用意されたテーマについてはそれをお読みいただくこととし，本書のために私が選んだのは人口問題，労働市場をめぐる諸問題，医療，環境，法と経済の五項目に，現下の日本経済を考えるための視点を加え，これを巻頭に置いた。

第 1 章・日本経済の針路 (鈴木淑夫) は，「失われた 10 年」を辛くも脱出した日本経済が，やがてリーマン・ショックに深く傷つき，さらに今次の大震災に苦しむ姿を診断し，進むべき方向を示す。豊かな経験に支えられた著者の明快な日本経済論である。

第 2 章・人口問題 (津谷典子) は，死亡率・出生率の変化とそれに基づく人口構造の動態を吟味し，さらにわが国の人口の将来像を国際的な視野の下に展望する。

第3章・労働経済 (早見均) は，労働の供給パターン，性別・年齢別の労働力率の動態に関する独自の研究結果を紹介し，賃金や雇用形態など，今日の課題に説き及ぶ。

第4章・医療と経済 (田中滋) は，医療経済問題の殆どすべてを鮮かに整理した力作である。ここで論じられた医療制度 (医療提供体制，診療報酬) や，社会保障の一環としての医療にかかわる問題点は，第3章で扱われた労働市場をめぐる論点とともに，人口の規模・年齢構造に深く関連することは言うまでもない。この意味で第2，3，4章は一括して読まれるべきであろう。

多岐にわたる環境問題の全般を本書の一章で論ずることには無理が伴う。むしろ第5章・環境と経済 (大沼あゆみ) では，視野を水と栄養塩 (とくにリン) の過剰利用と汚染がもたらす重要かつ困難な課題に絞り，それを制御・解決するための経済理論を具体的に示す。ここでもまた，現在69億人だが2050年には90億人に達しようという世界の人口圧力が背景に位置するのであるから，再び第2章との関連に留意していただきたい。

第6章・法と経済 (金子晃) は，自由な経済活動を護り，また必要に応じてそれを規制する法の基本的考え方を，法学の立場から説いたところに味わいがある。大分以前のことであるが，故板倉譲治氏 (元三井銀行社長) と歓談の折，同氏は経済学を学ぶ学生にも法律的センスを教育する必要性を熱心に主張された。私も同感をおぼえ，そのときの記憶に促されて，私は「法と経済」の一章を本書に加えたいものと願っていたのである。

各章の執筆を快くお引き受け下さった専門家の方々に深く感謝の意を表する。そしてシリーズ中この一巻は学生ばかりでなく，広く実業界の各分野でご苦労を重ねていらっしゃる社会人の皆様にも是非お手にとっていただきたく，それが編者としての念願である。

平成11年5月20日

丸山　徹

目　次

6　法と経済　[金子　晃]

1
日本の経済針路

鈴木淑夫

はじめに

今日は「日本の経済針路」ということで，お話をしてみたいと思います。私はここにおみえの多くの方と同じように，高度成長の先兵として働いた世代でございます。今年は満80歳になります。しかし，この年になって，先進国中最低の成長率に落ち込んだ惨めな日本経済の姿を見ようとは夢にも思っていませんでした。その上，東日本の太平洋岸が千年に一度という大規模な地震と津波におそわれ，未曾有の被害を受けました。しかし，何としてもこの日本経済を立て直さなければならない。そのためには，こういう方向に進むべきだということを，昔の高度成長を担っていた世代の一人として言い残しておきたいという思いを持っております。そのような思いから2009年に岩波書店から『日本の経済針路』という本を出しました。今日はこの本の考え方を基礎に，現在の時点までのデータを加え，さらに東日本大震災を踏まえ，私が考えていることをお話してみたいと思います。

1.1 「失われた10年」

まず，いわゆる「失われた10年」と言われるものはいったい何だ，というあたりから話を進めたいと思います。

図 1.1 の通り，高度成長が終わった後の，1970 年代でも日本経済は平均 4.6％ 成長，80 年代でも 4.4％ 成長をしておりました。これは先進国のなかでいちばん高い成長率です。ところが 80 年代の後半に地価と株価のバブルが発生し，そのバブルの破裂でドスーンと落ち込んだこの 90 年代，なんと平均 1.5％ しか成長をしていない。とくに 97 年度はゼロ成長，98 年度にはマイナス成長になりました。このときは橋本内閣の超緊縮予算が執行されたことと，アジアの通貨危機が重なったためです。その後，世界的な IT ブームの 2000 年度にリバウンドをします。2000 年代のリーマン・ショックが起きる迄の平均成長率は 90 年代の 1.5％ よりは多少上がって 1.7％ ですが，これは戦後最長と言われる景気上昇が，02 年から 07 年まで続いたからです。そのあとリーマン・ショックで 08 年以降落ちているわけです。

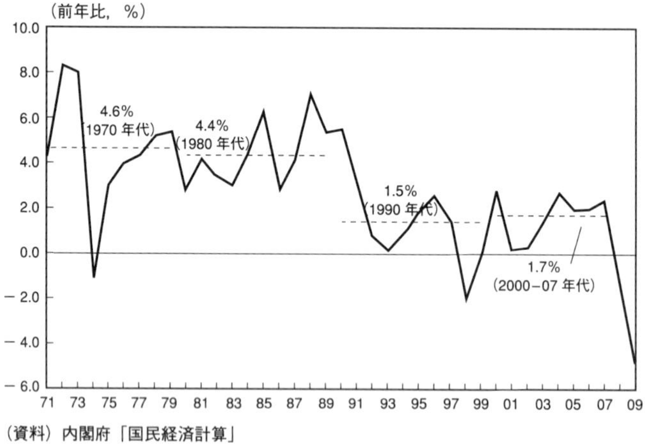

図 1.1 日本の経済成長率

なかには「失われた 20 年」と言って，この 2000 年代を含めて，日本経済の停滞を語る方もいます。しかし，バブルの崩壊にともなう低成長で，現在の米欧と同じ姿になっているという意味での「失われた 10 年」は，やはり 90 年代から 2001 年ぐらいまでの話です。02 年頃には，バブル崩壊に伴う「バランスシート調整」は終っているからです。

さて，先進国のなかで最高の成長率を示していた日本が，この 90 年代以降最低の成長率になってしまったのはなぜか。実は米欧の先進国の間では，その解釈をめぐって対立がございました。ヨーロッパの，とくに BIS (国際決済銀行) を中心としたヨーロッパの中央銀行の人たちは，「バブルが発生していたにもかかわらず，金融引き締めをしないでいたので，大きくバブルが膨らんでしまい，その後，金融引き締めに入ったから，ドスンと落ちてしまったんだ」と言います。だからこれからの中央銀行は物価ばかり見ていないで，80 年代後半の日本のように物価が安定していても資産バブルが出てきたら，それが破裂した後，経済は激動するんだから，大きく膨らまないうちに引き締めに入らなければいけないと言うのです。

ところがこれに対して当時の米国連邦準備制度理事会の議長であったグリーンスパンを先頭にした，米国の中央銀行，それから一部米国の学界の人，これはいまの議長のバーナンキも含みますが，この人たちがどういうことを言っていたか。これはグリーンスパンの言葉ですが，「バブルなんていうのは破裂してみなければ，バブルだったかどうかわからない」と言った。アメリカの住宅価格は 2007 年の夏まで急上昇し，90 年代から見れば 3 倍近く上がっている。2000 年代に入ってからも倍ぐらいになっているが，この急上昇がバブルかどうかはわからない。当時「ニュー・エコノミー」などと言われていまして，IT 革命によって第三次産業の生産性が飛躍的に上がっていた。確かにアメリカの成長率も上がっています。ですからそれを反映して資産価格が上がっているのかもしれない。大体，万一これがバブルだったとして破裂したら，そのとき果敢なる金融緩和をすればいいんだ，日本はそれをしなかったからいけないのだという議論をして日本を批判していたのです。

ヨーロッパは日本を教訓としましたけども，アメリカは日本を批判していたわけであります。

さあ，ところがアメリカで住宅価格のバブルが破裂した結果どういうことになったか。図 1.2 の左側は「日本の実質 GDP」ですが，日本ではバブルが崩壊したあと，GDP はマイナスに落ち込んでいません。97 年度の超緊縮予算を実行した翌年に，一度マイナス成長になっているだけです。その後も GDP は上がっていきますが，リーマン・ショックの際にはドーンと 1 割近く GDP は落ちております。でも，日本のバブル破裂のときは，こんな激し

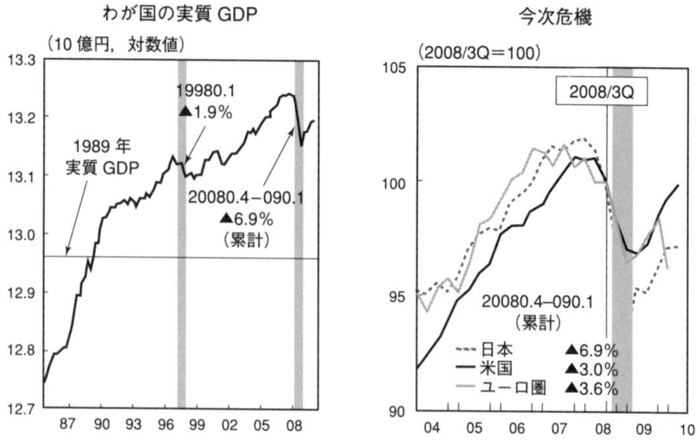

(資料) 内閣府「国民経済計算」，US Bureau of Economic Analysis, Eurosyay

図 1.2　危機後の産出量の減少

い落ち方をしていないのです。

右側は今回のリーマン・ショック以降の「日・米・ユーロ圏の GDP の落ち方」であります，これはすごいものです。ユーロ圏 3.6％，米国 3.0％，日本は 6.9％ もドスンと一回落ちる。90 年代には 98 年に 2.0％ 落ちたのが最大だったのですから，今度のほうがよほど経済の落ち込みは大きいわけです。ですから日本のことをいろいろ批判をしていましたが，何のことはない，米欧のバブル破裂後の経済の激動のほうが，すさまじかったのです。

1.2　米欧のマクロ経済政策の行き詰まりと停滞の長期化——日本の経験の一般化

アメリカは，バブルが破裂したら，果敢な金融緩和，大型の財政出動をやればいいのだ，日本はそうしなかったから，いつまでもぐずぐずと低成長，デフレを続けて「失われた 10 年」になってしまったんだと，日本の経済政策を批判していたわけです。そして今回のバブル崩壊後，米国も欧州中央銀行も英蘭銀行も，果敢に民間の資産を買い上げて，ベースマネーの供給をしたわけです。

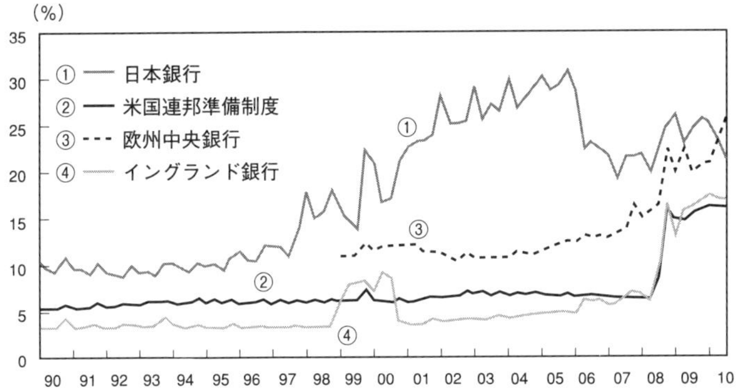

(備考) 1. 直近の数字は，2010 年 8 月末のバランスシートの規模と 2010 年第 2 四半期の名目 GDP との比.
2. イングランド銀行のバランスシートは，TARGET システム（ユーロの決済システム）への加入に伴う技術的な要因により，1999 年から 2000 年にかけて一時的に増加している.
(資料) 日本銀行，Board of Govement of the Federal Reserve System, European Central Bank, Bank of England.

図 1.3 主要国中銀の資産規模 (対名目 GDP 比%)

図 1.3 を見ると，日本は「失われた 10 年」のあと，すでに 2000 年代に民間の資産を買い上げて，日本銀行の資産の対 GDP 比率は 30% ぐらいまでいっています。遅れ馳せながらリーマン・ショックのあと，米国は日本と同じぐらい，GDP の 25% ぐらい資産を民間から買い上げてベースマネーを供給する。ヨーロッパの中央銀行や英蘭銀行もそうです。果敢なる金融緩和をやった。

ところがどうでしょう。日本と同じことが起きました (図 1.4)。マネタリーベース，あるいはベースマネーというのは，現金と中央銀行預け金を足したものです。中央銀行預け金というのはいつでも現金に換わります。民間の資産をバンバン買い上げて，マネタリーベースばかり日本はジャンジャン増やしたのです。ところが残念ながらマネーストックは少ししか増えない。銀行貸出に至っては収縮した。これを見てアメリカは金融緩和が不十分だと言って日本を批判していたのですが，そう言っていたアメリカが，リーマン・ショックのあと果敢なる金融緩和をやって，ベースマネーをやっぱり日本と同じぐらい，何と 2.5 倍も供給するのですが，図 1.4 に示したように日本とまったく同じことが起きている。つまり貸出は収縮して，ほとんど増えない。した

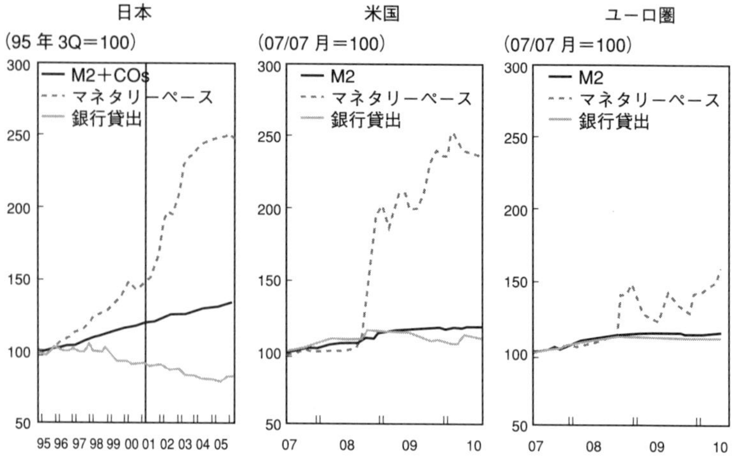

（資料）日本銀行，Board of Governars of the Federal Reserve System, European Central Bannk.

図 1.4　マネタリーベースと広義マネー

がって，マネーストックもほとんど増えない。同じことは，ヨーロッパでも起きているわけです。

じゃあしょうがない，大型の財政出動でやるかと，最初はアメリカもヨーロッパも日本も大型の財政出動をしましたが，その結果として表 1.1 のように財政赤字の対 GDP 比率が，いずれもマイナスで米国 11.0％，英国 11.3％，「ギリシャ問題」のギリシャ 13.5％，いま大問題になっているアイルランド 14.3％，これから怪しいぞと言われてるポルトガル，スペインも 10％ 前後です。ここまで財政赤字が拡大したものですから，財政政策の追加はもうできないねという話になってきました。

その結果どういうことになったかと言いますと，財政を拡張して，赤字はうんと膨らんでしまったから，むしろ緊縮的にしなければいけない。その代わり金融のほうはバンバン緩和する。つまり，財政緊縮，金融大緩和というポリシー・ミックスにならざるをえなくなってしまった。でも，そういうポリシー・ミックスをやると何が起きるでしょう。

それを真っ先にやったのが日本です。日本の 2000 年代のはじめ「実質実効為替レート」は図 1.5 に示したように比較的高かった。「実質為替レート」と

表 1.1 各国の財政収支と政府債務残高

(対名目 GDP 比率，%)

	財務収支 (2009 年)	グロス債務残高 (2009 年末)	ネット債務残高 (2009 年末)
日本	−7.2	192.9	108.3
米国	−11.0	83.0	58.2
英国	−11.3	72.3	43.5
ドイツ	−3.3	76.2	48.3
フランス	−7.6	86.3	50.6
イタリア	−5.2	128.8	101.0
カナダ	−5.1	82.5	28.9
ギリシャ	−13.5	119.0	87.0
アイルランド	−14.3	70.3	27.2
ポルトガル	−9.4	87.0	57.9
スペイン	−11.2	62.6	34.8

注：1. 財政収支は，SNA ベースでみた一般政府 (中央政府，地方公共団体，社会保障基金) の資金不足額。
2. ネット債務残高は，グロス債務残高から一般政府の保有する金融資産残高を引いたもの。
3. OECD Economic Outlook database (2010 年 6 月) によるもの。

いうのは，皆さんがふだん見ている名目為替レートを，インフレ率の差で調整したものです。なぜそういうことをやるかというと，名目為替レートが横ばいでも，日本の物価は下がり，相手の物価は上がっていたら，価格競争力は日本が強くなってしまいます。だからそのインフレ率の差を調整した実質為替レートが横ばいなら，価格競争力に変化はないわけです。「実効」というのは，日本の貿易相手はアメリカだけではありませんから，対ドルレートだけ見ていてもしょうがないので，対ドルの実質為替レート，対ユーロの実質為替レート，アジアの国々との実質為替レートなどを貿易のウェイトを使って加重平均したものが「実質実効為替レート」です。だから実質実効為替レートが横ばいであれば，価格競争力に変化なしということです。

さあところが，この 2000 年のはじめに，2005 年を 100 として 131.37 と比較的高かった円相場から，リーマン・ショック直前まで，この日本の輸出主導型の戦後最長景気の時期に，大きく円安が進んだわけです。この間，約 40 % も実質実効為替レートが円安です。これは言うまでもなく，緊縮財政と超金融緩和のポリシー・ミックスのせいです。緊縮財政ですから内需は元気が出ないで輸出圧力が高まる。そして，超金融緩和ですからお金はどんどん

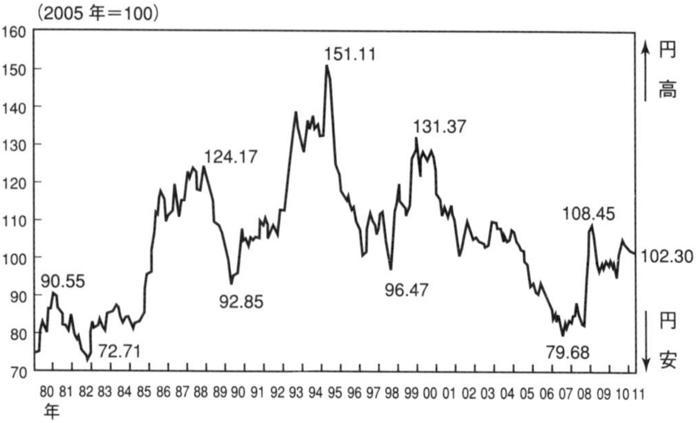

(注) 1. BISのブロードベースを使用して算出．1993年以前はナローベースを使用して接続．
2. 2010年2～3月分は，日本銀行の名目実効為替レート（円インデックス）を用いて算出．なお，2011／3月は10日までの平均値．

図 1.5 実質実効為替レート (月中平均)

海外へ出ていって，海外に投資されていく。ですから当然円安，海外通貨高になるわけです。そのことによって日本は輸出を増やして，戦後最長の景気を実現した。バブルが破裂したあと，財政はもうこれ以上追加できない，あとは金融だけだということで，自分の通貨を安くして，ジャンジャン輸出を伸ばす。これは「近隣窮乏化政策」ですが，それをする以外に手がなくなり，日本は2000年代に，リーマン・ショック直前までそれをやったわけです。

日本の真似をして今度のリーマン・ショック後，同じことをやったのがEUです。ユーロと円のレートを思い出してください。07年頃は1ユーロ166円です。それがバーッと落ちてきて，名目レートで最近は115円あたりをウロウロしていて，ひどいときは110円を切ったこともあります。これはたいへんなユーロ安で，ユーロ諸国は輸出を伸ばして何とか立ち上がってきたわけです。遅れ馳せながらそれを大規模にやろうとしているのがアメリカで，だんだんと財政が先細りになってくるなかで，大金融緩和をやって，口では強いドルがいいと言っていますが，大統領が事実上ドル安政策をやって，輸出を倍増すると言っています。

2000年代の07年頃までは，日本だけが近隣窮乏化政策やったからうまくいった。いまはアメリカとヨーロッパがみんなそれをやろうとしている。これは大恐慌のときの通貨切り下げ競争の再現です。そんなことをしては駄目でしょうという世論が当然国際会議で出てきました。アメリカはご承知のように「QE2」と言うのですが，量的緩和の第二段 6,000 億ドルを 2011 年 6 月までに供給するという政策を決めました。それから，大型財政出動の追加ですが，このままいくと減税の期限が 2010 年末で切れますので，これをさらに 2 年延ばすということを中心に新たな減税も加えて，8,580 億ドルの財政拡張の追加を議会で通しました。ところがアメリカは，もう財政赤字が GDP の 11％ ぐらいです。それなのに今後 2 年，逆に 8,580 億ドルの財政拡張の追加だというわけです。これでは赤字は縮みません。拡大するかもしれない。マーケットはそれを見て，アメリカの長期金利が上がってきました。これは財政刺激の効果をかなり制約してくることは間違いないでしょう。

それからもう一つ，大変歴史的なことが起きました。2010 年 11 月，ソウルで「G20」が開かれましたが，その席上でアメリカは胸を張って「QE2」を説明したわけです。「われわれはさらに来年 6 月までに 6,000 億ドルの量的緩和を追加する。そのことによってアメリカが二番底に陥らないようにする」と。拍手喝采されると思って威張って言ったら，なんと新興国を中心に批判されたんです。

「冗談じゃない，そんな 6,000 億ドルものカネをさらに垂れ流したら，そのカネはおまえさんたちの国の中にいないで，どんどんおれたちのほうに流れてくる。そうしたらおれたちの国がインフレやバブルを起こすじゃないか。しかもおれたちの国は通貨高，米国はドル安になって，おまえさんは輸出が伸びるかもしれないけど，おれたちは輸出できないで苦しむ。しかもインフレとバブルの危機にさらされる。迷惑至極だ」と言ったのです。これは歴史的な転換です。アメリカも慌てたと思います。アメリカはいままで，「おれが世界を引っ張っているのだ。だからおれが大規模な金融緩和，財政刺激をするのは世界のためだ」と威張って説明していた。それが「困るのはこっちだ」と言われたわけです。アメリカが世界経済の唯一の機関車であった時代は終わり，代って新興国・資源国が最大の機関車となったことを象徴する出来事です。

アメリカもヨーロッパもバブルの崩壊で落ち込んでしまった経済を立て直

すために，ヨーロッパは財政を締めて超金融緩和をやる。アメリカはなんと財政まで拡大しようとしたけれど，それではお互いに通貨切り下げ競争になってしまうということです。それから，財政拡張政策の効果で，アメリカでは金利が上がる，ヨーロッパでは財政危機という限界があります。そのようにいま，アメリカとEU諸国，それからユーロに参加していませんがイギリスも含めて，マクロ経済政策の行き詰まりに突き当たっています。そういうなかで2010年の成長率がEUもアメリカもジリジリ下がってきて，二番底にならないかと心配されていたわけです。

表1.2は経済成長率の国際比較で，実績が出ていないところは，2011年4月現在のIMFの経済見通しです。ご覧ください，2010年の成長率は，米国，ユーロエリアは，2.8，1.7と非常に低い。日本は3.9です。先進国のなかで2010年は日本が断トツの成長率で，米国とユーロ圏はマクロ経済政策の行き詰まりもあって弱い。ユーロ圏は来年はさらに成長率は落ちていくだろうというのがIMFの見通しです。

表1.2 経済成長率の国際比較

(前年比，%)

	2007年	2008年	2009年	2010年(見通し)	2011年(見通し)
世界	5.4	2.9	−0.5	5.0	4.4
先進国	2.7	0.2	−3.4	3.0	2.4
米国	1.9	0.0	−2.6	2.8	2.8
ユーロエリア	2.9	0.4	−4.1	1.7	1.6
日本	2.4	−1.2	−6.3	3.9	1.4
新興国・途上国	8.8	6.1	2.7	7.3	6.5
中国	14.2	9.6	9.2	10.4	9.6

注：2011年4月のIMF見通し

米国は「QE2」と8,580億ドルの財政政策で，二番底は避けられるでしょうが，問題がいろいろありますから，2011年は10年並みの成長は維持できても，その先2012年はどうなるかわからない。このように日本を批判していた米国や，批判はしていなかったけど反面教師にしていたヨーロッパが，ちょうど日本の「失われた10年」と同じような経験をしつつある時代に入ってきた。日本は特殊な国だったのではなく，日本の経験が一般的で，どこの先進国でも大規模なバブルの破裂が起きれば同じことが起きることが，はっきりしたのです。

そういうなかで「デフレ化」の恐怖まで一時出てきました。日本は90年代のバブル崩壊の後，だんだんコア・インフレ率下がってきて，とうとう95年でマイナス。一度プラスになっていますが，98年あたりでまたマイナスです。ところがこれに重ねて現在のアメリカを書いたのが図1.6です。どうでしょう，日本と同じようにインフレ率が下がってきています。2010年10月はプラス0.6％です。これがいわゆる「米欧経済の日本化」です。要するに日本と同じようなデフレに陥るかもしれないぞという恐怖が出ている。その意味でも日本の経験は決して特殊ではないのです。ただし，インフレ率については，その後石油を筆頭に世界的な資源・食料品価格の上昇が進んでいるため，デフレにはならないと思います。しかし，輸入品の値上りでコストプッシュ型のインフレになると，今度は金融緩和が続けられなくなり，スタグフレーションのリスクが出てくるでしょう。

ではいつまで米欧が苦しむのだろうか，それはバブル崩壊で発生した不良資産の調整が終わるまでです。図1.7は今度の危機の震源地である「アメリカの家計のバランスシート」です。要するにアメリカの家計の負債，これは主として住宅ローンで，一部に消費者ローンが入っています。それを可処分

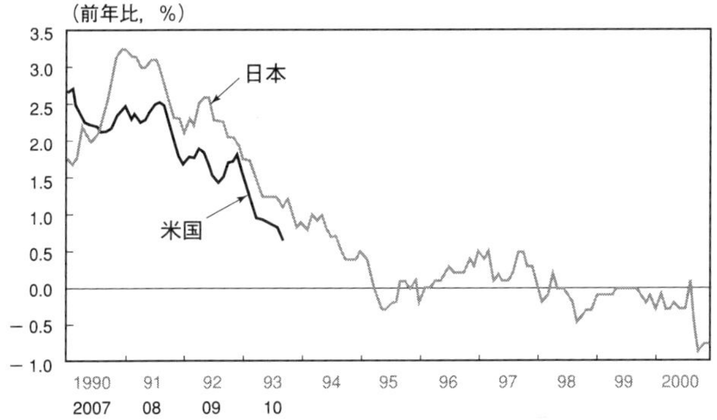

(備考) 日本のコア消費者物価指数は，総合指数から生鮮食品を除いたもの．また，日本の指数は，97年4月の消費税率の3%から5%への引き上げの影響を調整している．米国のデータは，07／1月から．
(資料) 総務省「消費者物価指数」，Bureau of Labor Statistics

図1.6　コア消費者物価インフレ率

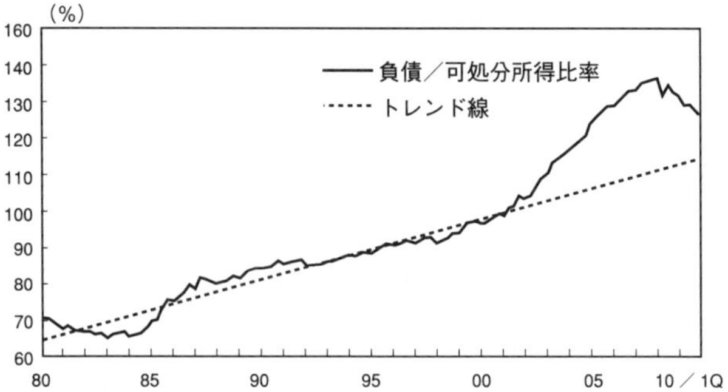

（注）点線は 1981 ～ 2000 年のトレンド.
（資料）BEA, FRB

図 1.7　米国の家計部門におけるバランスシート調整

所得で割ってみた。この 100 というところがちょうど同額ですが，バブル崩壊するとき 140 までいってしまった。年間所得よりも平均 40％ 多く借金を背負っている。ここでバブルが崩壊して，住宅価格が下がり始めたわけですから，借金のほうはそのままで，資産の値打ちが下がっていき，アメリカの家計が債務超過になる。

したがって，これでは借金は返せません。いままでは住宅価格が値上がりすることを見込んでこんなに借りていたわけですが，値下がりし始めたら返せない。アメリカには「ノン・リコース・ローン」というのがありますから，返せないと言えばそれで家計は逃げ出せるわけで，その家を返して借家住まいする。しかし，家を引き取った金融機関にとって大変な不良資産ができるということです。また，ご承知かと思いますが，家計に対する住宅ローン，あるいは消費者ローンが不良貸出になっているだけではない。それを組み込んだデリバティブスがとんでもない値下がりをしていますから，そういうものを買い込んでしまったヨーロッパの金融機関も大変な資産価値の下落，債務超過で，そのバランスシート調整にいまヒイヒイ言っているわけです。

「バランスシート調整」というのはどういうことをやるかと言えば，家計であれば支出を抑える以外にない。つまり，消費や住宅投資は弱いということです。金融機関であれば貸出を抑える以外にない。だから，こんなに金融緩和しているのに貸出は収縮してしまっている。ですから大規模な資産バブルの崩壊が起きたあとのバランスシート調整というのは，このように家計，あるいは日本の場合は企業の支出，つまり消費や住宅投資や設備投資を抑えてしまう。そしてそれの跳ね返りで不良資産を抱え込んで，四苦八苦する金融機関は貸出を増やせない。

ですからアメリカの場合，根っ子の家計のところが直らないかぎり，このバランスシート調整，ひいては低成長はまだ続くのではないか。それを救おうとしたって，マクロ経済政策の財政は赤字でこれ以上動けない。金融はこれ以上緩和したら，「近隣窮乏化政策」だというところへ逢着していますから，これは私はアメリカとヨーロッパは，日本のように10年もかかるとは思わないけれども，「失われたx年」でそんなに簡単に立ち直れない。ですから2011年以降の成長率は，そうすんなりと上がってこないと思います。

1.3 アジアが世界経済をリードする

じゃあ世界はいったいどうなっていくのでしょう。表1.3はIMFの2010年10月の見通しを使っていますが「世界の成長率」は80年代3.2％，90年代3.0％，2000年代3.6％，そして2010年と2011年は4.5％に上がってきます。

ところが，この世界の成長に対する寄与率はどうでしょう。さっき言いましたようにアメリカは「おれが良くならなきゃ世界は良くならないぞ」と大きなことを言っていた。アメリカ中心の先進国は80年代は確かに世界の経済の拡大に対する寄与率は66％でした。ところが，90年代は58％に落ちて，とうとう2000年代になると30％に落ちてしまった。2010年と2011年

表 1.3 世界経済の成長への寄与の変化

(寄与率，％)

	1980年代	1990年代	2000年代	2010～11年
先進国	66	58	30	28
アジア新興国・途上国	20	31	42	48
その他新興国・途上国	14	11	28	24
世界の成長率 (年平均，％)	3.2	3.0	3.6	4.5

注：1. 2010年～11年は2010年10月時点のIMF見通しに基づく。
2. 地域別ウェイトは，IMF試算の購買力平価によるもの。

だけ見れば28％です。反対にぐんぐん上がってきてるのが新興国・途上国，なかんずくアジアの新興国・途上国です。2011年と2012年，アジアの新興国・途上国は48％の寄与率です。先進国が28％で，この中に日本の寄与率があり，それをアジアへ足してしまえば，アジアは50％以上になり，米欧先進国の2倍になります。まさにアジアこそが機関車であって，アメリカさん，あなたは機関車じゃないよ，あんまり近所迷惑な政策をとるなという時代にいま入ってきているということです。

1.4 日本の有利な条件，不利な条件

さて，ここから日本の話に絞っていきたいと思います。日本経済，有利な条件と不利な条件があります。

有利な条件は，さっき言ったように「バランスシート調整が終わった」ということが一つあります。バランスシート調整に四苦八苦しましたけど，2002年ぐらいまでに終わり，銀行の不良債権比率が下がりました。企業も設備，雇用，債務の「三つの過剰」を克服してバランスシートが正常になった。ところが欧米はさっきお見せしたように，米国の家計のバランスシート調整はまだ道半ばです。あと1，2年は最低かかるのではないか。二番目の日本のいい条件は，いまや世界の機関車になっているアジアのなかにいるということです。三番目は，これから必要とされる技術，新エネルギーの関係，原子力，太陽光，風力，水力等々による発電，それから水などを中心とする環境の技術，省エネルギーの技術，鉄道とか道路とか交通・通信網といったこれから世界，とくに新興国・資源国で必要になってくる「第三次産業中心の技術」を持っている。この三つが日本経済にとって有利な条件です。

にもかかわらず，2010年こそ日本経済は4％ぐらいの成長率ですが，東日本大震災が発生する前の段階で，2011年はまた1％台に落ちてしまうとIMFに見られ，国内でもそう言われていた。どうしてこれだけ米欧と違う有利な条件を持ちながら，米欧と一緒に「低成長」で，元気がないのか。これがいちばん大きな問題だと思います。

図1.8をご覧になってください。この太いほうの線は，GDPベースの需給

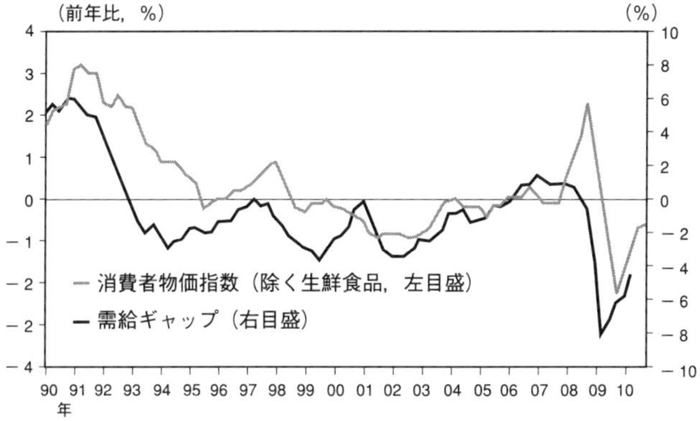

図 1.8　消費者物価 (前年比，%) と需給ギャップ (%) の推移

ギャップです。ゼロから下ですと供給超過です。戦後最長景気の末期にようやくゼロの上に上がりましたが，またリーマン・ショックでドーンと落ちています。重ねて書いたのは生鮮食品を除くコア消費者物価の前年比，インフレ率です。

これを見て二つのことがわかると思います。一つは，需給ギャップとインフレ率は，同じように動いていて相関が高い，だからインフレ率を変動させているのは基本的には需給ギャップで，だからデフレに苦しんでいる時期は，需給ギャップがずうっとゼロから下にいるのです。もう一つこのグラフで確認していただきたいことがあります。93 年〜02 年の需給ギャップはほぼ同水準で変動しています。しかし，この時期にインフレ率が下がってきている。つまり同じ需給ギャップに対応するインフレ率が，90 年代まではプラスだったのに，だんだんとマイナスになってきている。これが非常に重要な事実です。同じデフレ・ギャップでも物価の上がり方は少なくなって，デフレ的になってきている。これはなぜだろう。

図 1.9 は潜在成長率を実質 GDP の現実の成長率の後方 10 年移動平均値，つまり 10 年前からこの時点までの実績がこの時点の潜在成長率だという考え方で計算したものです。日本だけがこの「失われた 10 年」の 92 年のところからダーッと落ちている。そして 2000 年からはもう 1% ぐらいの潜在成長率で横這っているのです。米国やイギリスは落ちたといってもこの程度で

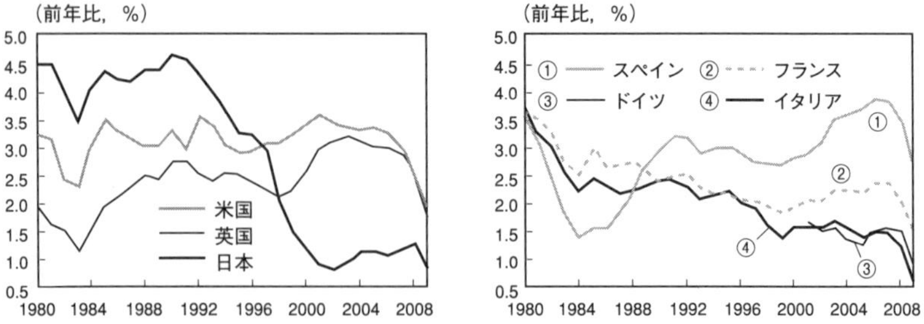

(注) ドイツの始期は 2001 年.
(出所) 各国統計

図 1.9　潜在成長率 = 実質 GDP の成長率 (後方 10 年推移平均で代理) の劇的低下

す。最近でこそヨーロッパ諸国はひどいことになってきていますが，日本が非常に早くから潜在成長率が下がっているということがおわかりいただけると思います。

潜在成長率と長期的なインフレ率の予想との相関関係を日本，米国，ユーロ圏，英国について見たのが図 1.10 です。日本は相関係数 0.85 ですから非常に高い。大体日本の成長率と予想インフレ率はほぼ一致して変動している。

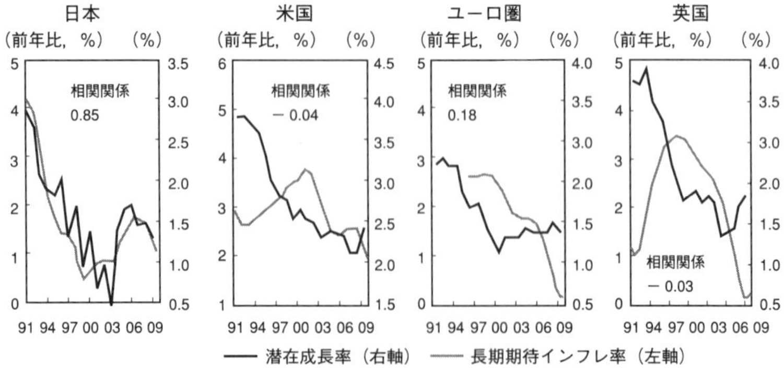

(備考) 1. 予想インフレ率は，5 ～ 10 年先の消費者物価見通し (各年 4 月時点と 10 月時点の平均値). 潜在成長率については日本は日本銀行調査統計局の試算値. 米国は CBO の推計，ユーロ圏と英国は HP フィルターによる.
2. ユーロ圏の 2002 年以前の予想インフレはドイツの値.
3. 相関関係は，1991 年～ 2009 年の値 (ユーロ圏は 1996 年～ 2009 年).
(資料) 木村 他 (2010)

図 1.10　潜在成長率と長期的なインフレ予想

ところが，米国，ユーロ圏，英国を見ると，相関係数は米国なんかマイナス，ユーロが0.18，英国もマイナスで，要するに関係ありません。日本だけがどういうわけか潜在成長率が下がると長期インフレ率も一緒になって下がってしまう，という関係がはっきりとあります。この理由は，潜在成長率が下がってくるということは，企業自身の期待成長率も一緒になって下がっているからです。潜在成長率が下がるのと一緒に期待成長率が下がると何が起きるか。同じ需給ギャップの下にあっても，この先あまり成長しないと思うから，それほど設備投資をしたり，雇用を増やしたり，賃上げを許容したりしないということです。これこそがさっき申し上げた，同じ需給ギャップの下でインフレ率が下がっているということに対する解なんです。

つまり，大事なことは，日本の企業が97年のゼロ成長，98年のマイナス成長の下で戦後初の金融危機が勃発した時期を境にすっかり自信を失って，予想成長率，期待成長率が下がってしまっているものだから，以前と同じ需給ギャップの下でも，あまり投資，雇用を増やさない。賃上げもしない。それがインフレ率を下げてしまっているということだと思います。

図1.11は，企業が投資をしなくなったということを示す図表で，設備投資対キャッシュ・フロー比率は，1.0ならキャッシュ・フローを全部設備投資に投じてますということです。1より下にあるということは儲かっていて

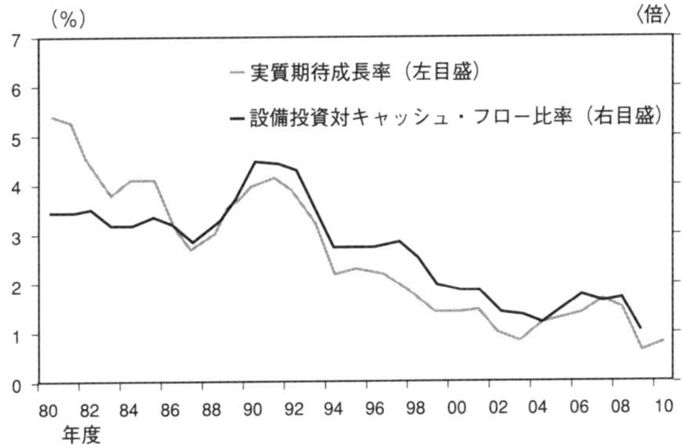

（注）期待成長率は，当該年度から始まる5年間の平均成長率.

図1.11　企業の期待成長と設備投資

キャッシュ・フローがあるのに設備投資をしないでお金を自分で溜め込んで使いませんということです。かつての日本というのは，キャッシュ・フローがあれば投資をしていた。いまはキャッシュ・フローがあっても投資をしない。それは期待成長率が下がっていることと軌を一にしています。

図 1.12 は法人企業統計の企業収益と GDP 統計の雇用者報酬の変化を表したグラフです。日本経済がどんどんデフレ化し始めた 97 年頃を境にして，企業は儲かっているのに賃上げをせず，雇用も増やしません。雇用者報酬はどんどん下がってくる。これは恐るべきことです。儲かっているのに，それを賃上げや雇用や設備投資に回さない。儲かっても投資と雇用にも回さず，賃上げも許容しないということは，結局期待成長率が下がっているからなんです。期待成長率が高ければ儲かったときにそのお金を使って，賃上げでいい人材を集めて，次の事業に備えます。

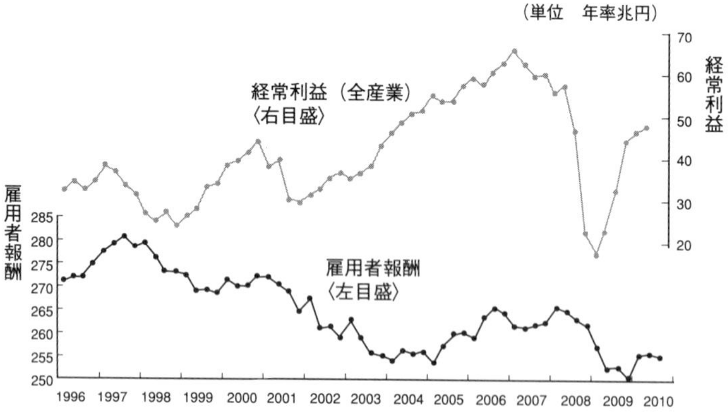

出所：内閣府「四半期 GDP」の雇用者報酬
財務省「法人企業統計調査」の経常利益

図 1.12　企業収益と勤労者所得の乖離

以上，私が申し上げたいのは，日本ではバランスシート調整はもう終わっていて，しかも発展するアジアにいる。そしていま大事な第三次産業の技術をたくさん持ってる。これだけいい条件が揃っているにもかかわらずバランスシート調整でヒイヒイ言っているアメリカやヨーロッパと同じように成長率が低い。これはなぜかと言えば，日本でデフレが進行しているからです。

なぜデフレが進行しているかの表面的な理由は需給ギャップがあるからです。だけどもっと根本的な理由は，同じ需給ギャップの下でも，期待成長率が下がっているため，いままでのように投資や雇用を増やさず，賃金を上げない。だから低成長とデフレが続いてしまうということなのです。

1.5　日本経済の短期予測 (大震災前)

それではこういう状況の日本は，これからどうなっていくのでしょうか。短期の話と，これから 4，5 年，どういう針路に沿って日本経済を発展させるべきかという長期の話に分けて，私の意見を申し上げたいのです。

まず「短期」のところです。図 1.13 に示したように実質 GDP は 2009 年 10–12 月期から 2010 年 7–9 月期までの 1 年間に連続の高成長によりまして 4.9 %も上昇したため，その反動で 10–12 月期が若干のマイナス成長でも，2010 年はプラス 3.9 % 成長でした。その前の落ち込みが大きかったから，リバウンドもその程度ということも言えますが，これはやはりヨーロッパやアメリカのようにバランスシート調整がないということと相当関係していると

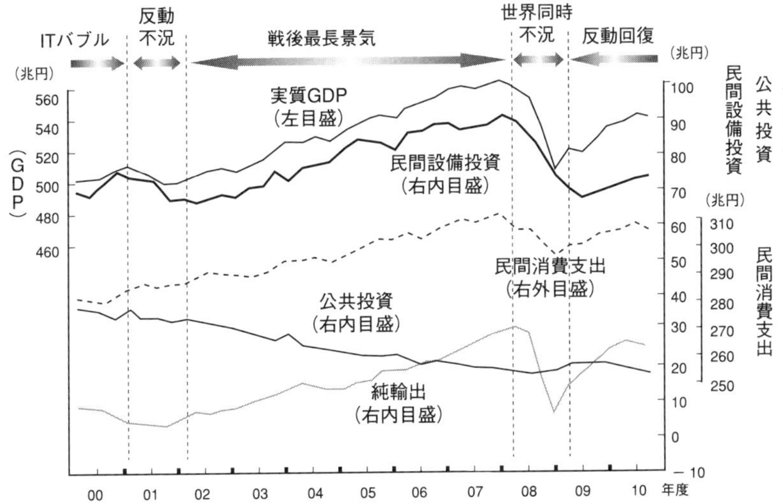

図 1.13　実質 GDP の推移

思います。

10–12 月期がマイナス成長になったのは，9 月までの強さを支えている消費が実は政策効果など特殊要因によるところが非常に大きかったからです。2010 年 1–3 月期はエコポイント制度の対象が 4 月から絞られるということだったので，その駆け込み需要で 3 月までに薄型テレビを中心に家電製品がすごく売れたわけです。それから夏になりますと猛暑効果がありまして，エアコンなんかがよく売れた。それから，エコカー補助金が 9 月 10 日で予算切れになるということがわかっていましたから，その駆け込み需要があって，7–9 月期は乗用車がすごく売れたということがあります。特殊要因で売れたということは，必ずそのあと反動が出る。だから 10–12 月期はその反動で消費が弱く，マイナス成長になりました。

もう一つ 10–12 月期がマイナス成長になった理由は，「純輸出」の伸び悩みです。「純輸出」というのは輸出から輸入を引いた実質ベースの貿易黒字のことですが，これが 7–9 月期に微減しました。7–9 月期の 3.3％ 成長というのは，もっぱら国内の消費と設備投資だけで実現したわけです。このときは政策効果もあって，消費が急増したからいいけど，10–12 月期はそれがなくなると同時に，純輸出がさらに弱くなったので，マイナス成長になったというわけです。

輸出は確かにずっと鈍化してきています。図 1.14 の「対世界」というのが輸出のトータルです。リーマン・ショックで落ち込んで，09 年 2 月が底で回復してきて，ようやく 09 年の 11 月ぐらいから水面上に顔を出して，一時は対中国が前年比 80％ ぐらい伸びた。それがだんだん正常化するというか下がってきているのです。EU がバランスシート調整の影響などでいちばん元気がありません。だから対 EU の輸出は，とうとう 10 年 10 月と 11 年 1 月に前年比マイナスになったんです。

それに次いで元気がないのが対米国です。米国も成長率が鈍化していますから，輸出が非常に落ちてきている。一方，対中国ですが，中国については金融引き締めだとか，上海の株が下がったとか言っていますが，中国は大型財政政策による景気刺激が続いています。金融を緩和していたので，バブルが出てくる，インフレが出てくるということで，金融をいま中立に戻そうと

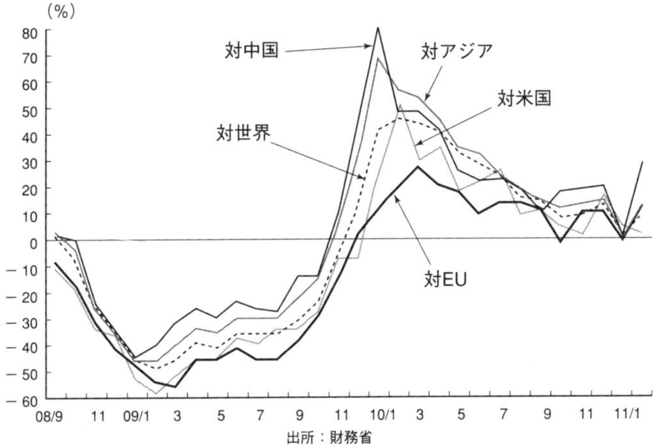

図 1.14　輸出総額と国・地域別内訳の推移 (前年比%)

しているのであって，あれは引き締めではないのです。中国政府も発表しているように，10 年，11 年と 9% 成長ぐらいする。ですからこの中国，あるいはアジアのところへの輸出は，私はそんなに悲観することはないだろうと思っております。11 年 1 月に下ったのは，春節の関係で，その反動で 2 月に入って大きな伸びを回復しました。

実は図 1.15 のグラフが大変大事なんです。これは何かと言うと，いちばん太いのが雇用者所得です。雇用者所得というのは雇用者の数と賃金で決まってきます。棒グラフで書いてあるのは，白抜きが賃金，黒いのは雇用者数です。2010 年に入ってからの 4 回の四半期を見てください，賃金も上がっている，雇用者数も増えている。だから雇用者所得がプラスになっています。

そういうなかで例のエコポイント制度，あるいはエコカー補助金に絡む駆け込み需要が起きたわけです。消費と所得の関係，消費性向を調べてみると，この駆け込み需要によって極端に消費性向が上がっていれば，その反動で消費性向は平均以下に下って，消費が抑えられると言えるのですが，そんなに極端には上がっていません。なぜかというと所得が増えているからです。だから最近の消費回復には，かなりの程度所得の裏付けがあるのです。だから私は，駆け込みの反動で消費が弱くなってしまうという説を取りません。少

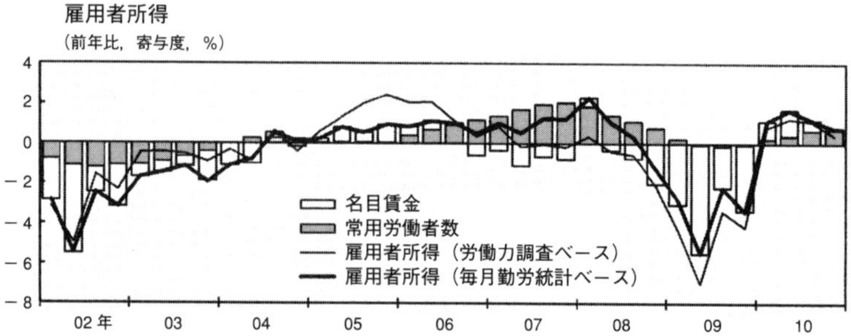

（注）1. 毎月勤労統計の計数は，事務所規模 5 人以上.
2. (1) および (3) の四半期は以下のように組替えている.
第 1 四半期：3 ～ 5 月，第 2：6 ～ 8 月，第 3：9 ～ 11 月，第 4：12 ～ 2 月.
2010/4Q は 2010/12～2011/1 月の前年同期比.
3. (3) の雇用者所得は以下のように算出.
雇用者所得（毎月勤労統計ベース）＝常用労働者数（毎月勤労統計）× 名目賃金（毎月勤労統計）
雇用者所得（労働力調査ベース）＝雇用者数（労働力調査）× 名目賃金（毎月勤労統計）
4. (2) の 2011/1Q は 1 月の前年同月比.
（資料）厚生労働省「毎月勤労統計」，総務省「労働力調査」

図 1.15　雇用者所得

しは反動が出るでしょう。だけど 2 四半期続けて消費の実勢がマイナスだとは思いません。10–12 月期はたしかに反動で弱かったけれど，1–3 月期は，少なくとも東日本大震災 (3 月 11 日) の直前までは，はっきりプラスに戻っていました。

ですから「短期予測」で申し上げたいことは，個々の自動車駆け込み需要の反動，薄型テレビ駆け込み需要の反動，エアコン駆け込み需要の反動はあっても，消費全体を見たらそんなに大きな反動は出てこない。3.9% 成長の勢いで 2011 年に入ってきたわけですから，3 月の東日本大震災の影響を除けば，1–3 月期の実勢は，そんなに弱くはならないだろうなと思います。

しかし，その先を考えると，東日本大震災の影響と復興対策，および政府の新成長戦略によって，中期的な日本経済再興の針路がはっきりしてくるかどうかに，かかっていると思うのです。

1.6　東日本大震災

「中期的」な進路がどうなるかを決める上で，いちばん大事なことは「1998年頃から低下してしまった企業の期待成長率が今後再び上がるかどうか」ということです。企業の期待成長率が下がっているから低成長と低賃上げ率が続きデフレだということで，これが日本の不利な条件なのです。これはおもしろい現象ですが，企業が「これから成長率は低いだろう」と思うと，それに見合った投資と雇用しかしないから本当に低くなってしまうわけです。これは理論経済学の世界で，モデルで証明できます。例えば吉川洋東大教授は『構造改革と日本経済』の 59～65 頁でそれを論じていて，不確実性とリスクの大きい世界で企業の「弱気期待」が自己実現的に経済を「悪い均衡」経済(低い均衡成長経済) に陥らせることを論じています。それを直そうということですが，企業を洗脳しようといってもそんなことはできません。では，どうやったら企業の期待成長率を上げることができるかです。

それには，吉川教授も述べているように，「外的ショック」によるにせよ，「政府の政策」によるにせよ，いずれにしても「ビック・プッシュ」が必要です。

私は東日本大震災のショックを，この「ビック・プッシュ」に転化することは出来ないかと考えています。犠牲者，被災者にはこの上ない不幸をもたらし，日本の経済，社会に大きな打撃と不安を与えたこの悲劇を，日本の底力を発揮する国づくりの転機とし，「頑張れ日本」と皆で声を合わせながら，勇気を持って立ち上がり，「デフレ」をもたらした「弱気」を吹き飛ばす将に「ビック・プッシュ」とすることを期待しています。

東日本大震災のマクロ経済に対する最初のインパクトは，被災地の資産 (社会資本，企業設備，個人住宅など) の喪失，破損に伴う生産減少，流通停滞，支出活動の低下 (自粛の広がりを含む) による GDP の減少という供給ショックの形をとりました。月で言えば 3 月以降，四半期で言えば 4–6 月期に，日本経済はマイナス成長に陥りました。

しかし需要側では，民間，地方自治体，政府による ① 被災者の救済，生活支援が直ちに始まり，生活物資や仮設住宅建設などの需要が出ています。

②被災地のライフライン復旧を始めとするインフラの再建によって公共事業が増えてきます。そして③災害に強く美しい環境を備えた地域社会の再建，日本の先端技術を十二分に発揮した世界のモデルとなるような次世代型地域社会(都市，農村，漁村)の建設を，白紙に絵を描くように進めることが出来れば，膨大な復興建設需要が発生するでしょう。④それに伴って，日本経済の業種や立地などの構造も変わるでしょう。

国内経済には何の夢も目標もない，という弱気の下で，「デフレ」の中をさ迷っていた企業マインドに，大きな「ビック・プッシュ」が加われば，少なくとも今後4～5年間の期待成長率は高まるのではないでしょうか。

今後4～5年間，環境，エネルギー，交通通信などの最先端技術を活かす膨大な需要が公共投資，設備投資，住宅投資などの形をとって発生することを企業が確信するかどうかは，政府の震災復興計画次第です。政府，地方自治体，民間の専門家の知恵をフルに活かし，世界のモデルとなるような次世代型地域社会の建設計画が創れるかどうかに懸っています。

政府の計画は，数次にわたる補正予算の形で実行に移されますが，その資金は，当初は予備費や予算組替えなどもありますが，基本的には一般の国債とは別勘定で区別した震災復興国債(形式的には建設国債と赤字国債)の発行によるべきです。いま日本国内の資金需給は著しく緩和していますから，市場で十分に消化できます。先進国では中央銀行の国債引き受けは，どの国でも禁じられているのに，日銀引受などと要らぬことを言って世界の信用を落とし，日本国債の価格低下＝長期金利上昇 を招くほど馬鹿げた事はありません。相続税，贈与税をかけない無利子国債の発行構想も愚かな発想です。これを買う人は，相続税，贈与税の方が受取利息よりも多額だから無利子の国債を買う訳で，国から見れば支払利息が無くて得をした以上に，将来の相続税，贈与税の収入が落ちて，財政収支上は損をします。しかも金持ち優遇という点でも，不公平です。

増税は，一種の義援金拠出という感覚で賛成する人が少なくないと思いますが，復興に立ち上がろうとするマクロ経済に対して抑制効果があることを考えると，出来れば初めの1～2年は避けた方がよいと思います。復興が軌道に乗り，成長率も高まり，租税の自然増収がどの程度か分かってくる2年後ぐらいに，5～10 年間かけた震災復興国債の償還計画を立て，時限的増税の可否を考え，3 年後から実施すればよいと思います。

年々の財政赤字を埋めるために今後毎年発行される一般の国債とは違って，震災復興国債は，必要な復興計画の資金を賄うための一回限りの国債増発です。元々資金需給が著しく緩んでいた上に，大震災による初期のマイナス・インパクトで更に緩むのですから，十分に市中消化は可能だと思います。

復興需要を賄う上で，ボトルネックが心配されるのは，実は「資金」ではなく，商品・サービスなど「物」の面です。

前掲の図 1.13 に示したように，日本経済はリーマン・ショック後の落ち込みから立ち直る過程にあり，図 1.8 の需給ギャップに見られるように大幅な供給超過の状態にあったので，マクロ的に見る限り，「資金」と同様，「物」の面でも復興需要を賄う供給余力は十分にあります。また，東日本大震災の被災地に多くの工農漁業の拠点があるいは言え，2006 年度の統計によると，岩手，宮城，福島，茨城 4 県の国民総生産 (GDP) は日本の GDP 全体の 6.1％ですから，その多くが一時失われたとしても，それを埋め合わせる他県の生産能力は，マクロ的な供給超過の大きさから見て，十分にあります。

しかし，ことはマクロの視点で考える程単純ではないところに，問題の難しさがあるのです。被災地の工場から部品・素材の供給を受けている日本中の組み立て工場が，部品・素材の調達切り換えを完了するまでは生産が止まったり低下したりしました。また被災地の工場が特定の部品・素材の生産でグローバルに高いシェアを持っている場合は，それを使っている工場ではすぐに部品・素材の代替がきかない例もあります。これらは，いわゆる「サプライ・チェーン」切断の問題です。

一番深刻な問題は，電力の供給です。

東京電力が，福島第 1 原発，同第 2 原発の発電停止に伴い電力供給能力が大きく落ち，節電を呼び掛け，また計画停電を実施したため，関東地方で多くの業種の経済活動に支障をきたしました。

中部地方以西の電力会社には発電能力に余裕がありますが，周波数が 60 Hz と東京電力の 50 Hz とは異なっているため，周波数を変換しないと東京電力経由で関東以北に送電出来ないのです。現在，3 か所の周波数変換所の能力は合計 100 万 kW しかなく，新しい変換所の建設もコストが高く，火力発電所を建設した方が良いという説があります。

3 月 24 日現在の東京電力の供給は 3650 万 kW でしたが，電力需要がピークに達する 2011 年の夏までに供給能力を増やし，5200 万 kW に高める予定だとしています。しかし，今夏の電力需要のピークは 5500 万 kW から 6000 万 kW と予想されるため，ピーク時には 300 万～800 万 kW の不足が見込まれます。

このため，2011 年の夏には，大口顧客には法律に基づく 25％ 減の使用制限，小口顧客には 20％ 減のお願い，家庭にも電力節約の呼び掛けを強化すると言っています。最終的にどうなるかは本書執筆時点ではまだ分かりませんが，もし，電力制限令が本当に実施されると，折角の復興需要が高まってきても，電力の供給制約によって商品サービスの供給が追い付かず，GDP は復興需要ほどには高まらないことになるでしょう。

東京電力による今夏までの電力供給力の増強計画は，①被災した火力発電所の復旧と長期計画中止中の火力発電所の再開，②工期の短いガスタービン発電機の新設，③電力他社からの電力融通，④電力卸供給事業者や自家発電所有企業からの買電，などです。

今回の東日本大震災後，東京電力の原子力発電所のうち，4 基が運転中，13 基が運転を休止しています。

運転休止の 13 基のうち被災して制御不能に陥っている福島第 1 原子力発電所の 1～3 号機や，損傷や一時出火した 4 号機は，最も古い型の出力の小さい原子力発電装置であり，これらの 4 基の運転再開は考えられず，廃炉となるでしょう。

残りの 9 基は，比較的新型で発電容量の大きい福島第 1 原発の 5 号機と 6 号機，福島第 2 原発の 1～4 号機，柏崎刈羽原発の 2～4 号機で，震災発生時に定期検査で運転停止中であったり，震災発生に伴い安全に自動停止したため，現在は冷温停止中で水位は制御され，冷却材の漏洩はなく，圧力制御室の平均水温は 100°C 未満を維持しています。これらの発電設備は，地震に対応する安全停止装置が予定通り機能し，また津波をかぶることはなかったからです。この 9 基の出力合計は，958.4 kW ですから，今夏のピーク時の推定不足電力 300 万〜800 万 kW を上回っています。

福島第 1 原発の 1〜4 号機が制御不能に陥り，国民，とくに原発周辺の住民に大きな生活上の損害や不安を与えたことを考えると，原子力発電設備の再稼働を口にするのは不謹慎の誹りを免れないかもしれません。とくに福島第 1 原発の 5 号機と 6 号機はそうです。

そのような国民感情を十分考慮しなければならないと思いますが，日本の将来を考えた時，使える原子力発電能力を使わず，復興需要を賄えず，世界経済への供給責任も果せず，電力不足による経済活動の停滞が続くことを放置しておいてよいものでしょうか。

東京電力の隣りの東北電力は，女川原子力発電所に 3 基，東通原子力発電所に 1 基の原子力発電設備を持ち，全号機共，東京電力の残存 9 基と同じ理由 (安全維持機能が想定通り作動，津波被害の防止に成功) により，安定した状態で運転停止中ですが，東北電力は女川・東通両原発について今回の津波の経験を活かした追加安全対策 (①非常時の電源確保のため発電所構内に電源車を常時配備，②海水くみ上げポンプの故障に備え予備部品の用意，③備え付け消防車を利用した使用済み核燃料プールへの注水ルートの確保，など) を講じることとしました。

東北電力は，夏の電力需要ピーク時までには，この 4 基の原子力発電を再開することを目指しています。

そうだとすれば，東北電力にやれることがどうして東京電力には出来ないのでしょうか。当面はそれどころではなく，福島第 1 原発 1〜4 号機の制御と，被災者に対する謝罪で手いっぱいかも知れません。それは分かりますが，やはり震災後の日本経済の復活，ひいては日本国民全体の生活立て直しを考えれば，電力供給の不足は何としても回避しなければならないと思います。

柏崎刈羽原発は，4 年前の中越沖地震による運転停止で，周辺住民に大きな不安，心配をかけ，ようやく運転再開にこぎ着けたばかりだという事情もありますが，震災前も震災後も，1 号機と 5〜7 号機の 4 基は安全に運転中です。

ここは冷静に考え，福島第 1 原発の 5，6 号機，同第 2 原発の 1〜4 号機の点検を念入りに行い，東北電力の女川・東通原発と同じように，今回の震災，特に津波の影響を十二分に学んだ新しい対策を講じた上で，安全停止中の設備を 2011 年夏の電力需要のピーク時に間に合うように運転再開するため，最善の努力をすべきではないでしょうか。「日本の原子力発電所は，マグニチュード 9 という大地震に耐える安全性を備えていたが，10 メートルを超す津波は想定外であった」という真実を世界に発信するためにも，津波をかぶらなかった原子力発電機が，津波対策を十分に構じた上で再稼働したという事実を作ることは，大切ではないでしょうか。これは，日本の原子力発電技術の信用のためにも大切だと思います。

停止中の原子力発電機の再稼働は，東京電力の一存では出来ません。政府(政治) の賢い勇気ある決断が必要です。感情的な原子力発電反対のムードにおもねず流されず，津波対策を中心に新しい対策を追加し，信念を持って国民の理解を得る努力をするべきです。地球温暖化対策を考え，また 2011 年夏の電力不足対策を考えて，政治は極端な反原発ムードにおもねず，勇気ある決断をすべきだと思います。

太陽光，風力，地熱などのクリーンな新エネルギーの開発努力には大いに努めなければなりませんが，そうだからと言って極端な反原発ムードに流されることがあってはなりません。

2011 年夏の電力需要のピーク時に，日本の経済活動を落とすことなく乗り切れば，日本経済は 2011 年 4～6 月期のマイナス成長のあと，7～9 月期には復興活動でプラス成長に戻り，10～12 月期以降は「ビック・プッシュ」に押されて新しい中期成長軌道に乗ることも，決して夢ではありません。雇用の改善と賃金の上昇で，国民生活は着実に向上するでしょう。

円相場については，東日本大震災のあと，日本企業が海外から資金を引き上げるという誤った思惑が市場に発生し，一時円高となりましたが，G7 の協調介入により，異常な円高は収まりました。今後しばらくは，復興支援のため日本の金融緩和・低金利は続き，海外は資源・食料品価格の上昇によるインフレ懸念もあって，超金融緩和から普通の金融緩和に戻り，金利はやや上昇するので，円高はあまり進まず，日本の輸出には有利な環境が続くのではないでしょうか。

1.7　日本経済の中期展望

新しい中期成長軌道をスタートさせる「ビック・プッシュ」は東日本大震災からの復興，世界のモデルとなる次世代型地域社会の建設ですが，中期的にその成長軌道を支え，企業の高い「期待成長率」を維持する戦略は表 1.4 のように大きく分けて二つが大切だと思っています。一つは，「アジア経済と共に」ということです。アジアがいまや世界経済を引っ張り始めた，ということは企業経営者みんながわかっているわけです。だからアジア経済の内需を日本企業が取り込むことに成功すれば，これは期待成長率の上昇につながってくるでしょう。

表 1.4　日本の経済針路

	戦略目標	戦　術
アジア経済と共に (GDP から GNI へ)	アジア太平洋自由貿易圏の設立「ASEAN+3」「ASEAN+6」よりも「TPP」を基軸に	① EPA による関税引き下げと直接投資の安全確保推進 ② 民間対外投資の政府支援：21 世紀型「重商主義」「国家資本主義」(?) (原子力発電，新エネルギー設備，次世代交通網・通信網・送電網，水資源など，)
新成長戦略産業の育成	日本社会の省エネ・省資源・省力を競争動機とする新成長戦略産業の育成	① 新成長戦略産業の規制緩和 ② 法人税の基本税率引き下げと損金繰越期間の延長 ③ 新成長戦略産業に対する融資の日銀低利リファイナンス

アジア経済を考える上で，「戦略的な目標」はアジア太平洋自由貿易圏をつくることだと私は思っています。その舞台は大きく分けて二つあります。一つは「ASEAN+3」(ASEAN に日・中・韓を足したもの)，さらにインドとオーストラリアとニュージーランドを足した「ASEAN+6」です。「ASEAN+3」，あるいは「+6」を中心に，アジアで自由貿易圏を広げていこうという考え方があります。また，もう一つ最近にわかに脚光を浴びてる「TPP」，つまり太平洋沿岸の国々との経済連携を中心にやっていくという考え方があります。

どちらにしても FTA による関税引下げだけの自由貿易協定ではなくて，関税引下げに加えて日本から直接投資をした場合の日本の企業の活動を法律によってきちんと守り，そこで上がった利益を日本に送金してくるというルールまで含めたEPAを，アジア諸国と結んでいくのが非常に大事だと思うのです。そのときASEAN中心でいくか，TPP中心でいくかですが，私は政治的な理由でTPP中心がいいと思ってます。なぜなら「ASEAN+3」，あるいは「+6」だと，どうしても中国がアジア諸国に対して経済的な影響力が強いですからイニシアティブを握ると思うのです。だから私はアメリカを入れたほうがバランス上いいと思います。アメリカの経済力はだんだん弱まっていくけど，アメリカを入れておくということは，政治的には非常に大事です。だから私は「TPP」で行こうという考えがいま出てきているのは，大変結構なことだと思っています。

また，近頃21世紀型の「重商主義」とか「国家資本主義」ということを言う人が出てきました。いま大臣が企業と一緒に外国に出ていって原子力発電所を受注しようとか，そこの次世代交通網を取ろうということを各国ともやっています。これを21世紀型「重商主義」「国家資本主義」と言いますけど，これは日本も負けずにやらなければいけない。民主党政権はいろいろ批判されていますが，民主党政権になって大臣が一つ熱心にやっているのがこの「重商主義」です。日本は原子力発電や，風力などの新エネルギーの設備，次世代交通網，それから水資源などの技術を持っているのですから，これは大いに政治が前面に出て日本企業の直接投資と，輸出の両方を進めていただきたいと思っております。これで少しは日本の企業家の期待成長率を上げるのではないかと思います。

そのとき大事なことが，「GDPからGNIへ」という考えです。「実質国内総生産(GDP)＋交易利得＋海外からの所得の純受取＝実質国民総所得(GNI)」です。GDPを見ていますと，日本の企業が外国へ出ていってしまって，日本が空っぽになったら，日本のGDPは増えないじゃないかと言うことになります。ところが日本経済，国民生活の基盤はGDPに交易利得と海外からの所得の純受取を足した実質国民総所得(GNI)なのです。だから，たとえ国内から企業がアジアへどんどん出ていって，向こうで仕事をするようになっても，そこから国内への送金，海外からの所得の純受取がぐんぐん増えていけば，日本の国民総所得は増えるのです。これを忘れてはいけない。

もちろん海外にどんどん行ってしまえば，その分国内の雇用は減ります，だけどその分は新成長戦略産業を国内でもっと育てるということです。ここで新しい雇用をしっかり確保して，GDP も増やしながら，海外からの所得の純受取もどんどん増やして，国民総所得を増やせばいいではないか。

菅首相は 2011 年度に法人税率を 5％ 引下げる改正案を決めたとき，海外へ行こうとしていた企業を国内に止めることができるから，いいことだと言いました。そんなことはちっともいいことではない。海外へ行ける企業は行ったらいいです。5％ 下げて国内に止まっている企業が元気を出してくれる，あるいは，5％ 下げたことによって海外から日本にいい企業がやってくることがいいことです。しかし，海外へ出ようとするのを止めることがいいことではない。日本のいい企業が海外へ出ていってもいいです。その代わりしっかり向こうで儲けて，日本に送金してくれなければ駄目で，そのための法律，ルールをちゃんとつくるという意味でも，EPA を結ぶということは非常に大事なことだと思います。

図 1.16 を見ると GNI がほとんど GDP で決まっていて，海外からの所得の純受取というのは出てこないぐらい小さい。これを米国のようにどんどん増やさなければいけないのです。交易利得というのは交易条件の好転ということです。日本のモノを高く売って，海外のモノを安く買えば日本の所得が増えます。どういうときに交易利得が増えるかというと，多くの場合，円高

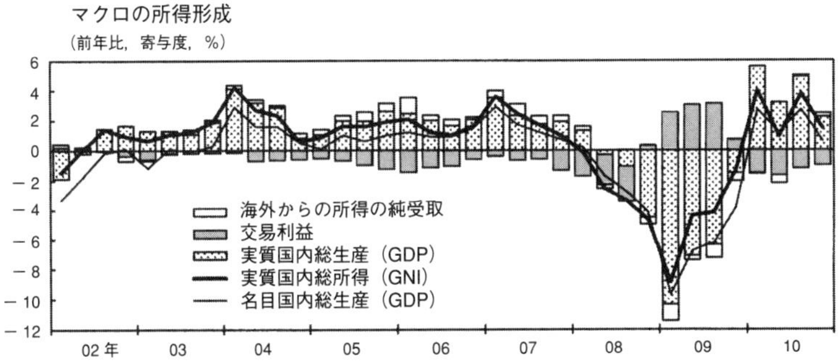

図 1.16　マクロの所得形成 (前年比，寄与度，％)

局面では円建で見た日本の輸出品の価格よりも，輸入品の価格の下落率が大きくなりますから増えます。図 1.16 で交易利得が増えている時期は円安バブルが崩壊してバーッと円高が進んだ 2009 年です。逆にバンバン円安が進んでいた戦後最長景気のときは，輸出は伸びていたかもしれないけど交易損失をどんどん出しています。最近また交易利得が下がっているのは，実は為替相場の関係ではなくて，海外の資源価格の上昇のためです。価格の上昇する資源が，工業製品に比べて割高になっていってる影響が出ていると思います。

こういうことで「アジア経済と共に」ということは，我々の戦略目標が GDP ではなくて，GNI だということです。そして，その戦略の柱は「アジア太平洋自由貿易圏の設立」ですが，これは「TPP」を中心に EPA を張りめぐらし，日本の 21 世紀型「重商主義」「国家資本主義」を日本の優れた技術で推進するということです。

もう一つの大きな戦略の柱は，国内の期待成長率に直接働きかける政策です。いまの政府が「新成長戦略」と一生懸命言っているところを強化するのです。新成長戦略の対象になっている産業というのは，環境・エネルギー関係の事業，社会インフラの事業，情報通信関係，医療・介護・健康関係，高齢者向けの事業，保育・育児の関係，農商工一体型大型農業，科学・技術開発等々です。すべて，東日本大震災の被災地に，世界のモデルとなる次世代型地域社会を創造するのに必要な事業です。これらについては規制緩和を大いに進めなければいけない。例えば，情報通信はまだ NTT の影響が強いので，もう少し自由に NTT 以外が事業を拡張できるようにしないといけない。電力では発電と送電の両面で九電力会社の力が断然強くて，参入しにくい。歴史的にそういう面があるのはやむを得ませんが，もう少し規制緩和しなければいけない。とくに送電の自由化 (国家管理も一案) は大切です。東日本大震災後の東京電力の供給不足を補う観点からも送電の自由化は必要です。政府はほかにも「新成長戦略」関係の規制緩和を 10 項目挙げています。

二番目に，今度ようやく 2011 年度の税制改正案として法人税で 5％ だけですが実効税率を下げることに決まりました。それから，新聞はまともな解説をしていませんが，企業の損金の繰越期間を 7 年から 9 年に 2 年間延長します。その代わり利益が出たら利益の 2 割については法人税を納めなさい，8

割については繰越欠損金で帳消ししていいですよとなりました。これは私はもっとやれと言っていたのです。益金の3割から5割ぐらい税金を収めたら損金算入期間を14, 5年に延長しろと言っています。ご承知かと思いますが，ヨーロッパは損金算入は無期限です。アメリカは20年です。アジアだってヨーロッパ系のシンガポールとか香港は無期限です。台湾とか韓国でさえも10年です。だから日本の7年をもっと大きく延ばせと一生懸命働きかけましたが，2年しか延ばさない。これをもっと延ばしていくと，当初赤字が出ていて黒字転換までは時間がかかっても，確実に黒字に転換する事業は助かります。実は環境関係とかエネルギー関係，電力，交通網，通信網，大型農業など非常に多い。これらは全部東日本大震災の復興にからんだ事業です。これらの産業をやる気にさせるために損金算入期間の延長をする。でも損金算入期間だけ延長したら租税収入は減りますから，2割なり3割なりは儲かったら法人税納めてよという制度改正をやってもいいと思う。ドイツは儲けの3割については税金を納め，その代わり損金算入は無期限です。そういったことで，国内の成長戦略産業にやる気を起こさせる。

2011年度の法人税改正案に盛られた実効税率引下げと損金算入期間の延長は，ねじれ国会の下でどうなるか分かりませんが，中期的には是非実現しなければいけません。とくに損金算入期間の延長は，東日本大震災からの復興を促進する税制として，早く実現しなければいけません。

最後は金融ですが，すでに日本銀行が成長戦略産業に融資したら，何といまは0.1％という低利でリファイナンスしています。これは，昔の高度成長の頃の貿易手形制度と同じ発想です。貿易関係，輸出前貸手形とか，期限付き輸出手形を日本銀行は公定歩合よりはるかに安い金利で再割引しましたが，これと同じ発想で日本銀行は3兆円までやると言って，いま1兆5千億ぐらいやっています。日本銀行は，同じことを大震災の復興関連事業にも実施します。これは大いに民間の銀行が，地方銀行も含めて研究して新成長戦略産業や復興関連産業に低利融資をするということを，もっとやってほしいと思っています。

表1.4に書いた私の構想は，日本が米欧と違ってバランスシート調整の重荷を負ってないのだという強みを活かして，東日本大震災の衝撃を乗り越え，

世界経済のなかでアジアの新興国と共に立ち上がっていく道筋だと思っています。私はこのやり方が基本だろうと思うのです。

（本稿は平成 22 年 12 月 8 日に開催された慶應義塾大学経済学部，現代の政治・経済を考える「樫の会」共同主催「年の瀬経済講演会」の講演録をもとに，東日本大震災などその後の経過を踏まえて加筆修正したものです。）

参考文献

木村武ほか「マネーと成長期待:物価の変動メカニズムを巡って」（日本銀行ワーキングペーパーシリーズ No.10-J-14）

白川方明「特殊性か類似性か？――金融政策研究を巡る日本のバブル崩壊後の経験」（2010 年 9 月，日本銀行 HP「金融政策」〈講演〉）

鈴木淑夫『日本の経済針路』（岩波書店，2009 年）福岡正夫・鈴木淑夫編『危機の日本経済』（NTT 出版，2009 年）

吉川洋『構造改革と日本経済』（岩波書店，2003 年）

2
人口問題

津谷典子

はじめに

長い歴史の中で，われわれ人間は生存と生殖を環境によって大きく制約されながら，社会を維持し継承してきた。近代化以前の社会では多産多死は宿命であり，多くの人々は死と向き合いながら，たくさんの子どもの養育と扶養に苦労する人生を送ることを余儀なくされていた。その後の近代化と工業化を経て平和で豊かな時代が到来して初めて，われわれは自らの生存と生殖をコントロールすることができるようになった。自分がいつ死ぬか分からず，また生まれてきた子どもが成人する前に死んでしまうという不安と心配から開放され，人生に豊かな選択肢がもたらされるようになったのは，人類の長い歴史からみてつい最近のことである。たとえば，1920年代半ばのわが国では，65歳まで生きることが期待できた割合はおよそ3分の1であり，女性は平均5人強の子どもを生んでいた (国立社会保障・人口問題研究所 2010, p.50, p.79)。しかし，第二次世界大戦後の復興が本格化した1960年には，およそ7割が65歳まで生存することが期待できるようになり，女性は平均2人の子どもしかもたない少産少死の社会が到来した (国立社会保障・人口問題研究所 2010, p.79)。

その後も継続した順調な経済発展によって，わが国は世界一の長寿と健康を獲得したが[1]，その一方で1970年代半ば以降「少子化」とよばれる人口置換水準以下の低水準への出生率低下が進行している。人口置換水準とは人口再生産が全うされる水準のことであり，出生率が長期にわたってこの水準を割り込むと，人口は早晩減少を始める。わが国では2005年に人口減少が始まり，その後減少は本格化の様相を見せはじめている。この進行する少子化は，予測を上回る平均寿命の伸長と相まって，日本社会を新たな局面へと導こうとしている。今後わが国の人口は長期にわたり減少を続け，また人口高齢化は今までいかなる国も経験しなかった水準へとハイピッチで進むことが予想される (国立社会保障・人口問題研究所 2007, pp.9–16)。

歴史的に見れば，近年わが国で見られる人口成長の終焉と人口の超高齢化は，高かった死亡率と出生率を下げることに成功したことにより達成された輝かしいライフコース革命の帰結に他ならない (金子 2009)。しかし，それはまた，わが国の経済や財政そして社会制度のあり方全般を根底から揺るがすようなマクロの社会変動でもある。この意味で，いま日本社会は持続可能性の縮退へのスパイラルに陥る危険と向き合っているといっても過言ではあるまい。こうした人口変動を経験するのはわが国に限ったことではなく，多くの欧米先進諸国に共通して見られる現象であり，近年ではNIESとよばれるアジアの新興工業経済地域をはじめとして世界の他の地域にも広まる勢いを見せている。言い換えれば，現在わが国は未曾有の人口変動の真っただ中にあり，これは21世紀の日本を特徴づける歴史的な変化の一部となる可能性が高い。

本章ではまず，人口分析における基本的概念について説明する。次に，1920年以降のわが国の総人口の変化を概観し，人口転換のプロセスとしての死亡率と出生率の変化を説明する。また，人口規模や構造の変化の直接的要因である死亡率と出生率をより詳細に検討する。さらに，出生率変化の主要要因である結婚の年齢パターンと夫婦出生率の変化についても考察する。そして，

[1] WHOによると，2002年のわが国の平均寿命は男性で78.4年，女性で85.3年，そして男女計では81.9年である。また，同年の健康寿命は男性で72.3年，女性では77.7年，そして男女計75.0年であり，これらはすべて世界第一位である (World Health Organization 2004)。

これらの死亡率と出生率の変化の帰結である人口の年齢構造の変化について説明する。最後に，最新の将来推計人口に基づいて，今後 21 世紀前半にわが国の人口がどのように変化していくと予想されるのかを紹介する。これらの分析では，他の先進諸国やアジア諸国と比較することにより，国際的な視野からわが国の人口変動と人口問題の普遍性と特異性についても考えてみたい。本章では，わが国が経験した人口変動と現在直面する人口の課題について多面的な理解を与えることにより，今後必要となる経済社会改革について考える機会を提供することをめざす。

2.1　人口分析の基礎的概念

社会に持続性と変化の両面があるのと同様に，人口も静態と動態の二面をあわせもつ。前者の**人口静態** (population statics) とは時間の一定点における人口の状態であり，具体的には，ある時点 (年次や時期) における人口の規模，構造，および分布などを指す。一方，後者の**人口動態** (population dynamics) とは人口の変化を作り出す人口イベントのことであり，死亡，出生，移動などがこれにあたる。人口静態と人口動態は互いに影響し合い，人口の状態と変動を作り出す。

最も重要な人口静態情報のソースは，人口の全数調査である**人口センサス** (population census) であり，わが国ではそれを「**国勢調査**」という名称でよんでいる[2]。わが国は 1920 年に第 1 回を実施して以来，5 年ごと (つまり西暦年が 0 か 5 で終わる年次) に国勢調査を実施している。例外は，第二次世界大戦が終結した 1945 年であり，同年には終戦による混乱のため正規の国勢調査は実施されなかったが，1947 年に臨時国勢調査が行われた。人口センサスにより調査・収集される人口静態には，性別，年齢，配偶関係，世帯主との関係，国籍，現住地，出生地，教育水準，就業状態，職業，従業上の地位，などがある。

人口動態情報は，発展途上国を中心に人口センサスにより収集される場合

[2]「国勢調査」という呼称はわが国の人口センサスを指す用語であり，人口の全数調査の一般名称は「人口センサス」である。

もあるが[3]，多くの先進国では主に政府への届出 (登録) による統計に頼っている。一般的に，届出 (登録) 制度は死亡と出生に関する制度のほうが，移動に関するものよりも有効に機能する場合が多い。前者の死亡と出生 (つまり人間の生と死) に関する統計は文字通り “vital statistics” (生命の統計) とよばれ，広く vital statistics には死亡と出生のみならず，結婚とその解消に関する統計および死因に関する統計も含まれる。わが国では，これら死亡と出生およびそれらに関連する婚姻や離婚そして死因に関する届出統計を「**人口動態統計**」とよんでいる。

一方，後者の人口移動については，それを届出制度により収集・管理する国は先進国の中でも限られているが，わが国はその数少ない国々の一つであり，その情報の正確さとカバレージの広さは世界に冠たるものである。わが国の人口移動統計は「**住民基本台帳** (Basic Residence Registration)」として収集され，移動にともなって移動者本人が届け出て，住民票を移動元から移動先の市町村に移すことによりこれを管理している。

人口分析では，人口変動の指標として数多くの「率 (rate)」を構築するが，人口静態情報と人口動態情報は，それぞれ「率」の分母と分子を構成する。われわれは「率」という言葉を日常かなり曖昧に使っており，「率」と名のつくものには，実際には比 (ratio) や割合 (proportion) などが含まれている。しかし，厳密な意味での率とは「**確率** (probability)」のことであり，確率は分析対象である**人口イベント**の (ある一定時間内における) 発生数を分子とし，その人口イベントを経験する可能性のある人口 (これを「**リスク人口** (population at risk)」とよぶ) を分母とする。したがって，人口を分析・研究する際，われわれは分子である死亡，出生，移動などの人口動態のみならず，分母となるそれらの人口イベントを経験する可能性のある人口 (つまりリスク人口) の人口静態としての属性を知らねばならない。以下，本章では，静態と動態の両面から人口変動の様々な側面について考察するが，その際それらの人口変

[3] 発展途上国 (そして一部の先進国) では，歴史文化的背景や政治制度および社会経済的状況などにより，届出 (登録) 制度が十分に発達していないか，制度が存在しても十分に機能していないことがある。このような届出制度の不備をカバーすべく，人口センサスにおいて，センサス以前 12 ヶ月間における出生と乳児死亡 (生後 12 ヶ月未満の死亡)，特定の過去の時点における居住地などを調査することが多い。

動のメカニズムとその指標であるさまざまな「率」や「比」についても具体的に説明したい。

2.2　わが国の総人口の推移

人口の全数調査である人口センサス (それをわが国では「国勢調査」とよぶ) が最初に実施された 1920 年のわが国の総人口は 5,596 万人であった (表 2.1 参照)。その後，総人口は 1925 年には 5,974 万人，1930 年には 6,445 万人，そして 1935 年には 6,925 万人と，1920 年代から 30 年代前半にかけてわが国の**総人口**は年平均 1.3～1.5％ という相当なスピードで増加した。**年平均人口増加率** (annual rate of population growth) が 1.3～1.5％ というのは，もしこの増加率が維持されれば，人口は 46～54 年，つまりおよそ 50 年で 2 倍になるというかなり速いペースの増加である[4]。1930 年代後半にはペースは若干鈍ったとはいえ，人口は年平均増加率にして約 0.8％ で増え続け，その結果 1940 年の総人口は 7,193 万人となった[5]。しかし，戦火の拡大により 1940 年代前半の人口は停滞に転じ，第二次世界大戦が終了した 1945 年のわが国の総人口はおよそ 7,200 万人であったと推計される[6]。

しかし，第二次世界大戦の終了にともなって人口は増加に転じ，戦後最初に実施された 1947 年の臨時国勢調査によると，わが国の総人口は約 7,810 万人であった[7]。その直後に起こった 1947～49 年の第一次ベビーブームにより人口増加のペースは大きく加速し，1950 年には総人口は 8,320 万人となった。1947～50 年の年平均増加率は 3.2％ であり，これはもしこの増加率が維持されれば，22 年弱で人口が倍になるという急激な増加である。その後，年平均人口増加率は 1950 年代前半には約 2.4％，そして 1950 年代後半から 60 年

---

[4] 人口倍化年数は 70 (正確には 69.315) をパーセント単位の年平均増加率で割ることにより概算できる。年平均人口増加率と人口倍化年数算出の根拠と詳細は山口 (1989, pp.56–58) を参照されたい。

[5] この総人口は国勢調査による人口 73,114,308 から内地外の軍人・軍属などの推計数 1,181,000 を差し引いた補正数である。

[6] 11 月 1 日現在の人口調査による人口 71,998,104 に軍人および外国人の推計人口 149,000 を加えた補正人口。なお，沖縄県は調査されなかったため含まれていない。

[7] 1947 年以降 1970 年までは沖縄県は含まれていない。

表 2.1 日本の総人口と年平均人口増加率の推移：1920〜2008 年

年次	人口 (1,000 人)	人口増加率 (%)
1920	55,963	
1925	59,737	1.31
1930	64,450	1.53
1935	69,254	1.45
1940[1)]	71,933	0.76
1945[2)]	72,147	0.06
1947[3)]	78,101	1.60
1950	83,200	3.21
1955	89,276	2.38
1960	93,419	0.91
1965	98,275	1.02
1970	103,720	1.08
1975	111,940	1.54
1980	117,060	0.90
1985	121,049	0.67
1990	123,611	0.42
1995	125,570	0.31
2000	126,926	0.22
2001	127,316	0.31
2002	127,486	0.13
2003	127,694	0.16
2004	127,787	0.07
2005	127,768	−0.01
2006	127,770	0.00
2007	127,771	0.00
2008	127,692	−0.06

資料：総務省統計局『国勢調査報告』および『人口推計年報』による。
注：隔年 10 月 1 日現在の人口。なお，1945〜1970 年の総人口は沖縄県を含まない。
1) 国勢調査による人口から内地外の軍人・軍属等の推計数を差し引いた補正人口。
2) 11 月 1 日現在の人口調査による人口に軍人および外国人の推計人口を加えた補正人口。
3) 臨時国勢調査による人口に水害地の調査漏れ推計数を加えた補正人口。

代にはスピードはさらに緩やかになったとはいえ約 0.9〜1.1％ と増加を続けた結果，1967 年にわが国の総人口は 1 億人を突破し，1970 年には 1 億 372 万人となった。さらに，1970 年代前半には，1947〜49 年に生まれた第一次ベビーブーム世代の多くが子どもをもったことにより第二次ベビーブームが起こり，年平均人口増加率もおよそ 1.5％ に上昇した。その結果，1975 年の総人口は 1 億 1,194 万人となった。

しかし，1970 年代半ばを境にわが国の人口増加のペースは低下基調に入り，年平均増加率は 1970 年代後半には 0.9％，80 年代前半には約 0.7％，80 年代後半には 0.4％，そして 80 年代後半には 0.3％，さらに 1990 年代前半には

0.2％と急激にスローダウンした。その結果，1995年の総人口は1億2,557万人となり，1975年から95年の20年間でわずか1,363万人の漸増にとどまることとなった。人口増加の速度はその後も低下傾向が続いており，2004年の1億2,778万7千人をピークに，わが国の人口は減少局面に入った。2005年の総人口は，前年比約1万9千人(0.15％)減の1億2,776万8千人であり，2006～2007年にはほぼ横ばいで約1億2,777万人であったが，2008年には人口は再び減少に転じ，前年比7万8,500人(0.61％)減の1億2,769万人，さらに暫定値ではあるが2009年の総人口は前年比18万2,700人減の1億2,751万人と，過去2年間**人口減少**が加速している。本章の第8節で具体的に説明するが，今後わが国の人口減少はさらに加速するであろうと予測される。

以上，ここでは，第一回国勢調査が実施された1920年から現在までのわが国の総人口の推移を概観したが，第二次世界大戦末期に人口が短期間かつ一時的に減少したことを除くと，わが国の人口は2005年まで増加を続けたことがわかる。人口増加(マイナスの増加である減少を含む)は実数の変化であり，これは二つの時点を比べて人口数が増えた，もしくは減少したということである。つまり，Time 1(期間の始まり)とTime 2(期間の終わり)の人口数を比較した場合，始まりよりも終わりで人口数が多ければ人口増加，少なければ人口減少である。このTime 1からTime 2の期間における人口の増減は，この期間に発生した出生数と死亡数，および移入者数と移出者数により決定され，これを式で表すと以下のようになる。

$$P_1 - P_2 = B - D + (M_i - M_o)$$

ここで $P_1 =$ Time 1における人口数

$P_2 =$ Time 2における人口数

$B =$ Time 1からTime 2の期間の出生数

$D =$ Time 1からTime 2の期間の死亡数

$M_i =$ Time 1からTime 2の期間の移入者数

$M_o =$ Time 1からTime 2の期間の移出者数

この式に示されている出生数と死亡数の差 (つまり $B - D$) を「**自然増加** (natural increase)」とよぶ。一方，移入者数と移出者数の差は「**純移動** (net migration)」であり，「社会増加」とよばれることもある。ここでは，日本という国の人口を対象とするため，純移動は国際人口移入と国際人口移出の差となる。人口規模の非常に小さな地域や国への大規模な外国人労働力移入，および戦争や内戦による多くの難民の発生や民族大移動といったような例外的状況でないかぎり，通常人口の増減は出生数と死亡数の差，つまり自然増加により決定されることが多い。上述した 2005 年以降のわが国の人口減少も，死亡数が出生数を上回るというマイナスの自然増加により引き起こされている。そして，この自然減は今後も相当期間続くと予想されるが，平和で豊かな時期に人口が相当なスピードで減少し続けたことはわが国の歴史において今まで一度もなく，この意味で今始まっているわが国の人口減少は特筆すべきものである。

2.3　人口転換

このように，今後もわが国の人口は死亡数が出生数を上回ることにより減少を続けると予想されるが，出生数と死亡数を決定するのは出生率と死亡率である。欧米諸国では，産業革命に代表される工業化を契機とした経済発展により生活水準が向上した結果，18 世紀末から 19 世紀前半にかけて死亡率が低下を始め，およそ 100 年のタイムラグをもって，19 世紀後半から出生率もこれに続いた (阿藤 2000, pp.33–44; 河野 2000, pp.12–18; Yaukey and Anderton 2001, pp.47–50)。その結果，1930 年代には出生率も死亡率もともに低い社会が実現した。つまり，欧米諸国では，18 世紀から 20 世紀に至るおよそ 200 年間で，出生率も死亡率も高い「多産多死」の状況から，出生率は高いままであるが死亡率が大きく低下するという「多産少死」の状況を経て，出生率も死亡率も低いという「少産少死」の状況への移行を経験した。

人口学では，この「多産多死」から「多産少死」を経て「少産少死」に至るプロセスを「**人口転換**」(Demographic Transition) とよんでいる。この背景には，上述した工業化や都市化および近代化といったマクロの社会構造の

変化があった (Coale 1969; Notestein 1953)。これによって生活水準が向上し，公衆衛生や医学が発達したことにより，工業化以前には非常に高かった乳幼児死亡率が低下し，その結果死亡率水準全体が低下した (Preston 1975; Wrigley 1969)。その後，工業化や近代化のさらなる進展により，子どもの養育コストの増大，結婚や家族をめぐる価値観の変化，避妊をはじめとする出生抑制技術の普及などが起こり，その結果出生率も低下をみた (河野 2000, pp.12–18; Freedman 1979)。

「多産多死」であった工業化以前の社会では，飢饉や疫病および戦争などにより一時的に死亡率が急上昇したことがしばしばあった。その直後に死亡率が一時的に低下し，また出生率もこのようなクライシス時に一時的に低下したことはあったが，死亡率と出生率が相当期間低下を続けた，つまり非可逆的な低下をみたことはない。この意味で，人口転換は画期的な人口行動変容 (mass behavioral change) であるといえよう。ここでは，1920 年以降のわが国について，人口 1,000 人あたりの出生数を示す**粗出生率** (Crude Birth Rate，略して CBR，普通出生率ともいう) および同じく人口 1,000 人あたりの死亡数である**粗死亡率** (Crude Death Rate，略して CDR，普通死亡率ともいう) の推移をみてみたい。

表 2.2 に示されているように，第一回国勢調査が実施された 1920 年のわが国の粗出生率は 36.2‰であり，これは粗出生率がおよそ 35～38‰であった出生率転換以前の 18 世紀後半から 19 世紀の欧米諸国と肩を並べる高率である (河野 2000, p.13)。一方，同年の粗死亡率は 25.4‰であり，人口転換以前の欧米諸国では粗死亡率が 30～35‰であったことを考えると，1920 年のわが国はすでに「多死」の時代を脱していたと考えることができよう。その後の戦前期には，粗出生率は 1930 年に 32.4‰，そして 1940 年には 29.4‰とわずかな減少に止まっていたが，粗死亡率は 1930 年に 18.2‰，そして 1940 年には 16.5‰と順調に低下した。その結果，戦前のわが国の**自然増加率**は約 11～15‰となり，この高い自然増加を主因として，前節でみたように，1940 年頃までわが国の人口は相当なペースで増加したのである。

さらに，終戦直後の 1947 年には粗出生率は 34.5‰となり，1920 年代に匹敵する高水準を回復した。1950 年でも粗出生率は 28.3‰と相当な高水準に

表 2.2 粗出生率，粗死亡率および自然増加率の推移：1920〜2008 年

年次	粗出生率 (‰)	粗死亡率 (‰)	自然増加率 (‰)
1920	36.2	25.4	10.8
1925	34.9	20.3	14.6
1930	32.4	18.2	14.2
1935	31.6	16.8	14.8
1940	29.4	16.5	12.9
1947	34.5	14.7	19.8
1950	28.3	10.9	17.3
1955	19.5	7.8	11.7
1960	17.3	7.6	9.7
1965	18.7	7.2	11.5
1970	18.8	6.9	11.8
1975	17.1	6.3	10.8
1980	13.5	6.2	7.3
1985	11.9	6.3	5.6
1990	10.0	6.7	3.3
1995	9.5	7.4	2.1
2000	9.5	7.7	1.8
2005	8.4	8.6	−0.2
2008	8.7	9.1	−0.4

資料：内閣統計局および厚生労働省統計情報部『人口動態統計』による。
注：1947〜1970 年の値は沖縄県を含まない。粗率の分母は，1940 年以前は総人口，1947 年以降は日本人人口である。

あったが，その一方で，粗死亡率は 1947 年には 14.7‰，そして 1950 年には 10.9‰と戦前からの低下傾向を維持した。その結果，1947〜50 年の第一次ベビーブーム期のわが国の自然増加率は 17〜20‰と非常に高く，人口は急増した。しかし，1950 年代に入ると粗出生率は一転低下局面に入り，特に 1970 年代から 1980 年代にかけて大きく低下した。一方，粗死亡率は 1950 年代半ば以降 2000 年代に入るまで約 6〜8‰でほぼ安定していたため，粗出生率の低下とともに，1970 年代半ば以降自然増加率は急低下することとなった。さらに，2000 年代に入ると，人口に占める老年人口割合の増加 (つまり人口高齢化) により粗死亡率は増加を始めた，この結果，自然増加率はマイナスとなり (つまり死亡数が出生数を上回り)，それが人口減少を引き起こしている。

付言すると，2000 年代に入ってからの粗死亡率の増加は，本当の意味での死亡率，つまり年齢の関数としての死亡確率の増加ではなく，高齢者という死にやすい年齢層の総人口に占める割合が増えたことによるものである。前述したように，粗死亡率はあくまでの人口 1,000 あたりの死亡数の比であり，同様に粗出生率も総人口に対する出生数の比であるため，人口の性・年齢構造により大きな影響を受ける。阿藤 (2000, pp.89–96) によると，明治維新を契機としてわが国の死亡率は長期的な低下を始め，「多産多死」の時代を脱して「多産少死」の時代に入った。本節でみた1920年以降の戦前期の人口動態率 (粗出生率と粗死亡率) の推移はこれを裏付けているように思われるが，これを確認し，さらに「多産少死」の時代から「少産少死」の時代への移行の時期を確定するためには，人口の性・年齢構造の変化や差異の影響を取り除いた本当の意味での (つまり確率としての) 死亡率と出生率の変動をみなくてはならない。これについては，次の第4節と第5節でそれぞれ検討を加えたい。

なお，第二次世界大戦後，人口転換はNIESとよばれる新興工業経済地域を中心として多くの東アジアや東南アジアの国々，およびラテンアメリカの国々でも起こっている。しかし，多くのアフリカ諸国や一部の南アジアと西アジアの国々では出生率は依然として高いままで，急速な人口増加が続いている (United Nations 2008)。

2.4　死亡率と平均余命

本節では，人口転換の過程において最初に低下をみた死亡率について，年齢の関数としての死亡確率の指標である**平均余命** (life expectancy) と**生存率** (survival rate) を用いて検討を加えたい。前節で述べたように，粗死亡率はある年次 (期間) の死亡数の人口に対する比であり，その人口の年齢構造により大きく左右される。そこで，人口学では，「**生命表** (life table)」という手法を用いて，人口の年齢構造の影響を除去した年齢別死亡確率や平均余命などの指標 (生命関数) を計算する。より具体的に説明すると，生命表とは，ある人口について，**静止人口モデル** (stationary population model，**定常人口モデル**ともいう) に基づき，死亡確率を年齢の関数として計算・表記したものである[8]。静止人口モデルでは，毎年一定数の出生が起こり，この一定数で

[8] 生命表の原理と構築方法，およびその構成要素である生命関数についての詳細は，岡崎 (1993, pp.67–103)，山口 (1989, pp.102–114)，そして Yaukey and Anderton (2001, pp.121–128) に具体的に説明されている。参照されたい。

出生した人口が一定の年齢別死亡確率にしたがって死亡し，人口の移動がない (他の人口からの移入および他の人口への移出がゼロである) とされる。その結果，静止人口においては，人口増加率はゼロとなり (人口規模は安定し)，そして人口の年齢構造および年齢別人口は一定となる。

平均余命は全ての年齢について算出することができるが，出生時の平均余命を特別に「**平均寿命**」とよんでいる。生命表には，年齢各歳別に計算される完全生命表 (complete life table) と 5 歳階級別に計算される簡易生命表 (abridged life table) の二種類がある。生命表には，全国人口を対象としたもののほか，地域別生命表，労働力生命表，職業別生命表など部分人口についてのものもあり，また離婚や死別の確率を計算するために用いられる結婚の生命表のように，死亡以外の人口イベントの確率を計算するためにも応用される。死亡確率の水準および年齢パターンは男女で異なるため，生命表は男女別に作成されることが多い。

表 2.3 には，特定の年齢 (出生時，15 歳時，そして 65 歳時) における男女別平均余命の推移が示されている。この表から，1921～25 年のわが国の平均寿命 (life expectancy at birth) は男性が 42.1 年，女性が 43.2 年であったことがわかる。これは，ある**同時出生集団** (birth cohort) が 1921～25 年のわが国の男性 (もしくは女性) の年齢別死亡確率で死亡を経験したとすると，その集団は平均 42.1 年 (もしくは 43.2 年) 生きることが期待されるという意味である。この平均寿命が 42～43 年という死亡率の水準は，人口転換の中期にあった 1860 年代～70 年代の欧米諸国の水準にほぼ相当し (Yaukey 1985, 114–117)，ここからも第一回国勢調査実施直後のわが国ではすでに死亡率転換が始まっていたことが示唆される。

さらに，同時期の 15 歳時の平均余命は男性が 42.3 年，女性は 43.1 年である。これは，ある同時出生集団が 1921～25 年のわが国の男性 (もしくは女性) の年齢別死亡確率で死亡を経験し，そして 15 歳まで生存したとすると，15 歳以降平均 42.3 年 (もしくは 43.1 年) 生きることが期待されるということを意味している。出生時の平均余命と 15 歳時の平均余命との間にほとんど差がないことに違和感をもつかもしれないが，これは 5 歳までの乳幼児期を中心として 15 歳までの年少期の死亡率がかなり高かったことによる。1920 年の

表 2.3　男女別特定年齢の平均余命：1921〜2008 年

年次	平均寿命			15 歳時平均余命			65 歳時平均余命		
	男	女	男女差	男	女	男女差	男	女	男女差
1921〜25	42.06	43.20	1.14	42.31	43.12	0.81	9.31	11.10	1.79
1926〜30	44.82	46.54	1.72	43.58	45.11	1.53	9.64	11.58	1.94
1935〜36	46.92	49.63	2.71	43.85	46.33	2.48	9.89	11.88	1.99
1947	50.06	53.96	3.90	44.93	48.81	3.88	10.16	12.22	2.06
1950〜52	59.57	62.97	3.40	50.95	54.10	3.15	11.35	13.36	2.01
1955	63.60	67.75	4.15	53.09	56.96	3.87	11.82	14.13	2.31
1960	65.32	70.19	4.87	53.74	58.17	4.43	11.62	14.10	2.48
1965	67.74	72.92	5.18	54.93	59.71	4.78	11.88	14.56	2.68
1970	69.31	74.66	5.35	55.97	60.99	5.02	12.50	15.34	2.84
1975	71.73	76.89	5.16	58.03	62.94	4.91	13.72	16.56	2.84
1980	73.35	78.76	5.41	59.35	64.58	5.23	14.56	17.68	3.12
1985	74.78	80.48	5.70	60.54	66.13	5.59	15.52	18.94	3.42
1990	75.92	81.90	5.98	61.58	67.46	5.88	16.22	20.03	3.81
1995	76.38	82.85	6.47	62.00	68.39	6.39	16.48	20.94	4.46
2000	77.72	84.60	6.88	63.19	70.01	6.82	17.54	22.42	4.88
2005	78.56	85.52	6.96	63.97	70.87	6.90	18.13	23.19	5.06
2008	79.29	86.05	6.76	64.65	71.39	6.74	18.60	23.64	5.04

資料：内閣統計局および厚生労働省統計情報部『完全生命表』(2008 年は厚生労働省統計情報部『簡易生命表』) による。

乳児死亡率 (生後 1 年未満の死亡率) は出生 1,000 あたり 166 であり (国立社会保障・人口問題研究所 2010, p.72)，相当な割合の乳幼児や子どもが 15 歳になる前に死亡していた。一方，1920 年代前半のわが国の 65 歳時の平均余命は男性で 9.3 年，女性では 11.1 年である。これは，当時の年齢別死亡率のパターンである同時出生集団が生きた (死んでいった) とすると，そして 65 歳まで生き残ったとすると，あと平均 9.3 年 (もしくは 11.1 年) 生きることが期待されたということである。言い換えれば，もし 65 歳という当時にしては相当な高齢まで生き残ることができれば，男女ともに 70 歳代半ばまで生きることが期待できた。

戦後もわが国の平均寿命は伸長を続けたが，戦前と比較して戦後の伸びはより急速である。そして，寿命の伸びとともに男女差も拡大しており，これは死亡率の低下が男性よりも女性で急速であったことを意味している。表 2.3 に示されているように，1947 年の平均寿命は男性で 50.1 年，女性では 54.0 年となり，1921〜25 年と比べて男性は 8.0 年，女性では 10.8 年の伸びがあった。その後，わが国の女性の平均寿命は 1960 年に 70 年を超え，男性の平均寿命も 1975 年にこの大台を超えた。これは，日本女性の平均寿命は戦後わずか 10 年強で人口転換の少死状態に到達し，男性も戦後およそ 25 年で死亡率転換を完了したことを示している。言い換えれば，戦前から続くわが国の死亡率転換は，戦後生存率が飛躍的に向上したことにより達成された。その後もわが国の平均寿命は伸長を続け，2008 年には男性は 79.3 年，女性はじつに 86.1 年となり世界最高水準を更新した。わが国の平均寿命は男女とも 1970 年代以降世界で最も高い部類に属しているが，特に女性の平均寿命は 1980 年代前半に 80 年を超えて以来世界最高を記録し続けている (厚生労働省統計情報部 2010; 国立社会保障・人口問題研究所 2010, pp.82–84)。

15 歳時の平均余命もまた戦後男女ともに目覚しい伸びを示しており，特に女性の平均余命の伸びが男性よりも急速であるため，男女差は 15 歳時の平均余命においても拡大している。さらに，平均寿命との差も戦後時間の経過とともに拡大しており，特に 2000 年代に入りこの差は男女ともに 15 年近くになっている。これは，乳幼児期を含む 15 歳までの年少期における死亡率が急激に低下し，2000 年代には超低水準になっていることを示唆している。事実，わが国の乳児死亡率 (infant mortality rate) は 1970 年代半ば以降出生 1,000 につき 10 (つまり 1％) 以下となり，2000 年代に入ると出生 1,000 あたり 3 (つまり 0.3％) 以下となっている (国立社会保障・人口問題研究所 2010, p.72)。この乳児死亡率は世界最低水準である (United Nations 2008)。

65 歳時の平均余命もまた戦後急激に伸びている。1947 年には男性で 10.2 年，女性では 12.2 年であった 65 歳時の平均余命は，2008 年には男性で 18.6 年，女性ではじつに 23.6 年となり，戦後 60 年で 65 歳時の平均余命は男女ともほぼ倍増した。これは，老年期の死亡率のめざましい低下を意味しており，これがわが国の人口の超高齢化の主な要因のひとつとなっていることは確実である。なお，人口高齢化については，本章第 7 節で詳しく説明する。

以上，生命表により算出される平均余命を基にわが国の死亡率の年齢パターンを検討したが，生命表によって各年齢における生存確率を推計することもできる。そこで，この男女別生存率の推移をみることにより，わが国の死亡率の変化のもう一つの側面をみてみたい。表 2.4 には，特定年齢までの生存率の推移が男女別に示されている。この表から，1921～25 年には，出生から 15

表 2.4 生命表により推計される特定年齢までの生存率 (%)：1921～2008 年

年次	出生から 15 歳まで		出生から 65 歳まで		出生から 75 歳まで	
	男	女	男	女	男	女
1921～25	72.47	73.26	30.52	35.02	12.80	18.71
1926～30	75.70	76.52	33.81	39.59	14.81	22.10
1935～36	79.10	80.12	36.22	43.55	16.48	25.26
1947	82.91	83.97	39.85	49.15	18.49	28.95
1950～52	90.02	90.82	55.11	62.85	29.44	40.45
1955	93.19	93.98	61.84	70.61	34.57	47.62
1960	94.87	95.82	64.78	75.21	36.12	51.47
1965	96.75	97.54	69.08	79.96	39.86	57.14
1970	97.57	98.20	72.07	82.57	43.53	61.17
1975	98.15	98.62	76.82	86.09	51.05	67.80
1980	98.60	98.95	79.39	88.50	55.74	72.68
1985	98.96	99.18	81.12	90.09	60.25	76.94
1990	99.10	99.30	82.60	91.32	63.04	79.85
1995	99.16	99.33	83.30	91.62	63.84	81.20
2000	99.38	99.50	84.68	92.59	66.73	83.71
2005	99.46	99.58	85.66	93.08	69.28	85.05
2008	99.53	99.60	86.56	93.41	71.18	85.96

資料：内閣統計局および厚生労働省統計情報部『完全生命表』(2008 年は厚生労働省統計情報部『簡易生命表』) による。

歳まで生き残ると期待された割合は男性で 72.5％，女性では 73.3％ であり，15 歳までに死亡すると推計される割合は男女ともにおよそ 27％ であったことがわかる[9]。しかし，その後第二次世界大戦をはさんで 15 歳までの生存率は上昇を続け，1990 年に男女ともに 99％ を超えた。これは，もしある集団が 1990 年代から 2000 年代のわが国の死亡率の年齢パターンで死んで (つまり生きて) いくとすると，15 歳までに死亡する確率はほぼゼロに近い超低水準になっていることを意味している。

次に，65 歳までの生存率をみると，1921～25 年には男性ではわずか 30.5％，女性でも 35.0％ であったことがわかる。言い換えれば，1920 年代前半には男性の約 7 割，女性でもおよそ 3 分の 2 が 65 歳の老年期に至るまでに死亡していた。しかし，その後戦前戦後を通じて 65 歳までの生存率は増加を続け，1947 年には男性で約 40％，女性では 49％ であった 65 歳時の生存率は，そ

[9] より厳密にいうと，1921～25 年のわが国の男性の出生から 15 歳までの生存率が 72.5％ ということの意味は，もしある同時出生集団が 1921～25 年の日本人男性の年齢別の死亡確率にさらされて生きた (死亡した) と仮定した場合，約 72.5％ が少なくとも 15 歳まで生きる (つまり約 27％ が 15 歳までに死亡する) ことが期待されるということである。

の後60年でめざましく改善され，2008年には男性で86.6％，女性ではじつに93.4％と大部分が老年まで生き残ることを期待できるような状況となった。さらに，75歳という**後期高齢期**に入る年齢までの生存率も急速に(65歳までの生存率よりもさらに急速に)改善されており，1921～25年には，男性ではわずか13％弱，女性でも約19％と，大部分が75歳までに死亡していたような状況であったものが，2008年には男性の72％，女性ではじつに86％がこのような高齢まで生き残ることが期待されるようになった。

以上の結果から，わが国の死亡率は1920年代以降2000年代までのおよそ80年間で劇的に改善されたことがわかる。すなわち，1920年代前半にはおよそ3割が15歳までに死亡し，65歳という老年まで生き残る確率は3割からせいぜい3分の1であったものが，現在は年少期に死亡する者はごくまれであり，65歳はもちろんのこと75歳という後期高齢期までに死亡する確率も，男性で3割弱，女性ではじつに15％弱という超長寿社会が出現したのである。

2.5　出生率の変化と少子化

次に本章では，人口転換のもう一つの主要側面である出生率について，その水準と年齢パターンの変化を戦前期および戦後期を通じてみてみたい。まず，最も広く使われている出生力水準の指標である女性1人あたりの**合計特殊出生率**(Total Fertility Rate，略してTFR)を用いて出生率水準の推移を検討しよう。合計特殊出生率(TFR)は15～49歳の女性の年齢別出生率の合計であり，女性がこの年齢別出生率に基づいて15～49歳の**再生産年齢**(reproductive years，**出産可能年齢**ともいう)を経過する間に子どもを生んだと仮定した場合の平均出生児数の指標である。近年メディアを中心に，TFRは女性が生涯に生む平均子供数であるという誤解が流布しているが，厳密にいうと，合計特殊出生率は，もしある(架空の)女性の集団が，ある国のある年次の年齢別出生率のパターンで子どもを生み，その女性たちが15～49歳までの35年間にだれも死亡しないと仮定した場合の平均子供数を指す。まず15～49歳の女性の各年齢別に出生率を算出し，それを合計することにより得られるTFRは，人口の性・年齢構造の変化に影響されないという意味で適切かつ最も広く用いられている出生率の指標である。

戦前のわが国については，TFR (およびその算出の基となっている15〜49歳の女性の年齢別出生率) に関する統計が存在する年次は非常に限られており，1925年，1930年，および1940年のみである。1925年には5.10であった女性1人あたりのTFRは，1930年には4.70，そして1940年には4.11と，緩やかではあるが低下傾向にあった (国立社会保障・人口問題研究所 2010, p.50)。

戦後については，臨時国勢調査が実施された1947年以降毎年TFRが算出されているため，ここではその年次変化をみてみたい。図2.1には，1947〜2008年のわが国の出生数と女性1人あたりの合計特殊出生率 (TFR) の推移が示されている。この図でまず目を引くのは，1947〜49年における出生数の多さと出生率の高さである。女性1人あたりのTFRは1947年には4.54，1948年には4.40，そして1949年は4.32であり，戦争直後のわが国の出生率は1930年代の水準にまで上昇していたことがわかる。この3年間に生ま

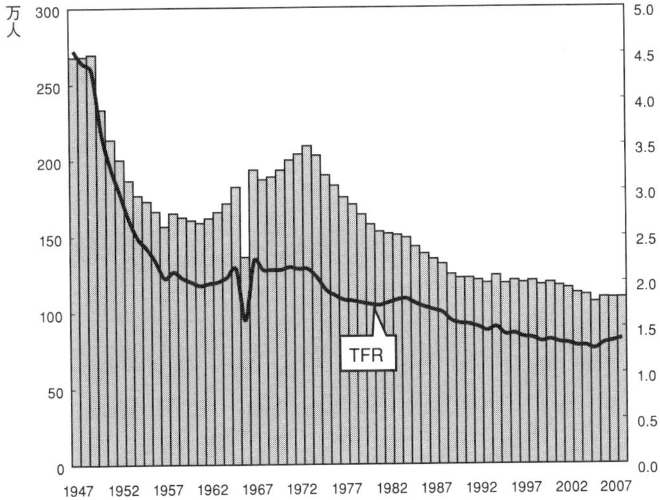

資料：厚生労働省統計情報部『人口動態統計』による．

図2.1　わが国における出生数および合計特殊出生率の推移：1947〜2008年

れた子どもの数は各年268万〜270万人で，合計約806万人にものぼった。わが国の歴史上これほど多くの子どもがこれほどの短期間に生まれたことはそれまでには一度もなく，また今後も二度とないであろうと予想される。

本章の第2節で述べたように，この巨大な1947〜49年生まれの人口集団(これを1947〜49年出生コホートとよぶ)は「**第一次ベビーブーム世代**」を形成しており，人口ピラミッドにおける大きな「こぶ」となっていることから，「**団塊の世代**」ともよばれている。その数の多さから，第一次ベビーブーム世代の多くが子どもをもった1970年代前半には，出生数の一時的増加がもたらされた(図2.1)。この団塊の世代の子どもたちは「**第二次ベビーブーム世代**」とか「**団塊ジュニア**」とよばれている。このように，わが国の戦後のベビーブームはわずか3年間であったが，欧米諸国のベビーブームはるかに長期間続き，ほぼ20年間にわたっている。たとえば，戦後のベビーブームが最も顕著であったカナダでは，1947〜66年の20年間で合計860万人の子どもが生まれ，この世代は2003年の同国人口のおよそ3分の1を占めている。また，アメリカ合衆国のベビーブームは1946〜64年で，この期間に生まれたおよそ7,600万人のベビーブーマーは，2003年の全米人口の約29％を占める。これらベビーブーム世代は，その人口規模の大きさからさまざまな社会事象の担い手となってきたが，2006〜07年には最初のベビーブーマーが60歳の定年退職年齢に達したことから，今後も大きな影響を社会・経済に与えることが予想される。

1940年代終盤とは対照的に，1950年代に入るとわが国の出生率は急激な低下をみた。1950年に3.65であった女性1人あたりのTFRは，1957年には2.04となり**人口置換水準** (replacement level) に達した。本章の冒頭で言及したように，置換水準とは**人口再生産**が全うされる水準のことで，ある世代の女性が等しい数の娘世代の女性を産み残すことのできる水準を指す。より具体的にいうと，置換水準の出生率とは**純再生産率** (Net Reproduction Rate, 略してNRR) が1.00の状態であり[10]，これを合計特殊出生率 (TFR) に換算

[10] 純再生産率 (NRR) とは15〜49歳の再生産年齢にある (架空の) 女性の集団の年齢別女児出生率に生命表の女性の年齢別生残数を適用して算出した平均出生女児数を指す。言い換えれば，NNRはある世代 (同時出生集団) の女性の生涯平均女児出生児数から死亡す

すると，女性1人あたり2.1弱の水準に相当する。TFRが長期にわたりこの水準で推移し続けると，人口の規模と性・年齢構造は安定する。一方，TFRが置換水準を超える水準で推移している限り人口は増加を続けるが，長期間この水準を割り込むと人口は早晩減少を始める。わが国の出生率は1947～57年の11年間で半減以上の急激な低下をみたが，戦前のTFRの推移を考え合わせると，わが国における「多産」から「少産」への出生率の転換は，1940年代末から1950年代後半のほぼ10年で完了したと考えることができよう。

その後，1957年から1974年まで，わが国のTFRは約2.0～2.1という人口置換水準でほぼ横ばいに推移した。唯一の例外は1966年の「**ひのえうま**」の年であり，同年のTFRは1.58に落ち込んだ(図2.1)。これは，ひのえうまの女性は気性が強いため結婚に不向きであるという迷信が根強く残り，そのため多くの夫婦がこの年に子どもをもつことを避けた結果であろう。事実，その翌年(1967年)にはTFRは2.23に上昇している。

しかし，1970年代半ば以降，わが国の出生率の動向は新しい局面に入った。1950年代末から1970年代前半まで，ほぼ置換水準で推移したTFRは，1975年に女性1人あたり1.91に低下し，置換水準を割り込んだ。出生率はその後も低下を続け，1990年代に入るとTFRはおよそ1.5にまで落ち込み，さらに2000年代に入るとおよそ1.3という超低水準で推移している。この1970年代半ば以降に起こった置換水準以下への継続する出生率低下が「**少子化**」であり，わが国のみならず，ほぼすべての欧米先進諸国は1960年代後半～80年代前半にかけて少子化を経験した。また，1980年代後半以降NIESを含む多くの東アジアや東南アジアの国々でも少子化が起こっている(国立社会保障・人口問題研究所 2010, pp.52–54)。多産多死から少産少死への移行である「人口転換」に対比して，この置換水準以下への出生率低下である少子化は「**第二の人口転換**」(Second Demographic Transition)ともよばれている[11]。

付言すると，1990年代のわが国が経験した女性1人あたりのTFRが1.5

る女児数を引いたものと解釈することができる。詳細は，岡崎(1993, pp.115–119)および人口学研究会(2010, pp.79–80)を参照されたい。

[11] 第二の人口転換についての詳細は，van de Kaa (1987)およびLesthaeghe (2010)を参照されたい。

以下という低水準への出生率低下は，1980年代以降南欧やドイツ語圏のヨーロッパ諸国でも起こった。出生力低下がさらなる出生力低下を引き起こし，なかなかそこから抜け出すことができないという状況は，これらの国々を対象とした研究により「**低出生力の罠** (Low Fertility Trap)」とよばれている (Lutz *et al.* 2006)。これによると，女性1人あたりのTFRが相当期間1.5を割り込んだ先進国で，その後1.5以上の水準に出生率が回復した国は今までのところなく，1990年代以降のわが国の出生率の動向はまさにこの「低出生力の罠」にかかって抜け出せない状況にあるといえる。

さらに，2000年代のわが国における女性1人あたりのTFRが1.3という水準は「**超低出生率**」(lowest-low fertility) とされ，1990年代の南欧や東欧諸国でも見られた現象であり (Kohler *et al.* 2002)，わが国と同様に2000年代に入って韓国などのアジアNIESでも起こっている (阿藤 2007)。もし今後TFRが女性1人あたり1.3〜1.4の水準で推移し続けると仮定すると，今世紀半ばには人口は約35％減少することになる。このように，1990年代以降のわが国では，**超少子化**ともいえるような出生率の落ち込みが続いている。

最後に，TFRの構成要素である女性の年齢別出生率の推移をみることにより，わが国の合計特殊出生率 (TFR) の変化にともなう出生の年齢パターンの変化について検討したい。図2.2に示されているように，戦前の1925年と戦後の1947年とを比較すると，15〜24歳という最も若い年齢層の女性の出生率は1925年に比べて1947年で低下しているが，25歳以上の女性の出生率にはほとんど変化はみられない。ここから，1925年のTFR (女性1人あたり5.10) と1947年のTFR (4.54) との女性1人あたりおよそ0.5人の減少は，主に10代後半から20歳代前半の女性の結婚の遅れによる出生率の低下から起こっていることが示唆される。一方，25歳以上の女性の出生率のパターンは戦前から戦争直後にかけてあまり変化しておらず，加齢とともに緩やかに低下するという典型的な「高齢になるまでの引き続く出産 (prolonged childbearing)」の様相を見せている。したがって，戦前そして戦後初期のわが国では，結婚の遅れ (早婚の減少) による出生開始の遅れは若干あったが，結婚して子どもを生みだすと，30代後半から40代前半という比較的高い年齢になるまで子どもを生み続けていたことが示唆される。

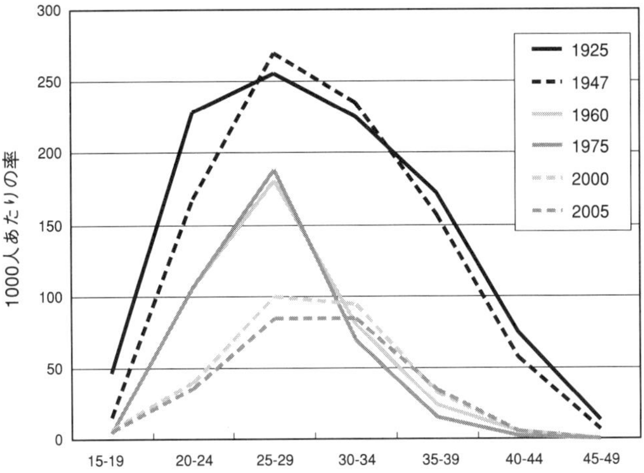

資料：厚生労働省統計情報部『人口動態統計』による．

図 2.2　女性の年齢別出生率の推移：1925〜2005 年 (千人当りの率)

次に，戦後に目を向けると，女性 1 人あたりの TFR が 4.54 という高水準から 2.1 弱という置換水準への急激な出生率低下が起こった期間の期首 (1947 年) と期末 (1960 年) とを比べて，出生率はすべての年齢層で低下し，特に 30 歳以上の女性の出生率の低下が大きかったことがわかる (図 2.2 参照)。上述したように，30 歳以上の女性の出生率は 1947 年においても依然として加齢とともに緩やかに低下する「高齢になるまでの引き続く出産」のパターンを示していたが，それとは対照的に，1960 年には 30 歳以上の女性の出生率はえぐれたような形をとっている。ここから，戦後の急激な出生率低下は，主に 30 歳以上の結婚している女性の避妊などによる意図的な**出生力抑制**の結果であることが示唆される。

さらに，少子化の開始時 (1975 年) と超少子化が進行した 2005 年とを比べると，15〜24 歳という若い年齢層のみならず (むしろそれよりも顕著に) 出産のピーク年齢である 25〜29 歳の女性の出生率が大きく低下していることがわかる。ここから，1970 年代半ば以降，わが国では女性の**晩婚化・未婚化**が進行しており，それが少子化の主な要因となっていることが示唆される。30 代の女性の出生率は若干増加しているが，その増加は 20 代の女性の出生率の大幅な低下を埋め合わせるには至っていない。20 代の女性の出生率低下 (つまり**晩産化**) が進むことにより，その後 30 代の女性の出生率が増加することはよくみられる現象であり，他の多くの先進国でも同様の変化がみられる。これは，出産開始の遅れを，その後速いテンポで子どもを生むことにより取り戻そうとする傾向 (「キャッチアップ効果」とよぶ) があることを示している。

以上の結果から，結婚しないと子どもを生まない傾向の強いわが国では，結婚の年齢パターンの変化の出生率への影響は大きく，なかでも「未婚化」とよばれる 20～30 代の女性 (そして男性) の結婚の減少が 1970 年代半ば以降の少子化を引き起こす主な要因となっていることがみてとれる。次節では，わが国の男女の結婚の年齢パターンの変化についてさらに詳しくみてみたい。また，1990 年代以降結婚している女性 (夫婦) の出生力にも低下傾向が見られ，これがさらなる少子化の進行の要因となっていることも考えられる。そこで，次節では，結婚している女性の出生力の変化についても検討したい。

2.6　結婚の減少と夫婦出生力の低下

わが国のように，出生のほとんどが結婚のなかで起こっている社会では[12]，TFR の変化は，①15～49 歳の女性の**有配偶率** (つまり女性の結婚の年齢パターン) の変化，②**有配偶出生率** (つまり**夫婦出生率**) の変化，という二つの人口学的要因の影響に分解することができる[13]。戦争直後の急激な出生率低下期にほぼ相当する 1950～60 年の TFR の低下 (1960～75 年の TFR はほぼ横ばいであり，年齢別出生率のパターンもほぼ同一であるため，これを 1950～75 年の低下としても同じである) は，その約 1 割 (11％) が女性の有配偶率の低下 (つまり未婚化) によるものであり，残りの約 9 割 (89％) が有配偶女性の出生率の低下 (つまり夫婦出生力の低下) によるものであった (津谷 2009)。一方，1975～2005 年の少子化は，ほとんどすべて晩婚化と未婚化による女性

---

[12] わが国の婚外出生割合は，1951 年以降全出生の約 1～2％ で推移している (国立社会保障・人口問題研究所 2010, p.67)。

[13] 出生率変化の要因分解の根拠と方法の詳細は，Kitagawa (1955) および岩澤 (2002) を参照されたい。

の結婚の減少によるものである。同期間に有配偶女性の出生率は若干増加しているが，それでは埋め合わすことのできないほど結婚の減少が深刻であるため，出生率水準全体が大きく低下している。さらに，1990 年代以降にみられる結婚している女性 (夫婦) の出生率の低下が，近年の少子化に拍車をかけていることも複数の研究により指摘されている (岩澤 2002; 廣嶋 2000)[14]

そこで，まずここでは，わが国の男女の結婚の年齢パターンの変化を詳しくみてみたい。表 2.5 には，1950 年から 2005 年のわが国の男女別・年齢別未婚者割合の推移が示されている。この表から，1975 年を境として，20～34 歳の女性の未婚者割合が急激に増加していることがわかる。1955～75 年にはおよそ 7 割でほぼ横ばいに推移していた 20～24 歳の女性の未婚者割合は，1975 年以降増加を始め，2005 年には 89％ となった。また出産のピーク年齢である 25～29 歳の女性の未婚者割合も，1970 年代半ばまではおよそ 2 割で安定していたが，その後増加に転じ，1975 年の 21％ から 2005 年の 59％ へと急増している。さらに，1975 年にはわずか 8％ であった 30～34 歳の女性の未婚者割合は，2005 年には 32％ と 4 倍に激増している。

未婚化は男性でも (むしろ女性より) 急速に進行しており，1975 年には 48％ であった 25～29 歳の男性の未婚者割合は，2005 年には 71％ に増加し，30～34 歳の男性の未婚者割合は，同期間に 14％ から 47％ へと急増している。さらに，1975 年にはわずか 6％ であった 35～39 歳の男性の未婚者割合は，2005 年には 30％ と 5 倍に激増している。その結果，わが国の女性の**人口静態平均初婚年齢** (Singulate Mean Age at Marriage，略して **SMAM**) は，1975 年には 24.5 歳であったものが，2005 年には 29.4 歳へと大きく上昇し，男性のそれは同期間に 27.7 歳から 31.1 歳へと上昇した[15]。

このように，いわば「玉突き」状態で若い年齢層の男女の未婚者割合が増

---

[14] たとえば，女性の出生コホート (出生年次) 別にその出生力を要因分解した岩澤 (2002) の研究によると，1935 年生まれの女性と 1960 年生まれの女性のコホート累積出生率の差は，約 7 割が結婚の減少と遅れによるものであり，残りの約 3 割が夫婦出生力の低下によるものである。

[15] SMAM は人口センサス (わが国ではこれを国勢調査とよぶ) などの人口静態統計から得られる年齢別未婚者割合から算出された平均初婚年齢である。結婚のタイミングの指標としての SMAM の意味および算出方法の詳細は，この指標の考案者であるヘイナルの論文 (Hajnal 1953) を参照されたい。

表 2.5 男女別・年齢別未婚者割合 (%) の推移：1950～2005 年

年次	15～19	20～24	25～29	30～34	35～39	40～44	45～49	50	SMAM[1)]
女									
1950	96.6	55.3	15.2	5.7	3.0	2.0	1.5	1.4	23.6
1955	98.3	66.5	20.6	7.9	3.9	2.3	1.7	1.5	24.7
1960	98.6	68.3	21.6	9.4	5.5	3.2	2.1	1.9	25.0
1965	98.5	68.1	18.2	9.1	6.8	4.7	3.0	2.5	24.8
1970	97.8	71.6	18.1	7.2	5.8	5.3	4.0	3.3	24.7
1975	98.6	69.2	20.9	7.7	5.3	5.0	4.9	4.3	24.5
1980	99.0	77.7	24.0	9.1	5.5	4.4	4.4	4.5	25.1
1985	98.9	81.4	30.6	10.4	6.6	4.9	4.3	4.3	25.8
1990	98.2	85.0	40.2	13.9	7.5	5.8	4.6	4.3	26.9
1995	98.9	86.4	48.0	19.7	10.0	6.7	5.6	5.1	27.6
2000	99.1	87.9	54.0	26.6	13.8	8.6	6.3	5.8	28.6
2005	99.1	88.7	59.0	32.0	18.4	12.1	8.2	7.3	29.4
男									
1950	99.5	82.9	34.5	8.0	3.2	1.9	1.5	1.5	26.2
1955	99.9	90.2	40.7	9.2	3.0	1.7	1.2	1.2	27.0
1960	99.8	91.6	46.1	9.9	3.6	2.0	1.4	1.3	27.4
1965	99.6	90.3	45.7	11.1	4.2	2.4	1.7	1.5	27.4
1970	99.3	90.0	46.5	11.7	4.7	2.8	1.9	1.7	27.5
1975	99.5	88.0	48.3	14.3	6.1	3.7	2.5	2.1	27.7
1980	99.6	91.5	55.1	21.5	8.5	4.7	3.1	2.6	28.7
1985	99.4	92.1	60.4	28.1	14.2	7.4	4.7	3.9	29.6
1990	98.5	92.2	64.4	32.6	19.0	11.7	6.7	5.6	30.4
1995	99.2	92.6	66.9	37.3	22.6	16.4	11.2	8.9	30.6
2000	99.5	92.9	69.3	42.9	25.7	18.4	14.6	12.6	30.8
2005	99.6	93.4	71.4	47.1	30.0	22.0	17.1	16.0	31.1

資料：総務省統計局『国勢調査報告』による。
注：1) SMAM (Singulate Mean Age at Marriage) は性年齢別未婚者割合を基に算出される人口静態平均初婚年齢である。

加した結果，50 歳時の未婚者割合によって示される**生涯未婚率**も，1970 年代半ば以降大きく上昇している。表 2.5 に示されているように，50 歳時の未婚者割合は戦争直後には男女ともおよそ 2% とほぼ皆婚であった。しかし，1970 年代入ってわが国の生涯未婚率は増加を始め，その後増加のスピードは加速している。その結果，2005 年の生涯未婚率は女性で 7%，男性ではじつに 16% (およそ 6 人に 1 人が 50 歳時に未婚) となり，わが国の伝統である皆婚パターンからの乖離が進んでいることがうかがわれる。前述したように，結婚しないと子どもをもたない傾向はわが国ではいまだ根強く，またわが国の社会制度はほとんどすべての男女が結婚して家庭をもつことを想定して構築されている。この生涯未婚率の近年の急増は，今後自分の家庭と子どもをもたない中高年層が急増することを示唆しており，これが今後のわが国の社会保障・福祉制度に与える影響は深刻である。

次に，出生率低下のもう一つの直接的要因である結婚している女性 (夫婦) の出生率の変化について検討しよう。先程みたように，わが国の少子化は主に結婚の遅れと減少によって引き起こされているが，結婚している女性の出生率にも低下のきざしがみられる。図 2.3 に示されているように，わが国の女性の平均初婚年齢の上昇 (結婚の遅れ) とほぼ呼応して，第一子出生時の平均年齢は上昇して (つまり出産の開始が遅れて) いる[16]。1975 年には 25.7 歳であった第一子出生時の女性の平均年齢は，1985 年には 26.5 歳，1995 年には 27.8 歳，そして 2005 年には 28.6 歳と上昇を続けている。近年わが国では婚前妊娠 (いわゆる「できちゃった結婚」) が増加していることによって (津谷 2006)，1990 年代半ば以降，平均初婚年齢と平均第一子出生年齢との差は縮小傾向にあり，ここからも晩婚化が晩産化を引き起こしているのは明らかで

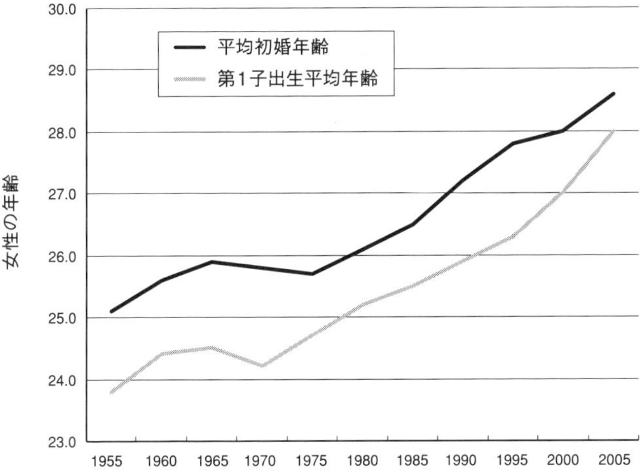

資料：厚生労働省統計情報部『人口動態統計』による.

図 2.3　女性の平均初婚年齢と第 1 子出生時の平均年齢の推移：1955～2005 年

[16] 図 2.3 に示されている平均初婚年齢は人口動態統計に基づくもので，(当該年次に) 婚姻を経験した (つまり実際に結婚して婚姻届を提出した) 女性の平均初婚年齢である。したがって，表 2.5 に示されている国勢調査から得られる人口静態統計 (性・年齢別未婚者割合) に基づく平均初婚年齢 (SMAM) とは区別されなければならない。

ある。

このような女性の出産開始年齢の上昇 (晩産化) は，夫婦が最終的にもつ子供数にも影響を与えているのではないか。表 2.6 には，50 歳未満の有配偶女性の結婚持続期間別にみた**平均出生児数**および**平均予定子供数**の 1977～2005 年の推移が示されている。この表から，結婚後 20 年以上経過した (つまり子どもを生み終えた) 妻たちが生んだ子供数は平均 2.2～2.3 人で，1970 年代後半から 2000 年代半ばまでほぼ安定していることがわかる。また，これらの妻たちの実際の子供数 (平均出生児数) と平均予定子供数はほぼ一致していることから，結婚持続期間が 20 年以上の妻たちは平均してほぼ意図した数の子どもを生んでいることが示唆される。

表 2.6　50 歳未満の有配偶女性の結婚持続期間別にみた平均出生児数および平均予定子供数の推移：1977～2005 年

年次	0～4 年	5～9 年	10～14 年	15～19 年	20 年以上	総数
出生児数						
1977	0.93	1.93	2.17	2.19	2.30	2.19
1982	0.80	1.95	2.16	2.23	2.24	2.23
1987	0.93	1.97	2.16	2.19	2.30	2.19
1992	0.80	1.84	2.19	2.21	2.21	2.21
1997	0.71	1.75	2.10	2.21	2.24	2.21
2000	0.75	1.71	2.04	2.23	2.32	2.23
2005	0.80	1.63	1.98	2.09	2.30	2.09
予定子供数[1]						
1977	2.08	2.17	2.18	2.13	2.30	2.17
1982	2.22	2.21	2.18	2.21	2.21	2.20
1987	2.28	2.25	2.20	2.19	2.24	2.23
1992	2.14	2.18	2.25	2.18	2.18	2.18
1997	2.11	2.10	2.17	2.22	2.19	2.16
2000	1.99	2.07	2.10	2.22	2.28	2.13
2005	2.05	2.05	2.06	2.11	2.30	2.11

資料：国立社会保障人口問題研究所『第 7 回～第 13 回出生動向基本調査 (結婚と出産に関する全国調査)―第 I 報告書―』による。
注：数値は全て初婚同士の夫婦 (予定子供数不詳を除く) について算出されたものである。
1) 予定子供数は現存子供数に追加予定子供数を加えたものである。

一方，結婚 20 年未満の妻たちの平均出生児数には低下傾向がみられ，なかでも結婚 5 年以上 10 年未満の妻の 1980 年代末以降の低下は明らかである。1977～87 年には 1.93～1.97 人であった結婚持続年数が 5～9 年の妻の平均子供数は，1992 年には 1.84 人，1997 年には 1.75 人，そして 2005 年には 1.63

人へと減少している。これらの妻たちの平均予定子供数も 1992 年以降若干減少しているが，その減少のペースは実際の子供数 (平均出生児数) の低下ほど速くない。その結果，平均出生児数と平均予定子供数の差は近年になるほど拡大し，1987 年には 0.28 人 (の予定子供数の超過) であったものが，2005 年には 0.42 人に開いている。2005 年に結婚年数が 5 年以上 10 年未満である妻たちの多くは 30 代であると考えられ，これらの妻たちが，今後平均 0.4 人の予定子供数と実際の子供数との差を埋めることができるのか，予断は許されない。

2.7　年齢構造の変化と人口高齢化

第 4 節で説明した死亡率の低下 (寿命の伸長) および第 5 節でみた出生率の低下の帰結が人口の年齢構造の変化，特に**人口高齢化** (population aging) である。人口を 0〜14 歳の**年少人口**，15〜64 歳の**生産年齢人口**，65 歳以上の**老年人口**の三つの年齢層に分けると，年少人口を「子ども」，15〜64 歳を「働き手」，そして老年人口を「高齢者」とみなすことができる。生産年齢人口は一国の経済活動を担うべき年齢にある人口であり，一方年少人口と老年人口は生産年齢に扶養されるべき年齢にある人口と考えられる。人口高齢化とは，総人口における 65 歳以上の老年人口の割合 (これを**老年人口比率**とよぶ，**高齢化率**ともよばれる) が増加することである。

表 2.7 には，わが国における年齢 (3 区分) 別の人口割合の 1920〜2008 年の推移が示されている。この表から，わが国の老年人口比率は 1920 年から 1955 年までおよそ 5％ という低水準でほぼ安定していたことがわかる。しかし，戦後の急激な出生率低下が一段落した 1960 年以降，老年人口比率は増加を開始した。その後 1970 年代から 80 年代そして 90 年代と人口高齢化は加速し，2005 年には老年人口比率が 20.2％ となり世界最高を記録した (United Nations 2008)。その後も人口高齢化は進行しており，2008 年の老年人口比率は約 22％ となっている。つまり，戦争直後のわが国は 20 人にひとりが 65 歳以上の高齢者という人口の年齢構造の若い社会であったが，そのわずか 50 年後には 5 人にひとりが高齢者という高齢社会へと急速な変化を遂げたので

表 2.7　年齢 (3 区分) 別人口割合および従属人口指数の推移：1920〜2008 年

年次	人口割合 (%)			従属人口指数		
	0〜14 歳	15〜64 歳	65 歳以上	総数	年少人口	老年人口
1920	36.5	58.3	5.3	71.6	62.6	9.0
1925	36.7	58.2	5.1	71.7	63.0	8.7
1930	36.6	58.7	4.8	70.5	62.4	8.1
1935	36.9	58.5	4.7	71.1	63.1	8.0
1940	36.7	58.5	4.8	70.9	62.7	8.2
1947[1)]	35.3	59.9	4.8	66.9	58.9	8.0
1950	35.4	59.7	4.9	67.5	59.3	8.3
1955	33.4	61.3	5.3	63.1	54.4	8.7
1960	30.0	64.2	5.7	55.7	46.8	8.9
1965	25.6	68.1	6.3	46.8	37.6	9.2
1970	23.9	69.0	7.1	44.9	34.7	10.2
1975	24.3	67.7	7.9	47.6	35.9	11.7
1980	23.5	67.4	9.1	48.4	34.9	13.5
1985	21.5	68.2	10.3	46.7	31.6	15.1
1990	18.2	69.7	12.1	43.5	26.2	17.3
1995	16.0	69.5	14.6	43.9	23.0	20.9
2000	14.6	68.1	17.4	46.9	21.4	25.5
2005	13.8	66.1	20.2	51.3	20.8	30.5
2008	13.5	64.5	22.1	55.2	20.9	34.3

資料：総務省統計局『国勢調査報告』および『人口推計年報』による。
注：各年 10 月 1 日現在人口。1947〜70 年は沖縄県を含まない。年齢不詳人口は年齢別に按分した。年少 (従属) 人口指数は 0〜14 歳人口の 15〜64 歳人口 100 人に対する比率，老年 (従属) 人口指数は 65 歳以上人口の 15〜64 歳人口 100 人に対する比率，従属人口指数 (総数) はそれらの和である。
1) 臨時国勢調査の集計人口に，水害地の調査漏れ推計数を年齢別に按分して加えた補正人口。

ある。

人口高齢化はわが国のみならず，ほとんどすべての欧米先進諸国でも起こっている[17]。しかしながら，わが国の高齢化の特徴はその水準の高さ (世界最高の老年人口比率) のみならず，そのスピードの速さにある。わが国では，老年人口比率が 7％ を超えたのは 1970 年であったが，この比率が 2 倍の 14％ になったのは 1994 年であり (国立社会保障・人口問題研究所 2010, p.39)，65 歳以上人口割合の 7％ から 14％ への倍加年数はわずか 24 年であった。対照的に，世界で最初 (1864 年) に老年人口比率が 7％ を超えたフランスでは，

17　人口高齢化は第二次世界大戦以前にすでに一部の西欧と北欧諸国で起こり，社会的な注目を集めていた。たとえば，英国の経済学者レダウェイは，1939 年に刊行された著書において英国人口の将来は高齢化であることを論じている (Reddaway 1939)。しかし，第二次世界大戦と直後のベビーブームの到来により，高齢化は一時的にせよ忘れられることとなった。

この比率が2倍の14％に到達したのは1979年であり，倍加に要した年数はじつに115年である (United Nations 1956, 2008)。フランスほど人口高齢化のスピードは緩やかではないが，他の西欧や北欧諸国の高齢化もわが国に比べるとずっとゆっくりとしており，たとえばスウェーデンでは老年人口比率が7％を超えたのは1887年，そして14％に達したのは1972年であり，老年人口比率が7％から14％への倍加にかかった年数は85年である。また，イギリスでは同様の変化に，1929年から1975年の46年間を要している。この急速なわが国の人口高齢化のスピードは，高い老年人口比率の水準 (高齢者人口割合の高さ) とあいまって，公的年金制度や健康保険制度をはじめとするわが国の社会保障制度に深刻な影響を与えている。今後さらなる高齢化の進展が予想されており，超高齢化社会における社会保障・福祉制度の維持と拡充はいっそう難しくなることが懸念される。

なお，NIESをはじめとする多くの東アジアと東南アジアの国々でも，わが国が経験したと同じように急速な (むしろそれよりも急激な) 人口高齢化が今後起こってくることが予想される。2000年に老年人口比率が7％を超えた韓国とシンガポールでは，それぞれ2016年と2018年に14％に達すると将来推計されており (United Nations 2008)，この両国における65歳以上人口割合の7％から14％への倍加年数は，わが国よりもさらに短い16年と18年である。また中国では，2002年に老年人口比率が7％に達したが，14％を超えるのは2029年と推計されており，倍加に要する年数はわが国とほぼ同じ25年である。わが国は1980年代から90年代にかけて世界で最も急速に人口高齢化が進行する国であったが，21世紀にはNIESや中国などのアジアの国々が急速な人口高齢化を経験することが予想される。この人口の年齢構造の急速な変化が，それぞれの国のみならず世界経済全体に与える影響は大きい。

では，このような人口の年齢構造の変化とその直接的要因である死亡率と出生率の変化との関係はどうなっているのであろうか。人口転換期においては，人口の年齢構造の変化には死亡率の変化よりも出生率の変化の影響がより大きいというのが人口学研究における定説となっている (河野 2000, pp.132–133)。一般には，死亡率の低下が高齢化をもたらすという考え方が流布しているが，これは一部の例外的状況を除き誤りである場合が多い。本章第4節でみたように，1960年代までのわが国における平均寿命の伸長は，乳幼児死亡率を中心とする年少人口の死亡率の低下に負うことが大きかった(国立社会保障・人口問題研究所 2010, p.81)。年少人口の死亡率が低下すると，**人口ピラミッド**の底辺が膨張する。この場合，人口はむしろ若年化する。もっとも，死亡率の低下(平均余命の伸長)は度合いこそ違えすべての年齢で起こるのが普通である。したがって，平均余命の伸長は老年人口，すなわち人口ピラミッドの上層部でも起こるため，年少人口の死亡率低下による人口若年化の影響はかなりの程度相殺され，最終的に死亡率の低下は人口の年齢構造にあまり大きな影響を及ぼさないことになる。一方，出生率の低下は必ず，そしてそれがそのまま人口ピラミッドの底辺を縮小させる方向に働くため，人口高齢化の最大の直接的要因になることが多い。事実，わが国においても出生率の低下がわずかであった戦前には，死亡率が低下していた(平均寿命が伸びていた)にもかかわらず，表2.7に示されているように，65歳以上人口の割合はむしろ減少傾向にあった。

しかし，出生率の置換水準以下への低下(少子化)が始まった1970年代半ば以降，死亡率の低下(特に高齢者の死亡率の低下)の人口高齢化への影響も大きくなってきている。1950年代前のわが国における平均寿命の伸長における老年人口の死亡率低下の寄与率はわずか7%であったが，1970年代に入るとこの寄与率は拡大を始め，1980年代以降はおよそ5割〜8割を占めるようになっている(国立社会保障・人口問題研究所 2010, p.81)。このように，平均寿命全体の伸びにおける老年人口層の死亡率低下のシェアが半分を超えて上昇し続けたことは世界人口史上それまでになかった新しい現象であり(河野 2000, p.133)，この高齢者層の死亡率の目覚しい改善は，急速な少子化の影響とあいまって，わが国の人口高齢化を加速させている。

次に，人口の年齢構造の変化の社会経済的意味を考えてみたい。人口の年齢構造の変化を示す有用な指標として，生産年齢人口に対する老年人口および年少人口の比がある。この比は「**従属人口指数** (dependency ratio)」とよばれ，人口高齢化の社会経済的インパクトを示す指標として広く用いられている。本節の冒頭で述べたように，生産年齢人口は経済活動を担うべき年齢の人口であり，年少人口と老年人口は生産年齢に扶養されるべき人口である。したがって，生産年齢人口 (100 人) あたりの年少人口と老年人口の合計の比である従属人口指数は，働き手 (100 人) が支えるべき子どもと老人の数の近似値であると考えることができる。従属人口指数はまた，その分子である年少人口と老年人口を分けて，**年少人口 (従属) 指数**と**老年人口 (従属) 指数**として算出することもできる。

表 2.7 の右側のパネルに示されているように，戦前のわが国の従属人口指数は約 71～72％ で安定していた。この生産年齢人口 100 人に対して年少人口と老年人口の合計が 71～72 という比較的高い水準の従属人口指数 (総数) は，そのほとんどが生産年齢人口 100 人あたり約 63％ という高い年少人口指数によりもたらされていた。一方，同期間の老年人口指数は 8～9％ で安定しており，これは戦前のわが国は 1 人の高齢者を 11～12 人の働き手で支えるという年齢構造であったことを示している。

戦後になると，1947～50 年の第一次ベビーブームの時期には年少人口の生産年齢人口に対する比率が (戦前よりは若干低下したとはいえ) 59％ で依然として高かったため，従属人口指数全体も 67～68％ と高かった。しかし，急速な出生率低下にともなって，1950 年代に入ると年少人口指数は低下を始め，1965 年には 38％ となった。一方，老年人口指数は 1960 年代半ばまでは約 9％ でほぼ横ばいに推移し，戦前の低水準をほぼ維持していた。その結果，年少人口指数の急速な低下により従属人口指数の総数も 1965 年には 47％ にまで低下した。

その後，1960 年代半ばには第一次ベビーブーム世代が生産年齢人口に到達し，さらに 1970 年代半ば以降は少子化が進行したことで，年少人口指数はさらに低下を続け，2000 年代にはおよそ 21％ となった。一方，第一次ベビーブーム世代が生産年齢人口に加わったにもかかわらず，老年人口指数は 1960 年代後半以降増加に転じ，時間とともにその増加のスピードは加速している。1970 年に 10％ であった老年人口従属指数は，1980 年には 14％，1990 年には 17％，2000 年には 26％，そして 2008 年には 34％ と急速に増加した。これは，1970 年には生産年齢人口 10 人で 1 人の高齢者を支えていたのに対し，1990 年には生産年齢人口 6 人弱で 1 人の高齢者を，そして 2008 年には生産年齢人口3人弱で1人の高齢者を支えるというように，世代間扶養の構造が急速に変化したことを示唆している。さらに，2007年には第一次ベビーブーム世代の最初のコホート(1947年生まれ)が60歳の定年退職年齢に達しており，今後も老年人口従属指数の増加(つまり高齢者扶養の負担の増大)は続くと予想される。

このように，1960年代以降年少人口指数は急速に低下した一方で，老年人口指数は緩やかな増加に転じたことから，戦前から1950年代前半にかけて60～70％台であった従属人口指数(総数)は1960年代以降大きく低下し，1990年代前半に44％で底を打った。このように従属人口指数の低い状態は，国民経済にとって扶養負担の少ない経済活動にきわめて有利な人口構造であり，これを「**人口ボーナス** (population bonus)」(もしくは「人口配当(demographic dividend)」)とよんでいる。わが国は1960年代から2000年代初頭のおよそ40年間にわたり「人口ボーナス」を享受し，これがわが国の高度経済成長の一因となったことは確実である。従属人口指数の低下は経済成長にとって十分条件ではなく，社会の政治的安定と適切なマクロ経済政策が不可欠である。しかし同時に，死亡率と出生率の低下(つまり人口転換)により人口が扶養負担の少ない年齢構造に変化することが，経済成長の必要条件であることは明らかであり，戦後わが国は人口ボーナスを使って急速な経済成長を達成することに成功した。しかしながら，2000年代半ば以降，老年人口指数の急激な増加により従属人口指数は再び増加に転じ，2008年には55％となっている。上述したように，今後従属人口指数はさらに増加することが確実であり，戦後わが国が享受した経済成長の構図が今後大きく崩れて行くことが予想される。

2.8 人口変動の将来展望

本章の最後に，最新の公式**将来人口推計** (population projection)を基に，今後予想されるわが国の人口変動について考えてみたい。将来人口推計とは，人口の規模およびその性・年齢構造を，それを直接決定する要因，つまり出生，死亡，移動，結婚とその解消などの人口動態要因を用いて，それら要因間および要因内の関係をライフコースの視点からシミュレートするものである[18]。すなわち，将来人口推計とは，ある同時出生集団 (出生コホート) の将来のライフコースのモデル化であり，そのために通常用いられる方法は「**コホート要因法** (cohort component method)」である[19]。なお，将来人口推計は文字通り人口の将来の姿の「プロジェクション (延長投影)」であり，プロジェクションはプレディクション (prediction つまり予言) ではない。したがって，将来人口推計により算出される将来の人口規模や年齢構造の値には幅があり，わが国の公式将来人口推計では出生率 (コホート出生率) と死亡率 (コホート死亡率) に低位，中位，高位という 3 つの仮定 (シナリオ) が設定されている。ここでは，出生率と死亡率の両方の中位仮定により推計された値を用いて[20]，わが国の今後の人口変動を展望する。

表 2.8 には，2005〜2055 年のわが国の総人口，年齢 (3 区分) 別人口割合 (%)，および従属人口指数の将来推計値が示されている。この表に示されているように，2005 年国勢調査時点で約 1 億 2,800 万であったわが国の総人口は，その後恒常的な減少を始め，2020 年代前半には 1 億 2,000 万人を割り，2030 年代後半には 1 億 1,000 万人を，さらに 2040 年代後半には 1 億人を切ることになると予測される。そして，2055 年には総人口は 9,000 万をも下回り 8,993 万人となる。これは 2005 年の総人口と比べて約 3,800 万人 (つまりおよそ 30 %) の減少であり，わが国は 2005 年から 2055 年の 50 年間に約 3 割の人口を失うことになる。この減少数は，2005 年における人口規模上位の四つの都道府県，つまり東京都，大阪府，神奈川県，愛知県を合わせた人口規模にほぼ相当する (国立社会保障・人口問題研究所 2010, p.177)。

この将来人口の減少のペースについて付言すると，減少は当初緩やかであるが，しだいに加速しながら進行することになる。先程述べたように，2005

18 将来人口推計の原理と理論的および技術的枠組みの詳細については，国立社会保障・人口問題研究所 (2008)，金子・三田 (2008) および津谷 (2003) を参照されたい。

19 コホート要因法はわが国の公式将来人口推計のみならず，国連の人口推計などにも広く用いられている。コホート要因法の詳細は，河野 (2000, pp.35–54) および津谷 (2003) を参照されたい。

20 なお，わが国の公式将来人口推計では，国際人口移動率の推計について幅は設定されておらず，仮定は一つ (中位仮定のみ) である。

表 2.8 総人口，年齢 (3 区分) 別人口割合，および従属人口指数の将来推計：2005〜55 年

年次	総人口 (1,000 人)	人口割合 (%)			従属人口指数		
		0〜14 歳	15〜64 歳	65 歳以上	総数	年少人口	老年人口
2005	127,768	13.8	66.1	20.2	51.3	20.8	30.5
2010	127,176	13.0	63.9	23.1	56.5	20.3	36.2
2015	125,430	11.8	61.2	26.9	63.3	19.3	44.0
2020	122,735	10.8	60.0	29.2	66.7	17.9	48.8
2025	119,270	10.0	59.5	30.5	68.1	16.8	51.2
2030	115,224	9.7	58.5	31.8	70.9	16.5	54.4
2035	110,679	9.5	56.8	33.7	75.9	16.7	59.2
2040	105,695	9.3	54.2	36.5	84.3	17.2	67.2
2045	100,443	9.0	52.8	38.2	89.5	17.0	72.5
2050	95,152	8.6	51.8	39.6	93.0	16.7	76.4
2055	89,930	8.4	51.1	40.5	95.7	16.4	79.4

資料：国立社会保障・人口問題研究所『日本の将来推計人口 (平成 18 年 12 月推計)』による。
注：出生中位 (死亡中位) 推計による各年 10 月 1 日現在人口。

年から 2055 年の 50 年間でわが国の総人口は約 3 割減少すると推計されるが，そのうちの約 1 割 (9.8 %) は 2030 年までの前半 25 年間に起こり，残り約 2 割 (19.8 %) が後半の 25 年間に起こる (国立社会保障・人口問題研究所 2007, pp.84–85)。すなわち，人口減少のペースは時間の経過とともに加速し，2017 年以降は毎年 50 万人以上が，そして 2039 年以降は毎年 100 万人以上が減少して行くと予測される。つまり，現在から 30 年ほど経つと，政令指定都市一つに相当する人口が毎年減って行く計算となる。

さらに，21 世紀前半のわが国は，今までに経験したことのない劇的な年齢構造の変化をも経験すると予想される。表 2.8 に示されているように，2005 年に 13.8 % であった 15 歳未満の年少人口比率は少しずつではあるが縮小を続け，2055 年には 8.4 % と総人口の 1 割未満になる。15〜64 歳人口割合もまた低下を続け，2005 年に 66 % であった生産年齢人口比率は 2055 年には 51 % に減少すると予測される。対照的に，65 歳以上の老年人口比率は，2005 年の 20 % から 2055 年には 41 % へと倍増する。これは，21 世紀半ばのわが国では 5 人に 2 人が高齢者となることを意味している。

実数でみると，2055 年までの 50 年間，年少人口と生産年齢人口は急激に減少を続ける一方，老年人口は増加を続けると予測される。2005 年には約

1,760 万人であった 15 歳未満人口は 2055 年にはわずか約 750 万人となり，2005 年に約 8,440 万人であった 15〜64 歳人口も 50 年後にはおよそ 4,600 万人弱に減少する。一方，65 歳以上人口は約 2,580 万人から 3,650 万人へと今後 50 年で約 42％ 増加する。言い換えれば，2055 年までの 50 年間の人口減のほとんどは 65 歳未満の年齢層で起こり，65 歳未満人口は今後 50 年でほぼ半減 (約 48％ 減少) することになる。

付言すると，75 歳以上の後期高齢者人口の実数と割合も今後急激に増加すると推計されている。2005 年に約 1,160 万人であった 75 歳以上人口は，2017 年に 65〜74 歳の前期高齢者人口を超えて約 1,760 万人となり，2055 年には約 2,390 万人となると予測される (国立社会保障・人口問題研究所 2007, p.80)。2005 年にはわずか 9％ であった後期高齢者人口の総人口に占める割合は，50 年後の 2055 年にはじつに 26.5％ となる。つまり，今後わが国では急速な人口減少の下で急激な**超高齢化**が起こり，21 世紀半ばには未曾有の**超高齢社会**が出現することになる。

では最後に，社会経済と関係が深いとされる従属人口指数の今後の変化をみてみたい。先述したように，従属人口指数とは一般に扶養される側 (年少人口および老年人口) の扶養する側 (生産年齢人口) に対する比率であり，人口の年齢構造からみた扶養負担の重さの指標である。表 2.8 から，2005 年に約 51％ であった従属人口指数は 2055 年には約 96％ に増加すると予想されるが，この増加はすべて老年 (従属) 人口指数の急激な増加によるものである。2005 年に 30.5％ であった老年人口指数は，2055 年には 79.4％ とおよそ 2.6 倍に激増すると予想され，これは 2055 年には生産年齢人口 1.3 人で高齢者 1 人を支えることになることを意味している。一方，2005 年時点で 20.8％ とすでに低かった年少人口指数はその後も非常に緩やかではあるが低下を続け，2055 年には 16.4％ となると推計される。

今後 50 年間における年少人口の急激な減少にもかかわらず，この年齢層の従属人口指数がわずかしか低下しないのは，同期間に生産年齢人口も減少するからである。すなわち，65 歳未満人口全体が減少していくなかで，年少人口は生産年齢人口よりも急速に減少していくことになる。このように，今後 50 年間，生産年齢人口に対する年少人口の比は引き続き低下して行く一方で，老年人口部分は増大を続けることにより，経済に対する扶養負担の非常に大きい状態，すなわち巨大な「**人口オーナス**」(population onus) が形成されることが予想される。オーナスとは負荷あるいは重荷のことであり，今後わが国は高齢化のさらなる進行とともに人口オーナスの増大に直面することになる。ここからも，超高齢化の進展にともなう社会経済への影響の深刻さの一端をうかがうことができる。

おわりに

わが国の近代化と工業化の歴史は同時に人口増加の歴史であり，20 世紀は「人口増加の世紀」でもあった (阿藤 2007)。しかし一転して，21 世紀は「人口減少の世紀」となる可能性が高く，本章で説明したように，2005 年から 2055 年の 50 年でわが国の総人口はおよそ 3 割減少し 9,000 万人弱となることが予想される。このように急速な人口減少と同時に，現在すでに世界で最も高齢化したわが国の人口は今後さらに高齢化し，未曾有の超高齢社会が出現することになる。2055 年の 9,000 万弱という推計総人口は，2005 年から過去に向かって 50 年さかのぼった 1955 年頃のわが国の総人口とほぼ同じである。この総人口の変化だけに注目すれば，今後の日本人口は過去に来た道を逆戻りして行くかのようである。そのため，今後の人口変動はわが国が過去にすでに経験したものであり，さほど心配することはないといった議論もみられる。しかし，年齢構造をはじめとする人口の「質」の変化は大きく，わが国の人口は今まで経験したことのない新たなそして困難な局面を迎えると考えるべきであろう。

このような劇的な人口静態 (規模と年齢構造) の変化をもたらす主な要因は，死亡率と出生率という二大人口動態の大きな変化である。経済発展による生活水準の向上と公衆衛生および医療技術の発展を背景として，戦前・戦後を通じてわが国の死亡率は低下を続け，なかでも戦後の高齢者の死亡率の低下はめざましく，わが国は世界有数の長寿社会となった。戦後のわが国はまた二つの出生率低下期を経験し，その結果超少子化ともよべる非常に出生率の低い社会となった。第一の低下は第二次世界大戦終了直後の約 10 年間に起こった高水準から置換水準への急激な低下であり，第二の低下は 1970 年代半ば以降に起こった置換水準以下への低下，つまり少子化であった。戦争直後の「第一の出生率低下」は，その後のわが国の急激な経済発展を可能にしたという意味でマクロ経済的観点からみても望ましいことであったが，それとは対照的に，スピードはずっと緩やかであるとはいえ，「第二の出生率低下」である少子化は，若い労働力人口の減少や消費市場の縮小など深刻な経済的影響が懸念されるものである。この少子化は過去 35 年間にわたって続いており，その結果わが国の人口は 2005 年を境に減少局面に入り，今後人口減少は本格化していくことになる。進行を続ける少子化はまた，人口高齢化に拍車をかけ超高齢化を引き起こしている。今世紀前半を通じて超高齢化はさらに加速すると予測され，年金・医療・介護などの社会保障費用の増加により国民の負担がさらに増大することが懸念される。

このように，わが国は現在出生率が最も低い国の中の一つであると同時に，世界一の平均寿命を享受しており，これらの組み合わせによって，今後わが国は世界で最も高齢化した国のひとつとして時代の先頭を歩んで行くことになる。この歩みが指針とすべき前例はなく，この意味で 21 世紀の日本社会はわれわれが今まで一度も経験したことのない劇的な社会変動に直面することになろう。それゆえに，人口変動の背景とゆくえ，そしてその社会経済的影響を理解することの重要性も大きい。

参考文献

阿藤　誠 (2000),『現代人口学—少子高齢社会の基礎知識』日本評論社.

阿藤　誠 (2007),「人口減少と社会変動」『人口減少時代の日本社会』阿藤　誠・津谷典子 (編), 日本評論社, pp.1–30.

岩澤美帆 (2002),「近年の期間 TFR 変動における結婚行動および夫婦の出生行動の変化の寄与について」『人口問題研究』第 58 巻第 3 号, pp.15–44.

岡崎陽一 (1993),『人口統計学［改訂版］』古今書院.

金子隆一 (2009),「わが国の人口のゆくえ—人口減少と高齢化の将来展望」『人口減少と日本経済—労働・年金・社会保障制度の行方—』津谷典子・樋口美雄 (編), 日本経済新聞出版社, pp.53–99.

金子隆一・三田房美 (2008),「将来人口推計の基本的性質と手法的枠組みについて」『人口問題研究』第 64 巻第 3 号, pp.3–27.

厚生労働省統計情報部 (2010),『平成 21 年簡易生命表の概況について』厚生労働省統計情報部.

河野稠果 (2000),『世界の人口［第 2 版］』東京大学出版会.

国立社会保障・人口問題研究所 (2007),『日本の将来推計人口—平成 18 (2006)～67 (2055) 年 (平成 22 年 12 月推計)—』国立社会保障・人口問題研究所.

国立社会保障・人口問題研究所 (2008),『日本の将来推計人口—平成 18 年 12 月推計の解説および参考推計 (条件付推計)—』国立社会保障・人口問題研究所.

国立社会保障・人口問題研究所 (2010),『人口統計資料集 2010』国立社会保障・人口問題研究所.

人口学研究会 (編) (2010),『現代人口辞典』原書房.

廣嶋清志 (2000),「近年の合計特殊出生率の要因分解：夫婦出生率は寄与していないか？」『人口学研究』第 26 号，1–19.

津谷典子 (2003),『なぜ日本人口は減少するのか—平成 14 年将来人口推計の意味—』経済学会ブックレット No. 6，慶應義塾経済学会.

津谷典子 (2006),「わが国における家族形成のパターンと要因」『人口問題研究』第 62 巻第 12 号，pp.1–19.

津谷典子 (2009),「なぜわが国の人口は減少するのか—女性・少子化・未婚化」『人口減少と日本経済—労働・年金・社会保障制度の行方—』津谷典子・樋口美雄 (編)，日本経済新聞出版社，pp.3–52.

山口喜一 (編) (1989),『人口分析入門』古今書院.

Coale, Ansley J. (1969), “The Decline of Fertility in Europe from the French Revolution to World War II,” in S. J. Behrman, Leslie Corsa and Ronald Freedman (eds.), *Fertility and Family Planning: A World View*. Ann Arbor: University of Michigan Press, pp.3–23.

Freedman, Ronald (1979), “Theories of Fertility Decline: A Reappraisal,” *Social Forces* Vol. 58, No. 1, pp.1–17.

Hajnal, John (1953), “Age at Marriage and Proportions Marrying,” *Population Studies* Vol. 7, No. 2, pp.111–136.

Kitagawa, Evelyn M. (1955), “Components of a Difference between Two Rates,” *Journal of the American Statistical Association* Vol. 50, pp.1168–1194.

Kohler, Hans-Peter, Francesco Billari, and José Antonio Ortega (2002), “The Emergence of Lowest Low Fertility in Europe during the 1990s,” *Population and Development Review* Vol. 28, No. 4, pp.641–680.

Lesthaeghe, Ron (2010), “The Unfolding Story of the Second Demographic Transition,” *Population and Development Review* Vol. 36, No. 2, pp.211–251.

Lutz, Wolfgang, Vegard Skirbekk, and Maria Rita Testa (2006), “The Low-Fertility Trap Hypothesis: Forces that May Lead to Further Postponement and Fewer Births in Europe,” *Vienna Yearbook of Population Research 2006*, pp.167–192.

Notestein, Frank W. (1953), "Economic Problems of Population Change," in *Proceedings of the Eighth International Conference of Agricultural Economies*. London: Oxford University Press, pp.13–31.

Preston, Samuel H. (1975), "The Changing Relation between Mortality and Level of Economic Development," *Population Studies* Vol. 29, No. 2, pp.231–248.

Reddaway, W. B. (1939), *The Economics of A Declining Population*. London: George Allen and Unwin.

United Nations (1956), *The Aging of Population and Its Economic and Social Implications* (Population Studies No. 26). New York: United Nations.

United Nations (2008), *World Population Prospects: The 2008 Revision*. New York: United Nations.

van de Kaa, Dirk J. (1987), "Europe's Second Demographic Transition," *Population Bulletin* Vol. 42, No. 1, pp.1–57.

World Health Organization (WHO) (2004), *The World Health Report 2004: Changing History*. Geneva: World Health Organization.

Wrigley, E. Anthony. 1969. *Population and History*. New York: McGraw-Hill. (速水融［訳］. 1982.『人口と歴史』筑摩書房).

Yaukey, David (1985), *Demography: The Study of Human Population*. Prospect Heights, Illinois: Waveland Press.

Yaukey, David and Douglas L. Anderton (2001), *Demography: The Study of Human Population, Second Edition*. Prospect Heights, Illinois: Waveland Press.

3

労働経済：現代経済事情のための

早見　均

はじめに

労働経済学がどのような必然性のうえに構築された分野であるかを把握する。そして，日本の労働市場において真に解決すべき課題を見つける。そのためには，実際に観察される統計データを利用して，現状の労働経済の動向やその背景を探ることからはじめる。ただし，その場合に経済分析と統計データがどのように対応しているのか，あるいは対応していないのかを理解するようにする。労働という分野の難しい点はどこにあるのか，経済政策や法的規制の有効性と限界について考えられるようにする。興味をもった課題について，専門的な文献を探してどのように分析されているかを調べてみる。

3.1　労働の意味

労働とは

とりあえず，労働がない世界を考えてみよう。アルバイトもせずに生活している学生がこれにあてはまる。勉強と遊びに明け暮れていればよい。苦痛はないはずなのである。それでも，学生は不安に思うことが多い。将来，働けないかもしれないからというのが一番の理由に違いない。

しかし，一生働かなくてもよい生活が送れるならば，すばらしいだろうなと思うはずである。経済学でも，そういう前提のもとに分析している。だから，働くことに人生の意味を見出すなどという複雑な思考はしない。単純だ。働くことは苦痛だから，苦痛に対する対価，つまり賃金をもらうのである。自分が働くことによって，企業をもうけさせてあげるから，その報酬をもらうだけのことだ。

働くことで賃金以外の「人生の意味を稼ごう」という人は，労働を扱う経済学がとてつもなくつまらなく感じることだろう。確かに，仕事から自己満足を得ようとする何かを求めて就職活動するはずである。少なくとも最初のうちはやりたい仕事を見つけようとするだろう。そして，本当はなにがしたいのか，自分でもわからなくなって，エントリーシートに上手に書きこむ技術を磨くようになる。結局，やりたいことはどうでもよくなって，人気のある企業に内定をもらうと安心するはずである。人気があるということは，みんながやりたい仕事なのだから，自分もその気になれる，それだけのことである。もし，就職に偏差値があるならば，高い偏差値の職業や会社に就職したいのである。つまり，働くことの意味よりも，その報酬をもらうことが圧倒的に重要なのである。

社会全体を考えるとき，職探しをしている人に対して，意味のある仕事が見つかるかどうか，そんなことが問題だろうか。来年や来月，あるいは明日の糧のために，今日の仕事を見つけることが生きるために必要なのである。生きがいは仕事以外のところでも見つけることができる。所得は仕事をしなければ得られないのである。

労働問題

労働の意味を離れて，ともかく働きだす気になって，新聞やニュースをみると，労働する現場は，なまなましい問題であふれている。不当解雇，過労死・過労自殺，差別，賃金の未払い，ハラスメント，労働災害，こうした問題は，労働問題といわれている。出社拒否して引きこもりたくなる現実の一端である。労働問題を決着するには，個人にとっては，労働弁護士に相談して訴訟を起こすか，労働組合と経営側の団体交渉で改善していくか，だまって転職先を探すか，せっぱつまった問題である。日常的に起きること，たとえば上司に注意されたとか，業績が落ちたことが原因で出社しない・できないというのは，メンタルヘルスの問題なので，産業医か，精神科に相談した方がよい。

社会全体としては，労働法に違反することがないように政府が努力している。脱税などを国税専門官が取り締まっているのと同じように，労働問題のGメンである労働基準監督官が労働問題を取り締まっている。各労働基準監督署や都道府県の労働局は，個人からの相談窓口である総合労働相談も受け付けている。労働法には，**労働基準法，労働組合法，労働関係調整法**という労働三法のほか，労災保険法，最低賃金法，労働安全衛生法に一般規則が定められている。だから，100%安心とまではいなかくても，どろぼうが怖くて生活できなかったり，交通事故が怖くて運転しないことがないのと同じように，労働問題が怖くて働かないことを選ぶ人はめったにいない。

いずれにしても，身近な問題として，現実に起きている労働を考えると，労働のない世界がパラダイスのように見えてくるだろう。もちろん，世の中全体が，法律違反を平気でするような労働問題であふれてしまうと，そのような国に生活することはできない。ルールがない状態で人に雇われて労働することはできないからである。ただし，もらえるはずの賃金でも，1年以上請求しないと時効で請求権は消滅してしまうことや，給料日以外でも突然必要になった場合には非常時払いをしてもらえることなど，知っておいて損のないルールについては，労働法で勉強するか，社会保険労務士の資格試験の勉強をすると得ることができる。

労働経済の問題

労働経済という分野で起きる問題は，引きこもって人生の意味を考えることや，労働問題にぶつかって争うことでもない。もちろん労働という分野に経済メカニズムは関係ない，という考えは，古くは一般的であった。たとえば，仕事をしないのは怠け者だから，ワークハウスに入れて強制労働させよう，という考え方が，20世紀はじめまでは普通であった。第一次大戦後に，貧困問題には社会保障・社会福祉政策を充て，雇用問題には経済政策が充てられるようになった。そもそも農業中心の経済では，地主と小作の関係が主なものなので，人に金銭で雇われるという働き方が広まったのは，近代工業社会の到来からであり，そう昔のことではない。最近では，働き方の形態に再び変化が起きているといわれる。小作人として地主の土地で作物を作る人，家業を手伝って生きる人，企業で長いこと社員として暮らす人，仕事があるときだけ派遣されて働く人，芸人的活動をしつつアルバイトして生計を立てる人，それぞれの働き方の背後には体制の違いや，家計のあり方，産業や経済状況の変化があるだろう。

しかし，ケインズが 1930 年に働くことから解放されることを述べた講演があるが，いまだにそれは実現していない。その原因は何か，自分なりに探ってみることができればこの章の目的は達せられたことになろう。

3.2　労働の経済分析

労働時間

経済学では，1 日の時間を余暇時間と労働時間に分割する。こうした分析を始めたのは，19 世紀後半の経済学者たち，特にジェボンズ (William Stanley Jevons, 1871) である。ジェボンズは，『経済学の理論』第 5 章「労働理論」で，労働を 1 日当たりの労働時間数で計測することを提案している。人間は 24 時間ごとに同一の状態に戻るから，基本は 1 日である。しかし，過度の労働を続けると体力を弱めて耐えることができないものにし，「長く続けば続くほど結果はますます悪くなる」(訳書 130 ページ) と主張している。ちなみに，現在，過労死の労災認定は，月の残業時間が 80 時間以上を目安にしている。マクドナルド元店長 (41 歳) の過労死認定 (2009 年 10 月) では，当初労働基準監督署の計算では月間平均残業時間が 77 時間となったため認定されなかったが，神奈川県労働局は 2 週間ずらして計算した結果，81 時間となり，くも膜下出血でなくなった女性店長の遺族年金・労災保険が適用されることになった。

労働経済での問題は，労働法の課題と違って，過労死と認定されるかどうかよりも，過労してしまう仕組みが防げなかったのはどうしてかということである。たとえば，一方では，仕事のない失業者がいるのにもかかわらず，他方で体調を壊すまで働いてしまう人々がいる。失業している人に店長の仕事ができるのか，という雇う側の基準と，店長という安定的な雇用機会を得て，家計の支えとして何としてもその仕事の手を抜くことができなかった家庭の事情があるかもしれない。

労働の目的

通常の経済学では，働きたい時間だけ働くことができるという前提で労働供給の理論が構成されている。にもかかわらず，労働基準法では，1日8時間，週40時間を**法定労働時間**として定めている。これを超えて働く場合には，時間外労働割増賃金率が適用されて，過度に長い時間労働することを防ぐように制度が作られている。一般的に大陸ヨーロッパでは最長労働時間が決められていたり，週35時間を法定労働時間としたり，短時間労働を法律で制定している。米英では，割増賃金率の設定のみで，労働時間についての規制は少ないといえる。いずれにしても，長く働くことが必ずしも評価される社会ではない。

イギリスのバークレイ (George Berkeley, the Bishop of Cloyne, 1735-7) はかつて，「欲望を創造することが人民を勤勉にさせる最適の手段」(質問20) ではないかと主張している。もし欲望が強ければ，貧しいアイルランドの人々も勤勉になるのではないかと問いただしている。この欲望を計測する基準は，労働の苦痛ではなく，その対価で得られる消費の効用にある。現在，経済発展の著しい中国やインドと失われた20年ともいわれている日本を比較すると，日本では欲望を創造することができないでいるのかもしれない。ただし，たとえ欲望があったとしても，将来の所得や生活が不安だとしたら，現在の消費はひかえて将来に向けて節約するという行動が合理的である。

将来のことを計画して節約する行動が合理的であるならば，将来に十分な所得が得られるような方策を考えることも合理的である。すなわち，教育である。教育の経済学がしばしば労働経済学の一分野として扱われるのは，1日の労働の供給を考えるだけではなく，生涯の労働供給を計画するという人々の行動にもとづいている。この意思決定の問題は，複雑である。というのは，労働供給者側でも教育や訓練をして将来に備えるが，労働需要側の雇用する立場でも訓練をして生産性を上昇させる誘因があり，また訓練した人に転職されて逃げられてしまっては困るからである。このような理論が 1980 年代に一時期流行した背景には，米国の生産性の停滞が問題になったことがある。これも 1920 年代に問題になったアブセンティーズム (asbsenteeism，欠勤・怠業) の現代版の焼き直しともいえなくはない。出勤拒否を当時の経営者は病気のように扱っていた (Frankel, 1921)。いまでは引きこもりというわけであるが，日本においても新しいことではない。むしろ 1000 年前の『源氏物語』に登場する「柏木」が，歴史的に記録された最初の引きこもりかもしれない。

労働供給とダグラス法則

ジェボンズが自ら書いているように，彼は理論は作ったが，実際に統計的な検証はしていなかった。それを望んでいたが，十分な資料と検討できる時間がなかったのだろう。ジェボンズに代わって，実際に実証分析を行ったのは，ダグラス (Paul Howard Douglas, 1934) である。ダグラスの研究は，きわめて包括的であり，しかも現在でも盛んに利用されている個票データ (家計や企業の調査票) を用い，指数論などを駆使した周到な分析である。労働の需要と供給について，その後の研究も含めてやり尽くした感のある古典的業績なので，知ってはいるが余り読まれていないことは確かである。

ダグラスは労働供給を就業率と労働時間，長期と短期のものに分類している。就業率とは，人口のうち仕事に就いている人の割合である。通常，性・年齢別に扱っている。ダグラスは，就業率と賃金率の関係から労働供給曲線 (短期) を計測して，それが右下がりになることを発見した。この背後には，「賃金の低いところでは，夫の収入が比較的高い場合より，家族の所得の穴埋めに，はるかに多くの妻たちが労働市場へと追いやられるようである」(訳 上巻 p.301) とあるように，**ダグラス法則**とよばれている重要な発見がある。このような場合には，労働市場は超過供給があると際限なく賃金率が低下する傾向をもつことになる。

長期の労働供給は，通常，人口の決定まで含まれる。古典派が想定していた長期労働供給曲線は水平で，生存費賃金でいくらでも働き手が得られるという性質のものである。長期の労働供給では，出生率，乳幼児死亡率，罹患率のような健康を左右する変数によって，労働供給量が決定されることになる。途上国の人口爆発の問題は，以前と同じ率で死亡しなくなったにもかかわらず，出生率が下がらない期間があるという転換理論で説明されることが多い。

このように古典派の労働供給は，経済発展論における無制限労働供給の問題として，現代にも残っている。無制限に労働供給が得られる時代では，ある意味で労働は経済の問題ではないともいえる。賃金水準の決定や失業問題という労働経済で扱っている基本課題は，文字通り死活問題であり，飢え死するか暴動するかという差し迫った問題になる。こういう場合には，経済学が前提にしている市場による取引のルールが，法律で守られるかどうかがまず問題になる。あるいは法律自体が副作用をもたらして低賃金労働が広がることもある (スピーナム・ランド法)。辻村 (2001) には市場の成り立つ条件，基本的であるが，必ずしもうまく機能するかどうかわからない「競争」について解説されている。特に労働市場では，売り手の労働者の立場が買い手の雇い主と対抗できないほど弱いことが多い。信用というのは金融が機能する基本であるが，労働においても今日・明日の生きる糧を得なければならない場合においては，たとえ法律が定まっている国においても，雇い主が極限まで過酷な労働を課す状況が起きやすい。先進国でも人気の高い職種では，代わりとなる労働供給がいつでも得られるので，ハラスメントが起きやすい状況にあるといえる。

3.3　労働供給の観察

現在生まれたばかりの人が大人になって労働供給を始めるまでには，20 年程度かかる。このように，長期の労働供給を考える場合には，20 年以上の時間とゆとりをもって話をしなければならない。当然のことだが 20 年という期間，経済は一定ではないし，状況は大きく変わる。日本経済を支える労働供給の担い手が，日本人であるという前提も妥当しなくなることさえある。日本の長期労働供給は，出生率の低下で，高齢者の多い人口オーナス (負担) が予想されているが，必ずしも高齢社会，即，停滞社会と決めつけるには早すぎる。その第一は働きにでる人の数を増やすことができないかという課題である。第二は，生産性を上昇させることである。ここでは前者の実態がどのようになっているか観察することにする。

15 年前の出生時に人口の予測がほぼ確定している中期的な視点にたつと，15 歳以上 65 歳未満の人口 (生産年齢人口という) のうちどれだけの人々が働きにでるかという人数が労働供給の問題になる。現実には，65 歳以上の人も働いている場合が多く，男性では人口のうち 29.3%の 362 万人, 女性では 13.1%の 217 万人，計 570 万人が労働力として働く意思を表示している。

労働力調査

経済分析をするうえで，必ず問題になるのは，統計調査方法として，働きたいという意思の表現をどう調べているかということである。**『労働力調査』**では調査された月の月末 1 週間に仕事を探した場合と，少しでも仕事についていた場合には，労働力に含めることにしている。このように調査時期を狭く限定して調べ，actual な就業状態を調査している。少しも仕事をしなかった場合に,「仕事を探していた」,「通学」,「家事」,「その他 (高齢者)」のうち一つを選択するように調査票が作成されている。その後で，通学や家事の「かたわらにしていく仕事」を探していた，という項目があるので，通学や家事をしていても仕事探しをしていた場合には,「仕事を探していた」と答えるのではなかったか，ということがわかる。この判断は微妙であるが，結果は大きく異なる。

「仕事を探していた」場合には，労働力 (labor force，あるいは経済活動人口 economically active population) に含まれるため，失業者として数えられるが，通学，家事，高齢者の場合には失業者とはならず，非労働力として数えられるからである。図 3.1 は,『労働力調査』と同様の統計的な調査方法で全数調査した『国勢調査』の結果にもとづいて分類したものである。

このように毎月行われている『労働力調査』で把握されている就業状態は，経済分析でいう労働供給として利用できるのか，という疑問が発生する (小尾 (1980))。分析的には労働供給とは，与えられた賃金率に応じて働くこと

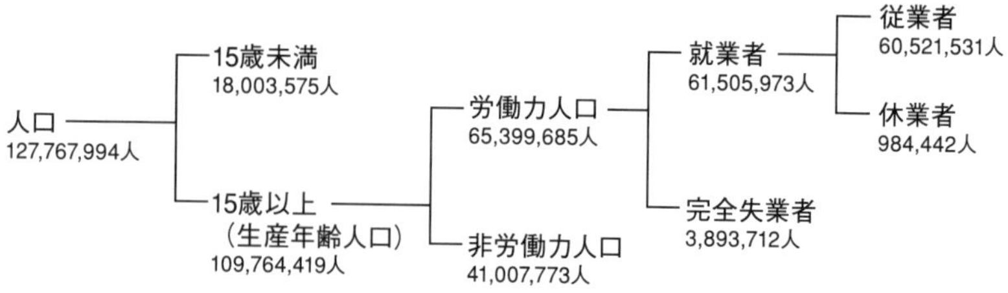

図 3.1　人口・労働力の統計上の分類

を選択するか，あるいは働かない方を選ぶかという行動である。したがって，どのような賃金率に対しての結果であるのかがわからない労働力は経済分析の概念としては利用できないことになる。ただし，全体として賃金構造があまり変化せず，すぐにあきらめて低い賃金の職を探すようになるというような意識にも変化がなく，さらに働く労働時間についても自由に決められるよりは，雇い主の方から決められた時間働くかそうでないかを選ぶような場合には，労働力は労働供給がある程度反映された人数ということができる。

少し別の統計上の把握方法として，月のうちの 1 週間という瞬間的な状態ではなくふだんの状態 (usual) を調査する場合もある。『就業構造基本調査』は，過去 1 年間のふだんの状態として仕事をしていたか (有業，usually active population)，無業であったかを調査している。そして年間の就業日数や 1 週間の労働時間を調査している。ここで得られる有業者数も労働供給と同一視することはできない。当然のことながら，労働需要に見合った結果，有業状態が実現しているため，現在働いて得ている賃金水準はわかるが，それには労働供給と需要の両方の影響が含まれるため，その賃金水準・労働時間の労働条件で働きたい人の数を表しているとは限らない。

このように労働供給を観察するためには，他の商品の供給や需要と同様に経済分析の理論的枠組みがなければどうしようもないことがわかる。しかも，やっかいなことに労働市場には膨大なバラエティの価格水準 (賃金率) と供給時間 (労働時間) が共存していることである。しかも，同じ 1 人の人間でも時間を経るにつれて，分担している仕事の内容も，能力も変わり，そして賃金率も変わる。このように多種多様・変幻自在の対象について，統計的な手法と単純な経済学の論理が果たしてどれだけ通用するのか疑問に思うことだろう。

ダグラス法則

ダグラスが述べているように，当初は理論的な経済学と実態的な労働経済学は全く別物として教えられていた。ダグラスは経済分析の立場で労働市場を観察することによって，労働分配率の一定の傾向と，労働供給における法則性 (ダグラス法則) を見出したのである。このダグラス法則は，C. D. ロングによって再確認され，日本においてはロングよりも早く有沢広巳，およびその協力者である中村隆英によって確認されているもので，ダグラス・ロング・有沢の法則とよばれている。すわわち，家計単位の労働供給では，主たる所得の担い手の所得水準が低い家計では，副次的所得を得るために家族が就業する確率が高くなるという現象である。要するに，夫の所得水準が低い家計ほど，妻が働きにでているということである。

これには二つの重要な意味がある。第一は労働供給は家計単位で計画されるものだという前提である。家計が全く独立の個人からなっている場合には，家計の構成員の行動が相互に影響することはありえない。労働市場へ参加するかどうかは，自分が得られる賃金率と自分が労働したときの所得と余暇の限界代替率を比較して決められる。他の家計の構成員の得る所得が大きいと，余暇の価値が所得より高くなり，より高い賃金が提示されないかぎり，労働力参加は行わない。つまり家計構成員の稼ぐ所得がプールされていれば，余暇が劣等財でないかぎり，この法則は成立する。この法則が成り立たなくなる状況があるという報告がなされることがあるが，その場合には労働供給の意思決定のモデルは家計という経済主体ではなく，個人を単位とした労働供給モデルを作成することになる。

第二はダグラス法則の持つ労働市場への影響である。家計における主たる所得の担い手の所得が低下によって，副次的な所得のために家族が働きにでる。すると労働市場全体では，供給過剰になる。このことは主たる所得の担い手の賃金低下をさらに引き起こす可能性がある。つまり労働市場の調整機能がうまく働かないことを意味している。ダグラスはこの現象を右下がりの労働供給曲線と表現している。

労働力率

ここ 20 年間の日本の労働市場においても，正社員のリストラや賃金カットが実施され，他方で非正規雇用の大幅な増加が観察されている。労働時間の短縮が行われているものの，全体として労働供給は増えている可能性がある。それでは，いまだに家計を単位とした就業行動が観察されているのだろうか。人口のうち働いている人と失業している人の合計の比率を**労働力率**というが，この比率を観察するとそれがおぼろげながらわかってくる。これを示す最も典型的なグラフが，年齢別労働力率曲線である。図 3.2 が 1970 年から 10 年おきに観察したものである。明らかな特徴は，男性の場合には 20 歳代から，引退する 60 歳代までほとんど 100%近い労働力率となっている。ただ詳細に見ると，30 歳以下の若年層と 60 歳以上の高齢層で，労働力率が傾向的に低下している点が観察される。わずかに上昇しているのは，定年制が延長された 50 歳代の後半のみである。

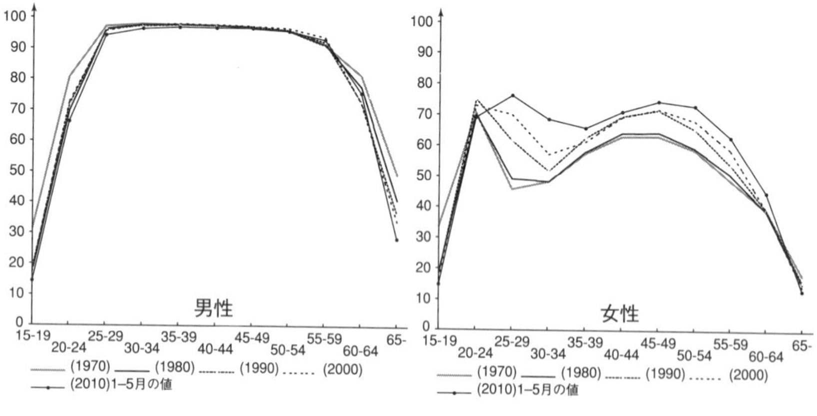

図 3.2　日本の年齢別労働力率：総務省『労働力調査』各年

これに対して，女性の場合は，20 歳以下と 65 歳以上では傾向的に労働力率が低下しているが，その他の年齢層では労働力率は傾向的に上昇している。ただし，20 歳から 24 歳層の労働力率はいったん上昇して再び低下するという動きを見せている。特に上昇の著しい年齢階層は，25 歳から 34 歳までの女性である。35 歳以上は全体的にもちあがっているという傾向が見られる。

日本の女性の労働力率はこのようにM字型をしているのが特徴的であるが，世界でこれと同じ形をしている国はいまでは韓国くらいである。他の国，特に欧米諸国は，1960年代から70年代にMの谷の部分が消えた。1980年にもMの形を残している国はオセアニアと英国であったが，それも1990年には消えている。日本の場合にも1990年以降，谷の部分が上昇していく傾向が見られているが，この背景にはどのような変化があるのだろうか。

女性の労働供給の動向

『就業構造基本調査』の特別集計を行った結果，1977年から1992年までの女性の有業率の推移は，進学率の上昇の影響があること，年齢にもプラスの効果があることが見られたが，子どもの有無の効果はあいまいになっていることを示した (早見　均「女性就業行動の変化: 1977-82-87-92年の比較分析」財団法人労働問題リサーチセンター『労働省婦人局委託調査：女性労働者の雇用と賃金に関する調査研究』1997年3月，123–152)。つまり，子供の有無による就業確率の低下は少なくなっており，夫の所得の上昇による就業確率の低下も以前とそれほど変化がなかった。

結婚すると出産する場合が多いので，子供の有無か既婚状態への変化かどちらがM字型になる主因なのかは，図3.3だけでは判断ができない。20歳以降有業率が年齢と共に上昇しているのは，2人目の子供はほとんど有業率にマイナスの影響を与えないことを示唆している。出産が主たる原因でM字型の谷が形成されているのならば，有配偶者に限ったサンプルで年齢別有業率・労働力率曲線を描いてもやはりM字型になるはずである。

ところが，有配偶者だけの年齢別労働力率は，確かにフラットな部分は子育て期に観察されるが，山は一つである。つまり，M字型の谷ができるのは，この時期に未婚から既婚に変わることによって，労働力率が低下するということである。そして，M字型の谷の部分が上昇してきたのは，晩婚化による有配偶比率のシフトがその原因であろう。

2000年，2005年の『国勢調査』による労働力率曲線は，25歳から34歳に既婚になる場合の労働力率の低下はM字傾向になっているので，やや傾向が変わってきているといえるかもしれない。しかし，配偶状態別の労働力率曲

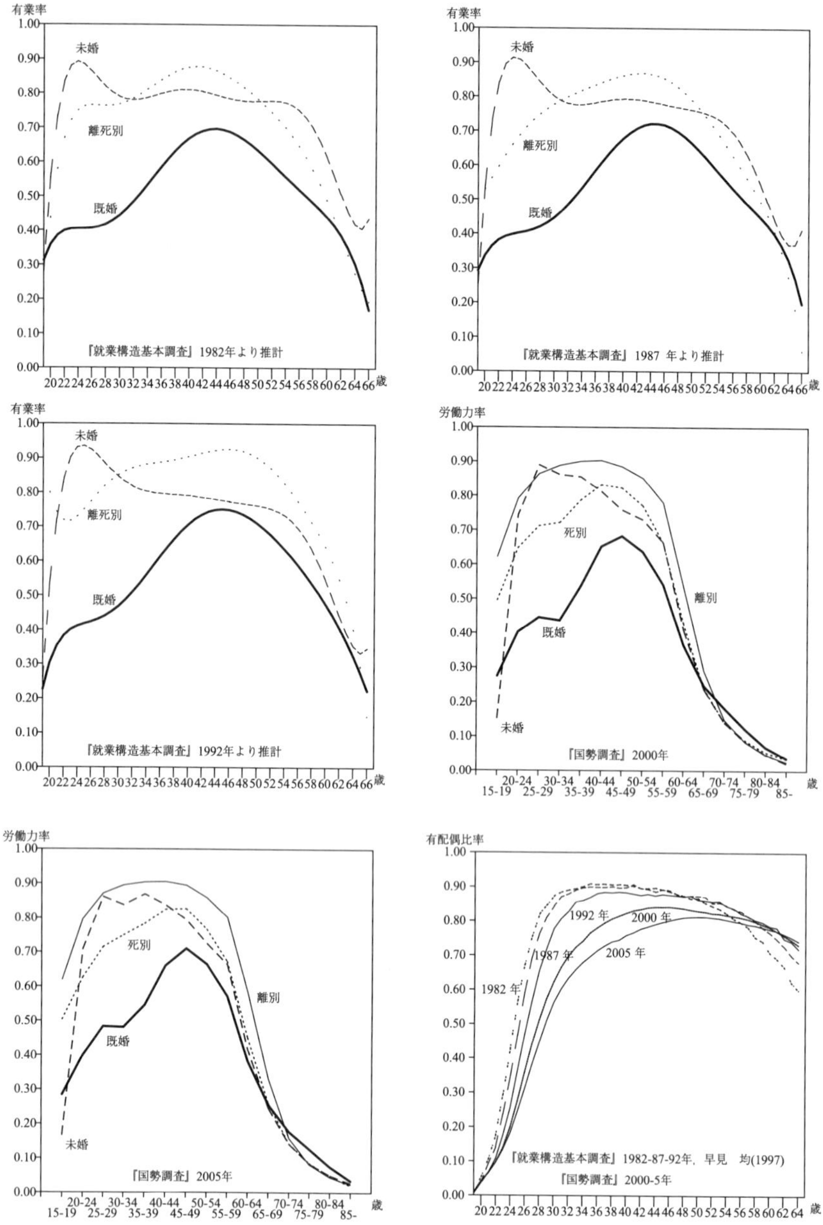

図 3.3　人口・労働力の統計上の分類

線・有業率曲線の形状は，1980 年代から 2005 年までほとんど大きな違いはない。有配偶の労働力率のピークは 70%くらいであり，40 歳代後半である。つまり，少なくとも 25 年間，女性の有配偶者の就業行動はほぼ変化がなく，大きく変わってるのは，晩婚化の傾向である。こうした図表を見る限り，女性の労働供給の動向は，結婚して家庭をもつかどうかということと深くかかわっているようである。

女性の労働力率が，欧米のように 80%を越えるようになれば，年金・健康保険加入者も増加し，社会保険の収支も緩和されることになるだろう。問題は，正規雇用が増加するかどうかであるが，この点については，3.5 節で検討することにしよう。

中高齢者の労働力率

最後に残るのは，男性・女性ともに中高齢者の労働力率の動向である。日本の年金問題が心配であるならば，60 歳代の労働力参加率を高めることが重要であろう。ただ日本の男性は，たとえば英米に比べて高い労働力率である。ところが，日本の 65 歳以上の労働力率は低下の一途をたどっていて，逆に米国・英国では上昇しはじめている。女性では，かつては日本の労働力率が高かったが，いまでは 50 歳代後半では低くその他ではほぼ同程度になっている (表 3.1)。英米の女性の中高齢者の労働力率の上昇が非常に急激で，日本を追い抜いていったのである。

高齢者の労働力率の決定要因は，賃金率，労働時間，退職金の割増支給などの労働条件のほか，企業の定年制度や年金・障害保険・失業保険など社会保障制度の影響が混在している．日本では，1998 年に高齢者等雇用安定法が改正されて，法定定年年齢が 60 歳となっている。その後の 55 歳以上の労働力率が低下していることが，表 3.1 からもわかる。ただし，2006 年に同法が改正され，65 歳定年が努力義務として制定された。その影響か，2005 年と 2008 年では，60 歳以上の労働力率は上昇している。

ただし，平均引退年齢と労働力率の動きは必ずしも一致していない。アメリカでは 2000 年前後まで継続的に平均引退年齢が若くなっている。アメリカやヨーロッパで高齢者の労働力率が 1990 年代まで低下した原因には，早期

表 3.1　日米英の中高齢者の労働力率

日本の中高齢者の労働力率 (%)

年	男性 55-59 歳	60-64	65-69	70-74	75- (年齢)	女性 55-59 歳	60-64	65-69	70-74	75- (年齢)
1975	94.7	85.4	69.2	47.4	24.4	50.9	39.2	26.2	14.5	5.5
1980	94	81.5	65.2	45	23.7	50.7	38.8	26.7	15.5	6.1
1985	93.1	78.3	60.8	42.8	21.7	49.9	37.9	26.3	15.6	5.8
1990	94	76.1	57.9	40.3	20.8	51.5	37.4	25.9	15.7	6
1995	94.8	78.9	58.8	42.5	21.7	55.8	38.8	27.1	17.4	6.4
2000	94.2	72.6	51.1	33.7	16.7	58.7	39.5	25.4	16.5	6.1
2005	93.6	70.3	46.7	29.6	15.1	60	40.1	24	15.4	5.4
2008	92.5	76.4	49.6	30.5	13.9	61.6	43.6	26	14.9	5.5

米国の中高齢者の労働力率 (%)

年	男性 55-59 歳	60-64	65-69	70-74	75- (年齢)	女性 55-59 歳	60-64	65-69	70-74	75- (年齢)
1980	80.6	60.4	29.2	18.3	9.1	48.4	34	15	7.8	3.2
1990	79.6	55.1	25.5	14.9	6.6	56.5	35.1	16.9	7.7	2.4
2000	77.1	54.8	30.1	17.9	8	61.2	40.1	19.4	9.9	3.5
2005	77.6	58	33.6	20.7	9.4	65.6	45.8	23.7	12.8	4.5
2008	78.8	59.9	35.6	21.9	10.4	67.7	48.7	26.4	14.3	5.2

英国の中高齢者の労働力率 (%)

年	男性 55-59 歳	60-64	65-69	70-74	75- (年齢)	女性 55-59 歳	60-64	65-69	70-74	75- (年齢)
1981	91.5	74.5	17.1	9.9	4.2	52	22.3	7.6	3.3	1.2
1993	65	38	10.4	4.7	1.5	54.5	24.7	8	3.4	0.9
2008	72.6	47	17.2	7.1	1.6	65.5	34.5	12.4	4.4	0.8

資料：ILO LABORSTA

退職優遇制度の導入 (退職金の割増，傷病保険，傷害保険，失業保険などの適用) があげられている．またこの階層の賃金率も相対的に低下している。表 3.1 に見るように英米では 2000 年以降はこの傾向が逆転する。同様の傾向は，ドイツやオランダでも男性の 55-60 歳層の労働力率が 1990 年に 60–70%まで下がったが，その後上昇して 80%を超えている。フランスだけは傾向的に中高年男性の労働力率が低下し，反対に女性の労働力率は上昇している。

日本の平均寿命は男性が 79.59 歳，女性が 86.44 歳と世界的な長寿国であるが，女性の高齢者の労働力率は英米よりすでに低い状態にある。男性の労働力率もかつての水準まで上昇すると，年金・健康保険などの社会保障関係の財政収支にとってはプラスになろう。問題は，中高年に働きやすい労働条件が整備できるかという点である。

3.4　賃金水準の課題

日本経済の今後を考えた場合，労働供給で中期的に変化のありそうな領域は，上に見たように女性と中高年の労働供給である。それがどのように変わっていくのかを決める重要な要因が，賃金水準である。会社から受け取る給与等は，図 3.4 のように分類されている。

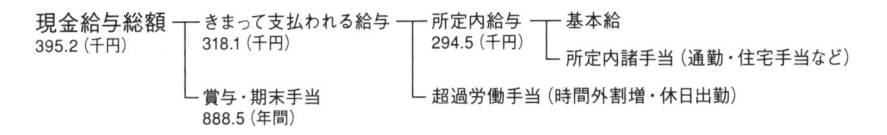

- **現金給与総額** 395.2（千円）
  - きまって支払われる給与 318.1（千円）
    - 所定内給与 294.5（千円）
      - 基本給
      - 所定内諸手当（通勤・住宅手当など）
    - 超過労働手当（時間外割増・休日出勤）
  - 賞与・期末手当 888.5（年間）

- **現金給与以外の労働費用** 92.6（千円）
  - 法定福利費（健康保険・年金・雇用保険・労災保険，その他）49.0（千円）
  - 法定外福利費（住居，私的保険への拠出，食費，慶弔見舞金など）10.1
  - 現物給与 1.0
  - 退職給付等 29.0
  - 教育訓練費 1.6
  - 募集費 1.0

資料：厚生労働省『就労条件総合調査』2006年の労働費用の比率を用いて同省『賃金構造基本調査』2009年のきまって支給される給与にもとづいて配分した値.

図 3.4　労働コストの分類

図 3.4 の値は，全産業・男女計・企業規模計の平均値である。この賃金は，正社員のものと考えてよい。賃金の最も基本的な部分は，基本給であり，諸手当もこの基本給に対する比率で決められていることが多い。基本給の決定については，仕事内容，職務遂行能力，勤続年数などが主な決定要因となっている (厚生労働省『就労条件総合調査』2009 年)。

図 3.5 は労働者の属性別に賃金水準がどのような形になるかを描いている。特に年齢別にグラフにしたものを，年齢・賃金プロファイルとよび，よく利用されている。図 (a) は教育水準別・男女別の年齢・賃金プロファイルである。縦軸には年間の平均月収を取っている。大卒以上と短大卒について，最後の年齢階層の 70 歳以上の月収の値がとびあがっている。これはこの階層ではすでに働いている人の数が少なく，賃金は働いている人の値しか観察でき

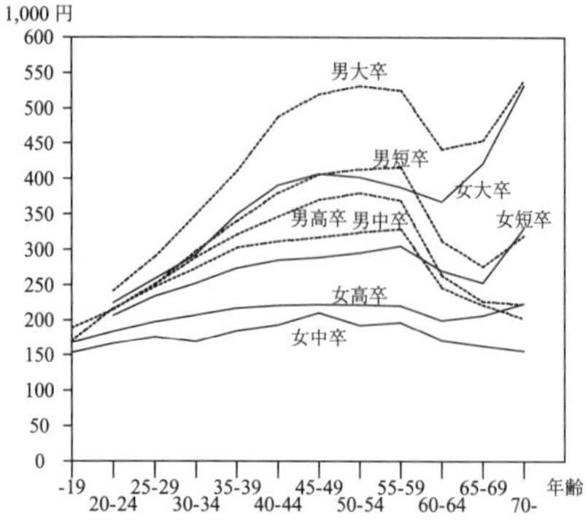

(a) 教育年数・年齢別きまって支給される給与（1,000円/月）

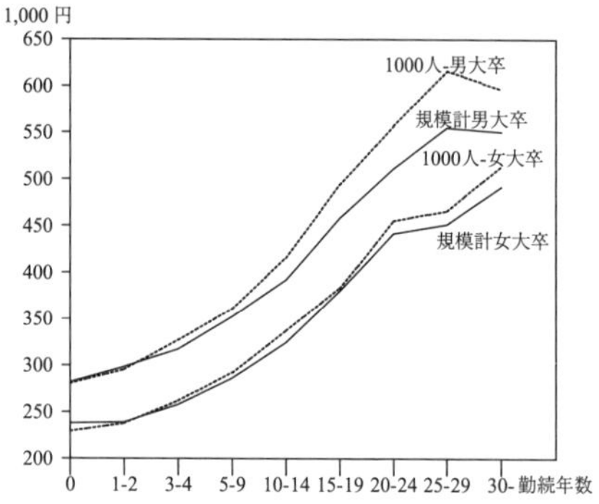

(b) 勤続年数別所定内給与（1,000円/月）

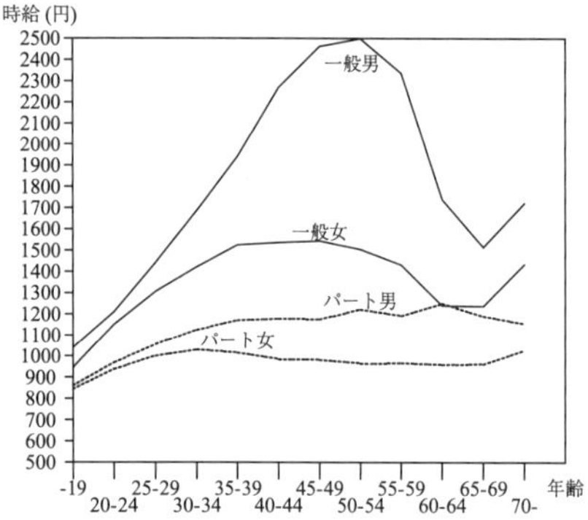

(c) 一般・パート別時間当り所定内給与（円/時間）

資料：厚生労働省『賃金構造基本調査』2009年

図 3.5　賃金プロファイル

ないという現象によるものである。そのため統計上の誤差もある。働いている人だけの値を使って分析すると，70 歳以上の高齢者の労働供給が不足して賃金が上昇しているようにみえる。この世代の人たちはすでに年金を受給しているので，年金水準を超える収入が得られる仕事でなければ就業を選択しない。そのためごく少数ではあるが，仕事についている人は高収入を得ているということになる。高齢層の賃金に目をとられてしまうが，日本の教育年数別賃金プロファイルの特徴は，若年の賃金が学歴にかかわらず接近している点である (島田 (1987))。この傾向は，40 年近く変わっていない。傾向的な変化は，短大卒が高卒のプロファイルに近づいてきたという点である。女性の大卒以上の賃金は，男性の短大卒とほぼ類似していて，女性の短大卒と高卒になると，男性の中学卒よりも低い賃金プロファイルになる。

この原因としてしばしば指摘されるのは，女性の短い勤続年数である。確かに大卒では平均すると 6 年間，男女で勤続年数は異なるが，65 歳以上は女性の方が勤続年数が長くなる。しかも，35 歳未満では勤続年数の差は 1 年以下である。高卒では平均しても 3.8 年間しか男女の勤続年数の差はなくなっている。男性の方が長時間働いているためかと思うが，中卒・高卒では月間の労働時間が男女で 8 から 9 時間異なるが，大卒では 3 時間しか異ならない。

同じ勤続年数で男女別に賃金を見たのが，図 (b) である。これはボーナスや残業代などに左右されない所定内給与を比較したものである。この図を見ればわかるように，勤続 0 年でも 5 万円異なっている。それが何年勤続が延びても平行線をたどっていることがわかる。その男女差は，企業規模が大きくなるほど拡大する傾向にある。この傾向は，筆者が調べた限りでは，1980 年から変わっていない。ただし，この賃金格差が，かりに大卒でずっと同じ会社に 60 歳まで勤務したときに，累積される差は縮小傾向にあるとみたい。勤続年数別の所定内給与の毎月の差を積み上げていくと，1000 人以上規模の会社だと，2009 年には 3500 万円，規模平均だと 2670 万円ほどの差になったが，1990 年では 3800 万円と 3000 万円であった。ただし，その間の変動は大きく，2005 年には 4000 万円と 2900 万円，2002 年には 3100 万円と 2500 万円となっている。

男女の賃金格差については，日本政府は ILO から勧告を受けていたが，少しずつ改善しているという報告がされているようである。2009 年の大卒で勤続 0 年での賃金格差は，女性が一般職採用が多く，男性は総合職採用が多いことが原因の一つと推測される。しかし，『賃金構造基本調査』で職種別で勤続年数がほとんど違わない場合 (年齢) でも男女の賃金格差が存在していることは確かである。同じ企業内で同一の職種で男女別の賃金表を作成していることはありえないので，女性の方が低賃金の職場に就業している人が多い可能性がある。

このような賃金格差によって，結婚を機に労働市場から退出する女性が多いとも考えられる。学校の教員や公務員は，男女の賃金格差はほとんどないが，結婚や出産によって仕事をやめるケースは少ないといわれている。

以上は，一般労働者と呼ばれている賃金台帳に掲載されている主に期間のさだめのない労働者についての賃金を比較したものである。これに短時間労働者すなわちパートタイム労働者の賃金と一般労働者との賃金格差も問題に上っている。その差を見たものが図 3.5(c) である。明らかにわかるように，パートタイム労働者には，定期昇給という制度が存在しない。そのため勤続年数や経験年数が長くなったとしても，それに比例して賃金 (時給) が上昇するということはない。

1990 年代後半からこのようなパートタイムや派遣労働者といった非正社員としての雇用の増加が著しいといわれている。つぎにこの動向について確認をしてみたいと思う。

3.5　非正規雇用と労働コスト

いろいろな雇用形態

企業への雇われ方にも，正社員，パート，アルバイトなどいろいろなタイプがある。これを働き方のタイプと見ることも多い。少し固いいいかたでは，就業形態あるいは雇用形態とよんでいる。しかし，この就業形態の定義は，ばらばらでその都度確認して利用しなければならない。たとえば，常用労働者とパートタイム労働者は別の雇用就業者のように思うかもしれないが，両者は重なっている。常用労働者のパートタイム労働者という人たちがたくさん存在する。表 3.2 を見ればわかるように，確かにパートの人たちは年間 200 日未満の規則的就業と不規則就業が多く，労働時間も週 35 時間未満の場合が多い。しかし，年間 300 日以上働いているパートの人は，半数以上が週 35 時間以上の労働時間で，パートタイム労働とはいいがたい。

パートタイム労働で，実際には労働時間が正社員とほとんど違わない場合でも，雇用形態 (身分) としてパート労働と雇用されている。これはパートタイム労働者の労働時間を調べると，決して短時間の就労をしていないが，パートであるとよばれていることから，擬似パート，あるいは B パートなどともいわれている。

表 3.2 正規従業員とパートの労働時間分布

年就業日数	有業者数	正規の職員・従業員 週労働時間別構成比 (%) -34	35-42	43-	パート 有業者数	週労働時間別構成比 (%) -34	35-42	43-
200 日未満の就業								
規則的就業	1,724,800	22.1	33.9	44.0	3,106,300	89.1	7.6	3.3
200–249 日	12,800,700	4.0	40.3	55.6	3,161,300	66.8	24.9	8.3
250–299 日	15,949,900	2.2	24.9	72.8	1,552,300	46.9	31.3	21.8
300 日以上	3,169,200	3.3	13.3	83.4	243,900	45.1	20.0	34.9
不規則就業	438,400	-	-	-	700,600	-	-	-
不明	241,200	-	-	-	90,600	-	-	-
総数	34,324,200	-	-	-	8,855,000	-	-	-

資料：総務省『就業構造基本調査』2007 年

雇用形態としては，雇用期間の定めのない正社員が最も安定的な雇われ方である。雇用期間が定められている場合には，そのたびごとに契約期間を更新するか次の職場を探すことになる。以前は 1 年間が最長の雇用期間であったが，現在 (2003 年の労働基準法改正以降) では，3 年に延長されている。さらに専門的知識を有する場合や，高齢者の場合には，5 年の雇用期間が認められている。そのため期間の定められた雇用者の数も増えてきたと考えられる。雇用期間が定められた就業形態は，契約社員や嘱託とよばれて働くことが多いが，正社員・正規職員でも期間が定められた雇用はある。

パートタイム労働者も表 3.3 をみればわかるように，この 10 年間年率で 1%から 2.5%の勢いで増加している。1997 年には 700 万人であった，パートとよばれている労働者の数は，2007 年には 900 万人に達しようとしている。

派 遣 社 員

最も増加率の著しい雇用形態は，**派遣社員**である。10 年間で，年率 10%を超す成長率で増加したため，25.7 万人であった労働者数が，2007 年には 160 万人にまで増加している。典型的な有期雇用である，契約社員や嘱託の数も 100 万人以下であったものが，330 万人に増加している。これに対応するように，正規の職員・従業員は，10 年間で 400 万人以上減少している。これらの背景には，人材派遣法の施行 (1985 年) とその後の改正がある。もともと，日本では 1949 年に ILO (国際労働機関) の 96 号条約を批准し，派遣労働というのは，いわゆるピンハネに結びつきやすいので，禁止されてきた。それが1980年代に米国で人材派遣企業が流行したため，日本にも雇用機会の創出と起業のチャンスということで，規制が緩和されることになったのである。

当初は，ポジティブ・リストという限られた職種のみ派遣を認めるという形式をとっていたが，1999年にはネガティブ・リストという規制の方式に変化した。そのためたいていの職種で人材派遣が認められるようになったわけである。2003年には，派遣される期間にも上限があったが，26職種では無制限に派遣社員として派遣し続けられるようになった。一般職種では，上限が3年，それ以上派遣される場合は，正社員として雇用されることが義務となるなどの規定があった。

これを行き過ぎだとして，今度は規制を強化する方向で議論がなされている。急激な派遣社員の増加によって，果たして正規雇用の促進が阻害されたのであろうか。それとも，このような規制緩和がなければ，雇用機会が得られない人はもっと増えて失業率ももっと上昇したのであろうか。議論が絶えない課題である。単純に，派遣社員として働いている人の増加は，激増したとはいえ10年間で140万人に足らないが，正規の職員・従業員は同時期に400万人以上減少している。派遣社員ばかりではなく，パートの増加も200万人で，契約社員・嘱託の増加も200万人ある。雇用者全体で200万人増え，派遣社員とアルバイトの増加が，あわせて200万人程度になるので，600万人の雇用創出と400万人の正規の職員・従業員の喪失に対応することになる(表3.3)。単純な計算ではとてもどのような効果があったかはわからない。

表 3.3　就業形態の多様化

	2007年 人	2002年 人	1997年 人	2002-07 年増加率%	1997-02
会社などの役員を除く雇用者	53,262,500	50,837,500	51,147,000	0.93	−0.06
正規の職員・従業員	34,324,200	34,557,000	38,542,000	−0.14	−1.09
パート	8,855,000	7,824,300	6,998,000	2.47	1.12
アルバイト	4,080,000	4,237,400	3,344,000	−0.76	2.37
労働者派遣事業所の派遣社員	1,607,500	720,900	257,000	16.04	10.31
契約社員・嘱託	3,313,200	247,730	966,000	5.81	9.42
その他	1,042,900	94,630	1,025,000	1.94	−0.80

資料：総務省『就業構造基本調査』各年，一般常雇，臨時雇，日雇の合計

失 業 率

では，この間の失業率はどのような動向になったのであろうか。図 3.6 が年齢階層別失業率をグラフにしたものである。左が女性で右が男性である。女性は男性に比べて，失業率が低いのが特徴である。これには，しばしば**就業意欲喪失効果** (discouraged worker effect) とよばれる現象が指摘されている。つまり，働き口がないことがわかると，非労働力になってしまうということである。特に第一次石油危機後のスタグフレーションではそのような傾向が観察されたとされている。現在は，労働力率も上昇してきているので，以前ほどはっきりとはわからなくなっている。ただし，年齢階層別のパート比率を見るとわかるのだが，20 歳代後半から女性のパート比率が上昇する。したがって，正社員として雇用されなくなると，パートとして雇用されるようにチェンジしているともいえる。

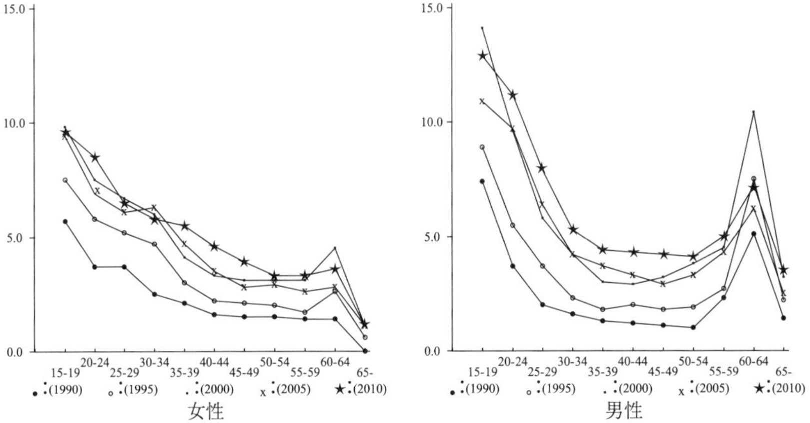

資料：総務省『労働力調査』各年，2010年は5月までの値

図 3.6　年齢階層別失業率

男性の失業率はというと，若年層と高齢層で高くなるのが特徴的である。高齢層，特に定年年齢前後では，退職した後に失業保険を受給するために**職業安定所 (ハローワーク)** に出頭しなければならない。このことから数か月は求職活動をする人が多いといえる。つまり，深刻な職探しではない可能性もある。ただし，その中に職につくことが生活上必要な人がまったくいないわ

けではない。その区別は統計上ではわからない。失業期間も女性よりも男性の方が長くなるのが特徴的であり，これも職探しの典型的なパターンを表している。

フリーター，ニート

若年層の高失業率は近年**引きこもり (ニート)** 問題などとともに指摘されている。引きこもりの場合は，働く意思がないので，非労働力であるから，失業率の数字には関係ない。逆に，労働力率の低下として現れてくるはずである。ここで，失業率が年々上昇しているのは，職探しをしているが見つからないという数値である。**フリーター**として，アルバイトをつないでいる人たちが，職のつなぎ目が切れた場合に数字としてあがってくる可能性はある。19 歳以下の失業率は，1987 年にも 9%を超える値を示していたが，20 歳から 24 歳層の大卒前後の失業というのが，1999 年以降めだっている。考えられる原因には，就職活動の期間が長期化したということも，この数値に現れている可能性がある。以前は，いくら早くても 4 年生の 5 月くらいから就職活動を意識的にはじめていたが，現在では，3 年生の夏ころから説明会が始まっている。なかなか決まらないと，一年以上の間，就職活動を続けることになる。そして，3 年生の秋以降，講義には次第に顔をださなくなる。何をしているかというと，就職活動のための準備やトレーニングをしている。統計上の若年層の失業率を下げるためには，よい就業機会をつくることが必要だ，として，膨大な規模の予算がフリーター・ニート対策および乱立する関連 NPO などに使われてきたといわれている。

表 3.4 を見ると，年齢計のアルバイト雇用者数は 2002 年からは減少している。これと並行して，34 歳以下のすべての年齢で，アルバイト者数は減少している。唯一増加しているのは，35 歳から 39 歳層で 20 万人が 25 万人になっている。しかし，この年齢層は，団塊の世代の子供たちが入ってきている可能性もある。5 年前の 2002 年に 30 から 34 歳であったときには，30 万人がアルバイトをしていた。さらにその 5 年前の 1997 年の 25 歳から 29 歳では，38.5 万人がいたわけである。これらの世代の人々は着実にアルバイトの人数を減らしている。その次の 5 歳下の人たちも同様である。このような世

表 3.4 40 歳未満のアルバイトと正規の職員・従業員数:男女計

アルバイト (人数)

	年齢計	15～19 歳	20～24 歳	25～29 歳	30～34 歳	35～39 歳
1997 年	3,344,000	628,000	1,216,000	385,000	190,000	133,000
2002 年	4,237,400	773,300	1,387,600	544,500	306,400	198,000
2007 年	4,080,000	659,800	1,241,200	461,500	304,500	244,900

正規の職員・従業員 (人数)

	年齢計	15～19 歳	20～24 歳	25～29 歳	30～34 歳	35～39 歳
1997 年	38,542,000	592,000	4,893,000	5,933,000	4,571,000	4,115,000
2002 年	34,557,000	327,300	3,027,900	5,395,600	4,970,500	4,157,400
2007 年	34,324,200	293,200	2,697,100	4,374,200	5,011,100	4,761,000

資料：総務省『就業構造基本調査』各年

代に注目して分析する方法を**コーホート分析**という。ここでは，各年違う人を調査しているので，疑似コーホートであるが，世代の特徴に着目する場合には便利な手法である。アルバイトの人数は世代別で見ると減少しているが，雇用者総数は 30 から 34 歳以外は増加している。むしろ問題なのは，正規の職員・従業員の 2007 年の 35 歳から 39 歳層は，1997 年の 25 歳から 29 歳であったが，1997 年には 593 万人いたのにもかかわらず，2007 年には 476 万人に減少している。この大半 83.5 万人が，女性の正規従業員の減少である。つまり，最初の M 字型の図を解説したメカニズムにもどるわけである。

3.6 今後のために：おわりにかえて

2010 年 1 月のアメリカ経済学会のプログラムにはおよそ 500 ほどのセッション (発表の行われる部屋割り) があるが，そのうち 80 ほどが労働経済にかかわるものである。扱っている題材は，発展途上国の労働問題から，移民，自国の失業問題，賃金・所得格差などさまざまである。日本経済学会では，50 ほどのセッションのうち 5 から 6 が労働に係わるものであった。日本よりも海外で労働経済に関する研究は盛んである。ヨーロッパでも毎月 100 を超える非常に多くの論文が発表されている。

この章では，現代経済事情ということで，最も中心的と思われる労働経済についての話題を扱ったつもりである。しかし，解説できなかった労働経済「学」に関する話題は，学会の動向も見ればわかるように膨大である。2008 年の米国の労働経済学会で会長講演をしたテルアビブ大学の Yoram Weiss 教授は，以前にまして労働という分野の特殊性に注目して，古典派経済学への回帰とも見られる発言をしている。アダム・スミスの引用などは，日本では大河内一男 (1968) や辻村江太郎 (1977) でよく知られたものである。

十分に扱うことのできなかった分野としては，労働時間と労働需要，生産性，それに労働計量経済学 (labor econometrics) の話題がある。どうしても，前提として計量経済学の知識が必要になるため，労働需要については早見 (2009a,b) などを参考にしていただきたい。そこでは，リンクしたミクロデータによる分析という欧米でこの 10 年ほどで急速に整備されてきたデータについても触れている。

労働経済学の研究動向としては，リンクしたミクロデータよりも以前からおこなわれていた追跡調査をおこなったパネルデータを用いた分析がこの 25 年間の主要な発展である。日本では樋口美雄教授を中心に行われている慶應義塾大学家計パネル (KHPS) による研究蓄積がなされている。学会の動向としては，分析手法の発展にあわせて新しい計量経済学の手法を用いて推定するという論文が多く，ヨーロッパにおける論文も EU を中心にまとめられているパネルデータにもとづいた研究が多い。パネルデータを用いる理由の一つに，説明に使われる変数が，原因か結果かはっきりしないことがあげられる。追跡調査を利用すれば，かなりの部分でどちらが原因で結果なのか，決着をつけることができるとされるからである。しかし，現状では利用されているパネルデータのサンプルサイズが小さく，因果を決着できるほどではないということも課題として残されている。もちろん，過去に原因であったものが，現在また将来も同じ原因であり続けるかどうかということも検討しなければならない。しかし，それを見極める以前に，数千程度のサンプルサイズでは，場合分けをしていくと急速にデータの不足が目立つようになってしまうからである。

このように研究の発展は，統計データの整備によるところがほとんどである。統計データがなければ，分析的にも今日のような労働経済学の発展はありえなかったといえるであろう。特にパネルデータが多用されるようになってから，計量経済学の分析では，ファイナンスなどで利用されている時系列分析をするか，労働経済系統のパネルデータ分析をするか，いずれかの方向性に限られてしまったといえなくもない。

ただし，基本的な課題や問題については，大きな変化があるとは思えない。そのなかでも，人的資本理論を用いた説明が主流を占めているが，これについても他の教科書ですでに詳しく述べられていることである。経済発展にともなって古典的な資本家と労働者という対立から，労働者自身が自らに投資をし，資本を身につける時代となっている。これに対してなお古典派経済学への引用が絶えないのは，日本では非正規雇用の急速な増加が背景としてあげられる。さらに，米国での長時間労働，欧州での短時間労働という家計や生活に関する大きな二つの流れが，先進国のなかでは定着している。その原因も十分に解明できていないというのが先の Weiss 論文で指摘されている。日本でも，統計で見た平均の労働時間は短縮しているが，他方で長時間労働による健康への悪影響が日常的な問題になっている。

労働経済は，走りながら食事をしていかなくてはならないような分野である。というのは，現状で労働問題がつぎつぎと発生し，それに対してすぐに政策の可否を決めなければならない。放置すると人々の生活が脅かされてしまうからである。その政策の可否を決める分析も，分析に耐える調査があればまだしも，不十分なまま，その場かぎりのアンケートにもとづいた調査はするものの，その後は政治的に決まってしまうことも多い。労働経済学者たちも，片方では人的資本という点で経営学のような分野とも接近し，もう片方では行政のために助言をするなど，走り続けている。その政策効果の有効性も十分に検討されず，次の課題に取り組むことがほとんどといってよいであろう。現在利用できるデータを用いただけでは，現代の精緻な計量経済学的分析に耐えるだけの検討が不可能なためであるといえるかもしれない。あるいは，単に研究活動をしない学者の怠慢かもしれない。

参考文献

Berkeley, George (1735–7), *The Querist*, 『問いただす人』川村大膳・肥前栄一訳，東京大学出版会，1971 年.

Douglas, Paul Howard (1934), *The Theory of Wages*, 『賃金の理論』辻村江太郎・續幸子訳，日本労働研究機構，2000 年.

Frankel, Emil (1921), "Labor Absenteeism," *Journal of Political Economy*, vol. 29, no. 6, 487–499.

早見　均 (2009a)「産業構造と労働需要」大橋勇雄編『労働需要の経済学』(働くということと第 2 巻)，ミネルバ書房.

早見　均 (2009b)「リンクしたマイクロデータによる雇用構造の分析」清家・駒村・山田編『労働経済学の新展開』第 2 章，57–80.

Jevons, William Stanley (1871), *The Theory of Political Economy*, 『経済学の理論』小泉信三・寺尾琢磨・永田　清訳，寺尾琢磨改訳，日本経済評論社，1981 年.

Keynes, John Maynard (1930), "Economic possibilities for our grandchildren." Reprinted in *Essays in Persuation, The Collected Writings of John Maynard Keynes*, Vol. 9, London: Macmillan, 1972. 『説得論集』中山伊知郎他編『ケインズ全集』第 9 巻，東洋経済新報社，1981 年.

小尾恵一郎 (1980)，「労働需給」『経済学大辞典 II 第 2 版』熊谷尚夫・篠原三代平編，東洋経済新報社，13–28.

大河内一男 (1968)『スミスとリスト』著作集第 3 巻，青林書院新社.

清家　篤・駒村康平・山田篤裕編 (2009)，『労働経済学の新展開』慶應義塾大学出版会.

辻村江太郎 (1977)，『経済政策論』筑摩書房.

辻村江太郎 (2001)，『はじめての経済学』岩波書店.

Weiss, Yoram (2009), "Work and Leisure; A History of Ideas." *Journal of Labor Economics*, Vol. 27, 1–20.

一般的な教科書

樋口美雄 (1996)，『労働経済学』東洋経済新報社.

太田聰一・橘木俊昭 (2004)『労働経済学入門』有斐閣.

大竹文雄 (1998)，『労働経済学入門』日本経済新聞社.

清家　篤 (2002)，『労働経済』東洋経済新報社.

島田晴雄 (1987)，『労働経済学』岩波書店.

4
医療と経済

田中　滋

はじめに：医療と人権

経済学の中に「医療経済学」というジャンルを存在させる意義は一体どこにあるのだろうか。本稿は，医療経済学が成り立つ理由を知るために，「医療とはどういう財か」を捉えるところから始めることにしたい。

逆説的だが，まず「○○経済学」という言い方をめったに聞かない産業分野やフィールドを考えてみよう。思いつくままにあげると，「衣類経済学，飲料経済学，家具経済学，自動車経済学，石油経済学，美容経済学，消防経済学」等はほとんど目にしない。なぜそれらのフィールドには「○○経済学」がないのだろうか。理由は，それらの財については大体のところ一般理論で語ることができるからである。経済学・公共経済学・計量経済学・財政学・経営学・会計学・オペレーションズリサーチなどの理論を用いた，上記の各財をめぐる産業分析，ないしは費用構造分析等としての「○○の経済分析」は存在する。とはいえ，独自の分析概念の追加をあまり必要としないため，さらには分析者の思想がほとんど関係しないため，「○○経済学」を耳にしないのではなかろうか。

反対に，「△△経済学」という言い方をよく聞く産業分野やフィールドにはどのようなものがあるだろうか。同じく思いつくままにあげると，「労働経済学，金融経済学，国際経済学，環境経済学，教育経済学，農業経済学」は，科目・学科・学会名等でも使われている。それぞれ一つだけの理由だけで独自の学問ジャンルが成り立っているのではないが，上記の順に簡潔に表すと，一般の財貨サービスとは根本的に異なる分析対象 (生きている人間と不可分である労働)，財としての技術的特殊性 (金融)，フィールドの特殊性 (国際・環境)，後述する社会的位置づけ＝価値規範の強い影響 (農業・教育・医療) などにより説明できるだろう。

さしあたりこの『はじめに』では，医療分野について，社会の価値規範ゆえに通常の財 (私的財および公共財) の経済分析とは何がしかにせよ違うアプローチ，すなわち医療経済学なる名称を用いる意義を示しておきたい。続く節では，医療の性質を経済学一般の考え方を用いて解説するが，その前に，社会の価値規範から見た医療の「経済財としての特殊性」にかかわる根本的理由を指摘する。

具体的には，「受療を現代における基本的人権の不可欠の要素とみなすか，否か」が，「固有のサブ学問分野としての医療経済学が必要」と思うか，それとも「汎用的方法論により医療の経済分析が行えればよい」と考えるかの違いをもたらす。もう少し経済学的観点を強調し，「受療を，患者家計がもつ所得・資産などの経済力，もしくは患者本人の社会的地位や家計内の役割，性・年齢等によらず，原則として権利[1]の一部とみなすかどうか」と表わしても同じである。さらにその先には，「住民の受療，および医療提供体制の維持を保障するため，公的な強制力をもったファイナンシングの仕組みを現代社会に欠かせない要素と考えるか，それとも普遍的な医療保障制度は政府の過剰な介入か[2]」という問いにつながるだろう。

この問いに答えるためにも，受療費用の保障の始まりについて簡単に触れる必要がある。社会保障制度の主要な淵源は，19 世紀後半のドイツ帝国宰相ビスマルクによって導入された治安維持――「社会安寧」――政策である[3]。医療保険 (疾病保険) も，その時代には主に賃労働者層が対象となっていた。理

[1] 経済力や地位にもとづく特典 (privilege) ではなく，権利 (right) である。
[2] 選挙時の主張を見れば分かるように，アメリカ合衆国共和党右派はこのように主張している。
[3] 6 節で詳しく述べる。

由は，「防貧政策[4]は極左暴力活動の広がりに対する防止効果をもつため社会安寧維持に役立つ」との冷徹な政治判断に他ならない。その後の歴史をみれば，極右や狂信的宗教による暴力活動についても同様の効果が期待できることは明らかである。

それが20世紀後半の経済先進諸国では，確率的事象によって貧困に陥ることを防ぎ，都市住民か農村住民かを問わず，安心感を与える普遍的なリスク対応の制度に変貌していった。より積極的に見れば，「人権の一環としての社会保障」との考え方が主流になったと言ってもよいだろう。

さらに現代の医学・医療の発達とともに，社会保障制度の機能として，患者を支援する側面に加え，医療提供体制の維持発展費用を賄う側面が強く意識される方向への変化も生じた。20世紀初頭と比べ，この100年間に，同じ病床数であっても専門分化とともに従事者の種類と数が著しく増え，同時に建物・医薬品・医療機器・ICTシステム等に関するコストも比べ物にならないほど多額を要するようになった。社会保障制度はそのかなりの部分を負担しているからである。

以上の展開を進歩と思えるなら，医療経済学を学ぶことは意義がある。「そうは思わない」「むしろ医療に市場経済が不十分にしか適用されていないことが問題」，言いかえれば，医療も一般財と変わらず，「需要者の経済力と提供者の利益最大化行動に応じて配分すればよい」と思うなら，「医療経済学」の学習は不要となる。先述のように，一般的汎用的な経済学・経営学・会計学・システム論等々の分析概念と技法を学び，それらをあてはめる「医療の経済分析」を実行すれば済むからである。

誤解のないように強調しておくが，そうした一般的な経済分析の方が技法が容易である，もしくは努力が少なくてもできる，などの意味で言っているのではまったくない。「医療経済学」にも「医療の経済分析」にも，それぞれの取り組みに難易度や必要な手間数にかかわる分布があり，当然ながら両方とも研究成果に優劣の分布が存在する。2つの考え方はつきつめるところ思想の違いである。

---

4 貧しくなったら救う「救貧政策」と峻別すべき目的である。

他方，「医療は公共財である (命にかかわるので公共性が高い等の素朴な言い回しがよく用いられる)」と考察なしに決めつけるなら，やはり医療経済学は不要となる。上記と同じように，一般的汎用的な公共経済学の分析概念と技法を学び，それらを当てはめる「医療の経済分析」を実行すれば済むからである[5]。

これに対し，社会民主主義的な思想を背景にもつ経済学者は，「格差があっても構わない私的財と格差の存在が好ましくない私的財」の違いに着目する。格差は，多くの財に関しては社会の安定に影響しない。たとえば，高級車を持つか軽自動車を持つか，あるいはビールか第三のビールか，デザイナーものか大量生産の衣類かなどは，むしろライフスタイルの違いに近く，格差是正のために社会連帯が求められるような財ではない。しかし，医療の大部分，一定限度までの介護，次世代のための教育・保育の一定部分については，多くは私的財でありながら，社会の安寧を維持するためにも，また何より人間の根源的な尊厳の観点からも，誰もがよいサービスを利用できる体制の構築が望ましい財とわれわれは位置付ける。

ゆえに，一般の経済学を用いながらも，歴史・制度・文化的背景等を重視し，一部に独自の方法論と分析視角を付け加えた，サブ学問分野としての医療経済学構築の努力が行われてきたのである。

4.1 医療サービスの経済的特性

4.1.1 医療とは何か

「医療」とは，社会科学の観点からは，「自然科学の一環としての医学などの諸科学を，社会的存在たる医療提供者が，同じく社会的存在たる患者に適用すること」とみなしてよかろう。社会的存在による営為である以上，当然ながら医療は，対象とする患者および提供主体が属する社会の歴史や文化の影響を受ける。医療に隣接した各種ヘルスケア・サービスについても同様の理解があてはまる。具体的には，患者およびその家族の行動，医療提供組織

[5] 研究の難易度や必要な手間数，成果の優劣については前項に同じ。

の性格，医療従事者の行動規範，ヘルスケアにかかわるコストの負担の仕組みのいずれもが，社会の価値体系，とくに当該社会がもつ「人々の健康や生死にかかわる考え方」を反映している。

実際のところ，医療は次に例を示すように多様な広がりをもつ。

- 救急：1次・2次・3次
- ステージ：超急性期，急性期，亜急性期，回復期，療養期，維持期・生活期
- 分野：一般医科，リハビリテーション[6]，精神科，難病，結核等
- 場面：入院医療，外来医療，在宅医療，緩和ケア，看取り
- 診療以外のカテゴリ：公衆衛生，産業衛生，予防，疾病管理
- 隣接分野1：介護，地域包括ケア
- 隣接分野2：ストレスマネジメント，健康づくり支援，美容

上記は医療のすべてを網羅するものではなく，また互いに排他的な同じ切り口から見た分類でもない。イメージを伝えるための列挙である。なお本稿でいう「医療」は主に急性期 (超急性期を含む) を指す場合が多い。

4.1.2 さまざまな「医療費」

われわれは会話や文章でよく「医療費」という言葉を用いる。また，報道の中にもしばしば「医療費」という用語が登場する。たとえば，

① 入院医療費1日あたり包括払い導入の影響もあって，急性期病院では最近の平均在院日数短縮化傾向が続いている
② 20xx年の医療費改定率はX%と決まった
③ 20yy年には医療費はY兆円に達するとの予測が発表された
④ 高齢者に対する保険給付率が切り下げられ，病医院窓口で患者が支払う医療費が増加した
⑤ 混合診療が全面的に解禁されると，医療費負担能力の違いを反映した医

---

6 OECDのA System of Health Accountsによれば，公衆衛生とリハビリテーションは診療とは別のカテゴリに分類されている。

療の階層格差が生じ，国民皆保険制度が崩壊する恐れがあると識者は解説した

等々のように。

ではこれらの例に見られる「医療費」とは一体何を指しているのだろう。人々は共通の認識の下にこの言葉を使っているのだろうか。実は医療費の概念 (定義・範疇) は一つではない。現に，上に挙げた 5 つの例に現れる「医療費」の概念はそれぞれ異なっている。そこで「医療費」の 5 通りの使われ方を，上記の順に解説する[7]。

第 1 の用例における「医療費」は，わが国の診療報酬点数表に示された一つひとつの点数，つまり診療行為別 (いわゆる出来高) や診断群ごとの 1 日当たり入院費につけられた個別価格 P_i を意味している。また，「日本の手術入院について病院が受け取る医療費は，入院日数が長いにもかかわらず，米国で同じ手術に支払われるホスピタルフィーと医師報酬の合計に比べほぼ 1/10 にすぎない」といった主張・訴えにおいて「医療費」と呼ばれている対象も，価格のユニット (Q_i) を一入院期間で捉えているとみなせば，個別価格概念に含まれる。

第 2 の例では，「医療費」という言葉が価格指数，すなわち加重平均値 ($\Sigma P_i Q_i / \Sigma Q_i$) を意図して用いられている[8]。この用法の「医療費」は，2 年に一度の診療報酬改定の率を云々する際に目にする機会が多い。続く第 3 の例では，マクロで見た医療費総額 ($\Sigma P_i Q_i$)，代表的には国民医療費として発表される数値である[9]。第 4 の例は患者が受療時に支払う保険一部負担，第 5 の例は公的保険の法定一部負担に加え，さらに患者に要求される金額を合わせた患者自己負担額を指している。

7　この 5 つはすべてを網羅したわけではなく，他にも異なる「医療費」概念がありえる。

8　加重平均値と呼ばれることはなく，また物価指数のような明示された定義を伴う指標はない。

9　こうした集計値として，OECD では A System of Health Accounts によって国際的な共通化を図っている。

4.1.3 医療の経済財としての性質

次に,「医療は基本的人権の一部」という先に示した特定の価値規範を離れ,医療の経済財としての客観的性質を,一般的な概念を用いて探ってみよう。医療はもちろん製造業ではなくサービス財[10]のグループに属するが,サービス財の中でも,ほかとどこが違うのだろうか。

発生ニーズ

第 1 に,医療ニーズは「派生ニーズ」である。医療自体を好んで受ける事態は例外的とみなしてよい。「好きだから抗がん剤を欲しがる」とか,「気に入っているので開腹手術を受ける」などの希望はまずありえない。100%ではないにしても,医療ニーズの本質的な性格は,本来は健康でありたいのに「それが損なわれたからやむを得ず派生する」ニーズである。したがって,医療行為の受療そのものから効用を得る理論構成ではなく,「落ちてしまった健康水準を戻すために医療サービスを求める」形の理論モデルの方が,より正確に現実を描写していると言えよう。

同じ性質を,「医療ニーズを充たす医療サービスのほとんどは目的財ではなく手段財に区分される」と表わすこともできる。外食,ファッション性の強い衣類,観光,劇場,テーマパーク等々の最終目的財は,しばしば利用過程の快楽・快適を求めて購入される。他方,医療は健康回復・維持を望む人のために提供される手段財である。システムの存在や機能発揮プロセスに対して,快適感や快楽を求める財とは異なる。

そもそも目的に近づく過程,すなわち治療の中核部分は,「患者には必要だが健康人には不要,もしくは害悪となる恐れが強い介入」である。たとえば,患者に対する手術の範囲なり,抗がん剤の投与量なりは,医師等のチームが医学に基づいて到達する (確率的) 判断に基づいて決まる。患者の好みによって量を増加するなどといった事態はありえないし,あってはならないだろう。もっと極端な例を持ち出せば,健康人が手術や抗がん剤等の侵襲性の高い治

10 サービス財に関し,物財との対比 (非有形性・消費と生産の同時性等々) というよく見られる視点からの解説を超え,サービス媒体とそれが発揮する機能に着目した説明については,野村・田中 2008 を参照。

療手段を求めることは常識では考えられない。それらは健康人にとっては不要なだけでなく，「嬉しくない」「欲しくない」，そして何より「危険な」サービスだからである。

不確実性

医療の性質として，第2に「不確実性」があげられる。医療ニーズの発生は不確実であり，本人にも事前には分からないケースがほとんどだろう。いつどういう病気になるか，怪我するかどうかの予測は個々人にとって不可能である。実は治療を始めてからでさえ，経過がどうなるかについては，たいていの場合，医療提供側も確率的な予想しか下せない。症例によっては，不確実な中で，検査や所見に基づき，経験的にもっとも高い確率で想定される診断を下して介入を行い，その反応に応じて診断を確定したり修正したりしながら治療行為を進めていく。したがって診療に要する費用も，事前にはせいぜいのところ確率的に予測できるにとどまる。

情報の非対称性

第3の特徴は「情報の非対称性」である。提供者側と利用する側との間には著しい情報の格差が存在する。情報の非対称性は情報の量だけの問題に限られない。時に「情報の非対称性をなくすために医療機関は情報を開示せよ」などの主張を目にするが，開示されてもすべてを理解できる人は少ない。情報の非対称性なる概念は，一般論として「相手が知っているのに自分が知らないので交渉上不利な状態であるが，こちらも知れば対等な判断ができる」といった文脈で用いられる。たとえば，「市長の機密費の使途を知る」などの例では，基本的には情報の量の問題なので，資料を得て検討すれば市民にも分かる場合が多いと思われる。

しかし，医学部の教育を受けていない人間が医学的説明を受けても，結局のところすべての理解は無理なのではなかろうか。これは情報の量よりも「情報の理解力の問題」だからである。さらに情報に基づいて治療を実行する力はもっと違いがある。したがって，情報の非対称性の完全な解消は不可能と言える。

市場経済原理主義的な人たちが，患者と医療提供者の間に見られる情報の非対称性の解消を，あたかも医療改革の切り札としていとも簡単に主張していた時期があった。しかし，上述のように実態はそう単純ではない。その代り，情報の非対称の存在ゆえに医師には倫理性が求められ，患者の良きエージェント (代理人) であることを強く要請される。こちらが当然の論理的帰結である。つまり医療に関しては，情報の量はもちろん，理解力，実行力について情報の非対称性が著しいとの前提の下に，分析を行い，政策を立てていく必然性を伴うのである。

外部性

第 4 の特徴としては，医療の一部にあてはまる「外部性」があげられる。言うまでもなく，外部性とは経済主体の行動などが市場取引を通さずに他の主体の効用や利益に影響する場合の性質を指す。今世紀前半までのように古典的感染症が疾病の中心であり，有効な治療法が乏しく，強い感染力と感染がもたらすダメージが恐れられていた時代には，医療サービスの提供に関しては外部性が相対的に強く存在した。一部の患者に対する強制隔離などの措置行為をはじめ，さまざまな政府介入がなされてきたことを経済面から説明する理由である[11]。また，いわゆる公衆衛生活動は，サービスの中身は一様ではないにしても，多くの国で時代を超えて為政者の責任と考えられ，政府による直接提供，ないし公費負担が一般的に行なわれている。

需要関数

第 5 の特徴として，医療に「需要関数は存在するか否かが議論になっていること」を説明しよう。先に述べたように，医療は積極的に求める財ではなく，やむを得ず求める財に分類される。また情報の非対称性も影響し，受診するかどうかの最初の意思決定は患者が行うにしても，その先の治療をどうするかは，消費者が価格に基づいて決めているわけではないケースがほとんどであろう。

[11] 現代でも一類感染症 (エボラ出血熱・ペストなど)・二類感染症 (結核・ジフテリア・SARS) などでは患者は隔離される。

受診した結果，治療が終了するまでに要する総治療コストは，診断が一応のところ確定するまで，さらには治療がどのような効果を持つか持たないかが一応のところ確定するまで，提供者にも事前には分からない。「単なる腹痛か胃潰瘍か，それともガンか」が典型例である。したがって，価格表を見て購入の有無や量を判断する一般の財とは違い，医療の世界に需要関数が存在するかどうかが議論されてきた。事後的には“需要関数”を測れるものの，それはあくまでも事後的な作業にすぎないと言える[12]。

家族が脳梗塞を起こしたとき，受療は需要ではなく必然的ニーズである。くも膜下出血を起こして倒れているのかもしれない親を，家族が需要関数に基づいて病院に連れて行く事態は考えにくい。

コスト意識

第6の特徴は，「コスト意識論は妥当かどうかが議論になっていること」である。患者にコスト意識を持たせると受診しない，あるいはコスト意識を持っていると病気にならないとの証拠は少ない。人がコスト意識を強く持っていると心臓発作を起こさないなどとはそう簡単に断定できない。サッカーをしていてたまたまぶつかって骨折した子に対し，親が「コスト意識を持ってサッカーをしろ」と叱っても無意味なのと同じように。

4.1.4 医療と公共性

前項の記述をふまえつつ，医療サービスを単体の財と捉えた時の公共性の関係について述べてみたい。さまざまな財貨サービスは，さしあたり純粋な公共財と純粋な私的財を両端とする連続的な軸のどこかに置くことができる。では医療サービスはその軸上のどこに存在するのだろうか。あるいはどこに存在させるべきなのだろうか。軸上の位置を定めれば，社会保障制度との関係やファイナンスの責任などをより分かりやすく論ずる可能性が高まるだろう。

---

[12] 筆者も若いころは測定した。

公 共 性

公共財の例としては，周知のように，外交，国防，警察，消防，治山治水，司法等々があげられる。これらの公共財がもつ公共性の源泉は，日常感覚の用語法 (「命にかかわる，あるいは住民すべてが享受すべきだから公共性がある」) で表わされる性質とは必ずしも同じではない。

公共性の条件の第 1 は「非競合性 (共同消費性)」である。公衆衛生分野で純粋な非競合性をもつサービスの例を示そう。海外から感染症や病害虫等が持ち込まれる事態を検疫所が水際で防ぐことの効果は，すでにその効果によって守られている住民にとって，子供がもう 1 人誕生しても同じである。検疫所の機能発揮のために必要な費用も——持ち込まれる食品なり動植物の量には比例するにしても——守られる住民数の増加によって新たに発生するわけではない。

一方，一般の診療に関しては，たとえば 1 本の縫合糸を 1 人の患者に使用すれば，他の患者には同種の縫合糸であっても別個に用意しなければならないし，医師も看護婦も院内の 2 つの場所で同時にサービスを提供することはできない。ゆえに大体のケースで非競合性は成立しない。これは，テレビの「メタボリックシンドロームを防げる料理」を見ながらある家庭がその方法を実践しても，同じ時間の他の家庭における栄養知識修得をまったく妨げない (競合しない) 点とは対照的である。

公共性の条件の第 2 は，ある財貨サービスの利用にあたって，対価を支払わない者による利用の防止 (＝財貨サービスの効果からの排除) を技術的に行えない「非排除性」である。上記の検疫機能はこちらにもあてはまる。検疫所運営に要する税金の負担を免除されている，もしくは意図的に納めない住民だけが選択的に病害虫等の影響を受けるシステムをつくることは，現実には技術的にも費用面でも不可能だろう。

なお，ある財貨サービスについて，対価を支払わない者による利用を，技術的には排除可能だが人道上など別の理由で妨げないケースは非排除性には属さない。わが国における救急車サービスはこの非該当例に相当する。救急車利用に料金を課すことは他国の例を見ても技術的には易しく，つまり排除可能とはいえ，日本では「無料にする政策」が適用されていると理解する方が正しい。

現代の医療では，問診・検査などの診断過程にせよ，手術・投薬などの治療過程にせよ，さらには看護サービスにせよ，ほとんどの診療活動には排除性があてはまる。料金を負担しない (できない) 患者に医療機関がサービス提供を断ること (経済学用語でいう「排除」) はきわめて容易だからである[13]。現にアメリカ合衆国では無保険者の受療困難が問題となっている。なお経済学の分析概念としてここで指摘した排除性には，医療にかかわる倫理は考慮の外におかれている。医療従事者が感じる「患者の排除などできない」理由は倫理観にもとづく。

公共性の第3の条件は，先述の「外部性」であり，ここでは繰り返さない。

価 値 財

豊かな経済を実現した国々では，20 世紀後半になると，どこでも，医療や教育のように，公共財と私的財の双方にまたがる分野が大きく発展・成長してきた。ニーズの増大と，医学等の科学および政策面における対処策の発達，そして人権概念を基礎とする民主制の普及が理由である。その結果，『はじめに』で述べたように医療サービスへのアクセスが人権の不可欠の要素と位置づけられ，その費用 (の全部または一部) は社会全体で負担し，サービス利用がかなりの程度保障されている。別な言い方をすれば，社会全体でファイナンシャル・リスクを負う体制がとられるようになった[14]。

こうした合意が社会に出来上がった 20 世紀後半以降，経済的先進国での医療は「価値財」，言い換えれば，

> 「安定した社会存続のために，利用者・対象者への給付に要する費用の全部ないし一部を，社会が共同負担する仕組みを採用している私的財」

---

13 20 世紀前半まで，ほとんどすべての国では治療費を負担できる人だけが医療サービスを受けられていた。現在では，世界の経済的先進国では社会の合意に基づき，医療が社会保障給付の対象となっているがゆえに患者負担が無い，もしくは少ないのであって，技術的な排除可能性は今でも存在する。

14 なお医療については，傷病による受診の必要性の発生確率が年齢に比例し，かつ一般に家計の富・所得に逆比例するので，保険事故をカバーするだけではなく，集団どうしでは経済力の強いグループから弱いグループへの再分配の手段としても機能していることはいうまでもない。

として扱うことをわれわれが決めた，と説明できる[15]。現代の社会経済の中では，医療，介護，障がい者支援，保育等の育児支援などの大部分あるいは一部分が，特別扱いの私的財，すなわち価値財と位置付けられている。

冒頭で指摘した「純粋な公共財と純粋な私的財を両端とする連続的な軸」の上では，これらの財は，価値観を持ち込む以前の本来の性質から言えば「外部性を部分的に伴う私的財」である。しかし，価値財としての取り決めを法律や条例等で定めることは，その軸上で公共財の方に向かって位置を変えさせたことになる。

共同負担の原資は，時代によっては宗教組織を通じて半ば強制的に集められた資金だったかもしれない。一方，現代の経済的な中・先進国では，大体のところ税・社会保障負担が共同負担の原資の根幹となっている。なお経済的先進国中では唯一，アメリカ合衆国においては民間の自発的な寄付も価値財のファイナンスに大きな役割を担っていることは広く知られている。

4.1.5 医療システムは社会的共通資本

医療システムは，近代国家における最も重要な社会安定の基盤の一つであり，宇沢弘文東京大学名誉教授の言葉を借用するならば，まさに「社会的共通資本」の代表に他ならない。つまり，価値財と位置付けてそれを保障する体制が作られた時，単体としての財の性質を超えて，社会的共通資本のコンセプトで見ることが必要となるのである。ただし，自由開業制[16]下のわが国においては，一つひとつの医療機関がすべて社会資本に位置づけられるわけではない。この点が，原則として計画的に公費によって整備され，個々の構築物ないし業務遂行主体が——計画が妥当であるならば——すなわち社会資本の一部となる堤防や消防との違いである。

では何が医療分野の社会資本なのだろうか? 第 1 には社会保障制度があげられる[17]。病気や怪我はそれ自体が本人や家族に苦しみをもたらす。予防活

[15] これに対し非競合性・非排除性・外部性は，社会が思想信条に基づいて決めるのではなく，当該財の消費過程 and/or 生産過程に技術的に備わった性質である。

[16] 自由開業制の意味については 3 節参照。

[17] 保険料負担やサービス利用時一部負担の支払いが困難な人々のために補完機能を果たすべき社会福祉の仕組みも同様である。

動によって部分的には防げるにしても，病気や怪我の多くは，実際のところ当事者には予測不能の事象であろう。そうした予測不能事象が起きた際，受診とそれに対する診療の提供に要する費用を負担した結果，家計が貧困に陥る事態が起きる恐れが強ければ，中低所得層では受診抑制の発生が考えられ，医療提供者もまた高い費用が想定される医療行為の実施をためらってしまうかもしれない。

したがって，社会的連帯によって費用負担を支援する社会保障制度は，よく機能するならば，住民に安心感を与え，ひいては社会の安寧を守る，強力な「平時の国防」策とみなしてよい。この位置づけは，先のビスマルク以降，本質的には変わっていない。つまり，医療機関が社会資本の一部とみなされる条件の一つは，社会保障制度との密接なリンクによって満たされる[18]。

第 2 に連携の取れた地域医療提供体制があげられる。現代の医療は，急性感染症が主体であった時代とは違い，個別の医療機関での完結は難しい。地域で医療提供者同士が日頃から信頼しあい，互いの機能にかかわる情報を把握し，患者ごとのケア計画を共有する体制こそ，無形の社会的共通資本の新しい形である。医療機関が社会資本の一部となる次の条件は，地域連携の中の存在となることである。

第 3 には，上と重なるが急性期医療の提供体制の視点を指摘したい。ここで言う急性期医療には，2 次・3 次の救急医療も，計画的整備が可能ながん治療実施医療機関も含められる。一部には「医療情報が普及すれば消費者が医療提供者を選択できる」などと唱える例が見られる。しかし健康な時に病気に備えて情報をそろえる努力は，疾病の種類が余りにも多く，また新規の疾病の発見もありうる中では不可能としか言いようがないし，疾病を絞ったとしても，選んだ医師がその後に勤務先を移動しているかもしれない以上，有効性の高い準備とは言いがたい。社会資本性を満たす第 3 の条件は，地域を問わず求められる一定水準以上の急性期医療を担うこと[19]である。

---

[18] 後述の混合診療全面解禁論はこのリンクを弱め，医療提供者を社会資本性から遠ざけ，一般市場財化させる主張である。

[19] 発生頻度のきわめて低い難病等は広域で対応せざるをえないにしても。

4.2 医療経済学とは

4.2.1 「医療経済論」と「医療経済学」

まず，世間ではしばしば混同されている，「医療経済論」と「医療経済学(この節の文脈では先述の「医療の経済分析」を含む)」の違いを説明するところから始めよう。前者は，医療保険制度改革論議，あるいは診療報酬分析に見られるような政策論議を指している。こちらは一般に，人によりまた立場によりアプローチが違いうる。これに対し後者，すなわち医療経済学ないし「医療の経済分析」は，他の科学と同様，国や文化を超えて専門家たちによって共通に採用されている分析概念や分析技法の体系，およびそれを用いた分析結果の集積からなる学問の一分野である[20]。

両者の関係をまとめると次のようになる。医療経済論は，医療経済学を使わなくてもこの世に役立つ議論が可能だろう。逆に，医療経済学者が必ずしも医療経済論に強いわけでも，興味をもっているわけではない。純粋な科学を追求する立場を好み，政策論には携わらないこともまた一つの見識である。もちろん，医療経済学に立脚した医療経済論も存在している。

4.2.2 さまざまな「医療経済」学

さて，医療経済学 (繰り返すがここでは「医療の経済分析」を含む)，あるいは広義のヘルスエコノミクスの中では，2 つの分野が大きな比重を占めている。1 つは，経済主体の行動分析を中心におくミクロ経済学の一環としての医療経済学である。もう 1 つは，経済学者よりも，主として医学，公衆衛生学，薬理経済学などの分野の研究者が扱うことが多い，狭義のヘルスエコノミクス，もしくは「ヘルス・サービス・リサーチ」である。こちらは費用便益分析系統の考え方を主な手段としている。

下に広義のヘルスエコノミクスおよび医療経済論の分野例を示す。なお本稿では紙幅の都合上，一部しか取り上げない。

∘ エコノミクス

 ・ミクロ経済学を用いた医療経済学・医療の経済分析

20 分析結果の考察から導かれる政策提言は思想によって異なりうるが。

・医療にかかわる産業連関分析等
・マクロ経済論の一部：成長戦略・雇用拡大政策，国民負担率等をめぐる論議

○狭義のヘルスエコノミクス
・保健経済学[21]・薬理経済学 (Pharmaco-Economics)
・「医療の質」分析

○医療費分析：先述

○医療保険論
・保険制度論
・診療報酬にかかわる専門的技術論
・保険収載にかかわる原価計算

○医業経営論

経済学は，「何を」「どれだけ」「誰のために」「どのように」生産すべきかを考えることを目的として発達してきた社会科学である。その目的を果たすために，ミクロ経済学が用いる中核的な方法論は，「固有の目標を追求する各主体が，さまざまなインセンティブと制約条件の下で，いかなる行動をとるか」を分析する行動理論と実証技法の体系で構成されている。これは，上で指摘したように，便益費用分析型の方法論とは別の学問系統に属する。

4.2.3 受療行動の経済分析

まず患者の受療時負担の影響分析を取り上げよう。たとえば保険給付率と患者一部負担率を変えた場合の受療行動の変化に関する検討があげられる。所得の高い層と低い層では所得弾力性が違うので，経済学の理論によれば価格弾力性も異なってくる。そのため，多くの実証分析では，受療時負担を引き上げると貧しい層ほど受診率減少が大きいことを指摘している。つまり一部負担割合の増加は経済的弱者に対するペナルティになりがちなのである。

受療時自己負担には免責額方式もありえる。日本の公的医療保険には存在しないが，一定の金額までは患者が全額医療費を負担し，その金額を超えた

21 分かりやすい例をあげると，「喫煙の社会コスト試算」「予防活動の費用便益」など。

部分について保険が定率で給付する方式である。結果として，少ない医療費で済む医療の費用はすべて患者負担になるかもしれない。この方式の影響も受療行動の経済分析の対象となる。

受療行動をめぐる立論の例を示そう。これに反対の意見も作成可能である。

> 「風邪引き・腹痛等の軽費医療は自己負担にすればコスト意識が働き，無駄な受診が減る」等の説は，受診前には軽費医療であるかどうかが分からない点を無視した乱暴な議論である。先に不確実性のところで説明したように，腹痛が3,000円の治療費で済む疾病に伴っているのか，300万円以上要する疾病の表面的な症状なのかは受診してみないと判明しない。したがって，「誰もが初診から保険給付を受けられるので早い段階に外来受診し，振り分けと治療が行われるので結果として入院率が低くなる」経路は無視しえない。たとえ軽費を患者に負担させるとしても，医療の種類を事前に定めるのではなく，年間あるいは月間免責額方式の方が相対的に害が少ないのではなかろうか。

別なタイプの行動描写モデルとして，人的資本モデル・アプローチもあげられる。この理論は，人は生まれたとき，それぞれ一定量の健康資本を持っているとの設定からスタートする。若いうちは成長とともに自然に健康資本量が増加していくのに対し，成長がとまって以降は，健康資本の減価償却量が新規の投資(たとえばエクササイズ)を上回るようになるとの想定が基本におかれている。傷病は減価償却が臨時に大きくなった状態と理解し，「そこで引き起こされた健康資本の減少を補うための健康投資の一環が医療である」という理論構成になっている。

労働経済学では，知的資本，すなわち頭脳にかかわる資本に同じようなモデルが先に開発された。投資の意思決定を行う際は時間割引率の影響が大きい。現在志向の人，すなわち将来の事態を重く見ない人は割引率が相対的に高いため，投資量が少なくなる。反対に割引率の低い人の方が将来の利益を相対的に高く見積もるので，我慢して将来のための知的投資，あるいは健康面の投資を行う。知的資本と健康資本を合わせ，「健康投資をより効率的に行う人は就学年数が高い」「就学年数と喫煙率は逆比例するはずだ」といった仮説も実証されている。

4.2.4 医師行動の経済分析

次に医師行動の経済分析をとりあげる。先に触れたように，米国以外の経済先進国では医療サービスが価値財と位置づけられ，現実に受療を容易にするための制度構築と維持発展に対して努力が払われている。こうした社会にあっては，医療行為の第一目的は当然ながら従事者の経済的利得最大化であってはならず，利用者便益の最大化でなければならない。こうした要望の下の行動を表わす経済学の道具の一つとして，エージェンシー理論があげられる。

逆に，もし医療が一般の私的財として扱われ，そのため公的な費用保障のしくみが不完全ならば，医療提供のあり方に聖職性を求める根拠は，ノブリス・オブリージュ[22]にもとづく職業論理以外の何物でもない。ただし，医療ニーズ発生の不確実性や情報の非対称下での公正な取引の保証のためには，医師などの近代的資格制度が必須である。しかし，市場の不完全性は医療サービスに特有の問題ではない。一方，プロフェッションの規範そのものは洋の東西を問わず，市場の完全性など誰も気にしなかった古代から存在していた点にも留意すべきである。

つまり，医師をはじめとする医療サービス従事者の行動規範には複数の側面，すなわち，

(a) 提供者個人の専門職としての心理＝誇りに根拠を置く古典的規範 (「倫理」という用語がもっともよくあてはまるだろう)

(b) 公正な取引のための経済的規範

(c) 価値財提供を行う社会的共通資本としての医療システムにかかわることからくる規範

の 3 つがある。背景にある訓練のせいもあって，一般に医師は (a)，経済学者は (b) を好んで指摘しがちである。しかし本稿では，「社会の価値規範と医療」という視点ゆえ (c) もまた大切な側面と考える。

もう一つ，医師が診療行動を決定する際の目標設定に触れておきたい。そこで，医師の行動目標を浮き彫りにするため，「最適な医療サービス提供量」

[22] noblesse oblige。厳密な定義ではないが，「社会的地位の高さには義務・責任を伴う」といった意味。

という概念を取り上げる[23]。繰り返し述べてきたように，医療は価値財と位置づけられ，社会保障制度の給付対象となっている。公正な市場で決まる需給決定に委ねれば社会的厚生の最大化を図れる一般財と違い，「最適なサービス提供量はどのくらいか」に対する社会的合意に達していない場合，社会保障制度に過重な負担がかかってしまうかもしれないし，過少な給付にとどまるかもしれない。

ところが，医師のもつ価値規範から導かれる最適量と，社会厚生上の最適量は一般に異なっている。なぜなら，医師の大部分は，「最大の医療効果をあげるサービス提供量」をもって最適量だとみなすように教育訓練を受けているはずだからである。横軸にサービス提供量，縦軸にその効果をとり，単純化のために逆 U 字型，つまり単峰性の山型カーブを描くと，山の頂上が最大効果の点を表す。医師をはじめとする医療専門職は，教育訓練と行動規範からこの点が最適と信じ，他の制約が無ければそれを目指して努力する可能性が高いと思われる。

しかし，経済学の考え方では，社会的厚生を最大化する量は，最大効果，すなわち限界効果ゼロの点ではなく，限界費用と限界効果が一致するサービス提供量になる。それより多い量は限界費用の方が高いため，社会的厚生上の最適点は，最大効果を実現する量よりも少ない値である。よって，限界費用を考慮に入れると，最大効果をもたらす提供量における社会的厚生は最大値を下回ってしまう。

支払い者側と医療提供側，あるいは厚生労働省と医師会・病院団体が，共に「最適な医療」意識を持ちながら対決してしまうように見える大きな理由は，経済学から見ると，このような「最適量に対する目標の違い」から発生しているのである。医療提供側が考える最適量は「患者にとっての最大効果」を念頭において導かれるのに対し，社会の資源を預かる保険者や厚生労働省は，資源投入量を最適にする暗黙の意識をもつからと分析しうる。他方，「医療費抑制」「社会保障支出抑制」「社会保障財源としての公費抑制」「混合診療全面解禁による私的財源強化」等を主張する意見は，社会保障制度の下での

---

[23] ここで言う「量」とは，質の高低の要素も含む分析概念である。

最適な医療提供という視点を持っておらず，ここで想定した医療保険者・厚生労働省の立場からの見解とは違っている。

いずれにせよ「どの判断に従うべきか」は，よってたつ判断基準の違いなので，簡単には解決しない。ただ，ぶつかり合いの原因を客観的には承知している話し合いと，相手の行動原理を把握しないままの話し合いでは，より大きな文脈での制度設計戦略の立て方が大きく異なってくると思われる。

別な分析カテゴリに移ろう。マネジドケア[24]普及以前は，患者数も価格も地元市場の動向をみながらある程度自分でコントロールできていたアメリカの開業医が，職業倫理に従うにしても，「個人所得に関する欲求をどう絡ませているか」を明らかする研究も米国では行われてきた。このテーマについての主たる分析結果は，一部には所得最大化を求める医師がいるものの，多くの医師に対しては，各自の「稼得ターゲット」を目指す目標所得仮説が妥当するとの内容であった。

4.2.5 病院の行動分析：営利と非営利をめぐる論争

市場財は，供給過剰になれば長期的には競争に敗れた企業の撤退が需給調整のためにもっとも役立つ経路となるだろう。これに対し，医療や教育では，他の提供者よりよい質のサービスを目指す「前向きの競走」は当然として，相手のシェアを奪う市場的競争において勝利する提供者が生き残る姿が，常に望ましい成果を社会にもたらすかどうかはきわめて疑問である。よって，「医療提供者が何をめぐってどう競争し，一方で連携を図っているか」に関する実態把握，「いかに競争・連携すべきか」に関する規範的研究も，医療経済に関連するテーマに含まれる。

また，医療経済学では病院の行動分析も大切な研究分野である。「病院はどのような行動目的に従っているのか，その際の制約条件は何か」などが分析されてきた。日本の場合には医師は雇用されているが，アメリカ合衆国の病院では，伝統的には病理医，麻酔医，レジデント等を除けば病院に雇われている医師はほとんどおらず，さらに経営者は一般に医師ではないため，医師

[24] 医療提供について保険者が強く介入する医療保険形態で，手法はさまざまに分かれるが，医療提供者にファイナンシャル・リスクをシフトする手段を取り入れる形が多い。

行動とははっきりと違う病院行動モデルが描きやすかったという理由もあっての発展という側面も指摘できる。

1980 年代以来米国で論議が盛んになり，日本でも論争となっているテーマに，病院経営主体の「営利・非営利」問題があげられる。この問題についても，アメリカでは，営利病院と非営利病院の実際の行動を調査した実証経済分析が医療経済学者により積み重ねられてきた。

営利・非営利問題を扱う難しさは，目標とする「利益」の概念が一つではないことにも起因する。概念の不統一のせいで，しばしば「非営利組織といいながら病院は利益獲得行動をとっているではないか」などの短絡した議論がなされがちだった。そこで，次に「利益」概念の多様さを説明しておきたい。

非営利組織の中には売り上げのないタイプの主体も存在し，活動を繰り広げている。たとえば自然環境保護団体，難民支援団体などの活動主体である。これらの組織には，サービス提供から得られる売り上げはなく，収入はサービス提供先とは異なる個人・財団・企業等からの寄付金や助成金，有志の会費および補助金等で成り立っている。同じく非営利団体であっても，日本の私立学校や病院は，学生・患者に対するサービス提供を通じる「売上」が主たる収入源となっている。そのため，長期の存続に要する設備投資とそれにかかわる元利返済等を考えると，少なくとも一定の ROS (Return on Sales= 売上高利益率) は求めなくてはならない。

他方，株式会社はそもそも，資本の運用を株主から負託された存在である以上，ROI (Return on Investment= 投下資本利益率) もしくは ROA (Return on Assets= 総資産利益率) が，経営意思の決定上もっとも重要な指標であろう。ROS ベースで考える非営利組織と，資本の出し手のために ROI や ROA を重く見る営利企業では，行動パターンも違って当然である。

非営利病院経営者が，たとえば新しい診療科・腫瘍センター・脳卒中センターをつくるかどうかを検討する際に，通常は ROI は意識に上らない。非営利組織には，資本の投下を通じて利得を追求する株主なる存在がないので，配当を通ずる報酬支払いを考慮しなくてよいからである。しかし，「新しいセンターは年 11 億円の収入を獲得し，運営費は 10 億円以内に抑えなければならない」といったように，ROS 概念はもっている方が普通と思われる。なぜならば利益がなければ，他科で得られる貢献利益からにせよ，基金等を使うにせよ，毎年資金をよそから獲得し続ける見通しが別途必要になるし，借入金で投資を賄ったとすれば返済原資が欠かせないためである。

4.2.6　医業経営にかかわる意思決定者の経済分析

次に，病院を超えた分析の必要性を提示したい。

病院経営の意志決定

第1は意思決定を下す主体に関する理解である。今まで，多くの医療経済学研究では，病院を経済学における「意思決定主体としての企業」と同等のイメージで捉えてきた。ところが現実には，病院が経営にかかわる意思決定の主体ではないケースが増えつつあり，今後はもっと増えていくと予想される。もちろん，病院はこれからも永遠に管理の単位だろう。しかし，病院が法人組織の中の一事業所であるとすれば，メーカーでいえば工場に相当すると見ることもできる。工場長には管理責任はあるものの[25]，企業経営の意思決定者ではなく，上から提示された経営戦略にそって生産を効率的にこなしていく責務を負うにとどまる。工場長は，生産性向上や品質管理，ならびに労働衛生上の安全などには責任をもつが，いかなる製品をどの市場向けにつくるかにかかわる意思決定は本社の経営陣の責務であって，通常は工場側にはない。

病院の世界でも，ひとつの医療法人等の経営体内部で，たとえば「療養病床を主とする病院で利益を上げ，先端医療を実施する急性期病院の赤字を埋める」等の意思決定が行われている。この場合は，個別の病院ではなく，まさに法人全体で戦略的意思決定がなされている。個別の病院にとって，医療安全や患者満足は病院管理者の責任に属するが，例示すれば「対医業収入利益率10%を目指す」とか，「急性期病院の赤字はマイナス2%程度にとどめる」のように，目標が与えられた上で運営を担当する。つまり，こうしたケースでは病院は管理主体であって，経営戦略に関する意思決定主体ではない。

25　主力工場の長が取締役あるいは執行役を兼ねているとしても，工場長としての業務責任は変わらない。

営利企業が従業員の福利厚生手段としての病院を持っているケースも残っている。また企業系の病院が自社従業員とその家族を含む地域住民のために医療サービスを提供し，病院は収支均衡程度の業績でいいと位置づける例も見られる。そうした意思決定は病院が下すのではなく，本社の戦略の一環として定められている。一方，地域の要介護者の住宅を「病床」とみなし，病院をいわば「医局兼ナース・ステーション」と位置づけ，地域全体に展開する戦略をとっている医療法人も存在する。医薬品等の物品購入を個別病院の業務からはずし，法人本部が一括して交渉する事例も一般化しつつある。これらについてはすべて，経営意思決定の主体は病院ではなく法人である。

企業行動の研究でも，製造業企業における個別工場，ホテルチェーンにおける一軒一軒のホテル，銀行の個別支店等の事業所は，コストと収益についての分析はありえても，経営戦略にかかわる意思決定主体としては扱われない。このように，経営意思決定の主体としての「企業」に相当する単位は，医療分野では医療法人や独立行政法人等であるにもかかわらず，医療経済学では今まで，それに相当する分析対象をあまり捉えてこなかったと言ってよい。ゆえに，医療法人等を経営上の意思決定主体とみなす理論モデルと，それをふまえた実証分析の進展が期待される。

病院の経営目標

第2は，上記の医療法人等の経営主体がもつ経営目標にかかわる問題があげられる。直前で触れた営利対非営利という視点がもっとも伝統的であるが，その他にも，家業としての医業や個人活動としての医業も存在する。

はじめに，非営利組織の中でも，サービス提供に応じた売り上げがあるタイプの主体を「非営利企業」と呼ぶことにしよう。そうすると，先述のように，日本の学校法人と医療法人は，顧客に選ばれなければ売り上げが得られない，典型的な非営利企業と言える。一般にそれらの非営利企業は，競争状況下での顧客獲得に欠かせない設備機器の更新のためにも，一定の利益を必要とする。減価償却を上回る借入金の元本返済必要額があれば，そのためにも利益は不可欠である。もちろん，教育・医療といった組織の存在目的を果たすことが使命であり，期ごとの目標利益はそのための手段にすぎない。ただし，利益の位置づけ――上位目標か手段か――を別にすれば，資源利用の効率性を図り，顧客の支持を継続的に得るための事業活動については，営利・非営利の違いは経済学的にみても，経営学的にみても，さほど差異はない。

家業としての病院経営

もう一つ，医療経済学上の研究対象として提示したい課題は家業としての経営の扱いである。通常，経済学でいう「企業」とは，資本の効率的利用のために作られた社会装置を意味している。たしかに株式公開企業，とりわけ上場企業は，投資家から委託された資本をもっとも効率的に財貨・サービスの生産に投下し，その成果を配当と株価上昇等の形で株主に報いることが存在目的の中心であろう。しかし現実には，株式会社のすべてが株式資本の価値最大化を目指す存在ではない。日本の株式会社の多くは，事実上「家業」として運営されているものと思われる。

資本の大部分を同族が占める家業では，同族の富の最大化が主目的であり，会社はそのための媒体にすぎないケースも珍しくない。その場合，経営権の同族内相続が必須の必要条件になる。そして主目的を果たすために有利であれば，企業そのものは赤字とする選択もなされている実態は周知の通りである。よく，「病院は赤字経営が多い。それに比べ株式会社は効率的だから利益を上げている」などとの謬説が唱える論者が見られるが，これは事実認識の誤り，もしくは「医業経営に関する株式会社参入論」のための意図した嘘として否定してよい。非上場企業を含めた日本の株式会社の過半は見掛け上は赤字で運営されている。なぜなら，同族で株式のほとんどを所有するタイプの経営継続を前提とするかぎり，同族の富のためには，企業の黒字と配当，そして株式価値の上昇は，法人税・所得税・相続税等の多寡を想定すると必ずしも有利な選択ではないからである。

株式会社とは異なるとはいえ，日本の医療法人は，1人医師法人ではない病院開設主体であっても，大部分は家業性の側面をもっている。ただし，医療法人はさまざまな制度上の制約ゆえに赤字戦略はとりえない。なぜなら，経営監査で都道府県から指導を受けるためである。とはいえ，「地域に奉仕する」等の社会的使命は別として，目標が子どもなど親族への経営継承であるケースは珍しくないだろう。そうしたケースを分析する意思決定モデルは医療経済学にはほとんどなかった。地に足のついた医療経済分析を行おうとするなら，家業を分析する理論枠組みも求められてしかるべきだと考える。

医師の勤労所得

先に，医師個人がどういう目的で動いているかに関するモデルに触れた。非営利の基本的な定義は，どの国でも「利益配当の禁止」につきると言ってよい。一方，医師個人の勤労所得と，法人への出資者に対する配当等の資本利得は明確に区別すべきである。個人の目的は経済学では一般に効用の最大化と表わされ，能力・努力・名声等の結果，収入が高いことをもって営利活動とはみなさない。プロ野球なりサッカーの選手が高い年俸をめざす行動は営利活動ではなく，個人の効用最大化のための手段に分類される。

4.2.7 公 益 性

第 3 に「公益性」という概念を提示する。公益性とは，不特定多数を対象として財サービスを提供することを意味している。公益性があっても，普段は損益ベースで財サービスを提供していて構わないが，非平常時，たとえば大きな事故や天災のあと，代金支払いと引き換えの提供が不可能なときにせよ，特定の利用者がさしあたり代金を払えないケースにせよ，できるかぎり提供が求められる点，通常の市場財とは違う扱いを受ける場合がある。万一，災害等のために提供が途絶した場合には，ほかの財よりも優先して提供体制の回復が社会的に図られる。こういう種類の財を「公益財」と呼んでおこう。

これを非営利性と絡めてみると，次のような分類ができる。非営利組織でも，非公益的なタイプがありえる。典型例は同窓会や各種同好会である。こうした，仲間うちの満足を図る性質は「共益性」として，公益性とは区別したい。同窓会・同好会は利益獲得が目的ではないし，ましてや会員への金銭配当を目指す存在ではない。したがって，非営利組織であるが，公益性はもっていない。

他方，電力・ガス・鉄道などの産業は，日本ではほとんどが営利企業により運営されている。繰り返すが，営利組織とは株主への資本利得配分が目指される団体である。しかし，これらの産業には強い公益性を伴う。それは，先ほど述べた性質 (非常時の供給義務など) にかなっているからに他ならない。

また，公益を担う非営利の非企業体も存在する。国際医療援助，あるいは自然環境保護などを行っているタイプの組織である。他方，医療サービスを提供する各種法人の多くは公益を担う非営利の企業体に相当する。まとめると，営利非公益組織 (一般企業のこと)，営利公益企業，非営利非公益企業，非営利公益企業のそれぞれの行動原理とそれを描写する行動モデル，組織に求められるガバナンス，そして各主体が競争したり協力したりする場の性質は異なる。“営利対非営利” という軸以外の軸でも考察を加え，分析する視点が欠かせない。

医療提供を行う主体には，公益性と非営利性の程度がそれぞれ異なる，国立，独立行政法人，公立，公営企業，地方独立行政法人，日本赤十字社等の公的法人，医療法人，健康保険組合，国民健康保険等の医療保険者，年金保険者，社会福祉法人，学校法人，宗教法人，公益財団法人，公益社団法人，一般財団法人，一般社団法人，農業協同組合，医療生活協同組合，株式会社，およびその他が存在する。さらに，医療法人の中だけみても，同じく公益性と非営利性の程度が異なる，特別医療法人 (まもなく廃止される)，特定医療法人，財団医療法人，持ち分なし社団医療法人，出資額限度型医療法人[26]，持ち分あり社団医療法人，そして社会医療法人と基金拠出型医療法人といった種別に分けられる。診療所については，これらの区分とは別の視点からの呼称であるが，一人医師法人なるカテゴリも分析対象と捉える必要がある。

現実に観察すると，これらの行動原理は各々で違っている。先ほど指摘したように，きわめて家業的色彩の強いタイプも，非営利の先進的な企業も見

[26] 持分ある社団医療法人のうち，社員 (出資者) 資格を喪失した者には出資額までしか返還しないと定款に定めた法人をいう (法律によって規定されている法人種別ではない)。2006 年の医療法改正により，新たに設立される社団医療法人はすべて基金拠出型法人となった。医療提供にかかわる公益性と非営利性を明確にするためには，同じく新たに規定される社会医療法人，および旧来からの特定医療法人など持分のない法人形態が求められる。しかし現実には，ほとんどの医療法人が持分ある社団形態をとっている。したがって，設立以来の時間経過が長い法人では出資に伴う含み益が発生し，社員の脱退時における高額の払い戻し請求や，社員死亡時の相続税負担などにより，医業経営の安定的継続が危うくなる可能性が残っている。

られる。公益性の強弱もいろいろである。すなわち，病院の行動モデルを考えるときに，現実的な政策につなげることが目的ならば，種別の違いを分析する研究が役にたつ。もちろん，理論モデルをつくる思考訓練や，計量経済学用具の実験が目的なら，1 個の「病院行動」モデルの提示を行うことも意義をもつだろうが。

4.3　医療システムの評価

4.3.1　医療システムの評価基準

国々の医療システムを評価する際の軸が，アクセス，質，コストの 3 つであることは医療経済学に携わる者の共通理解と思われる。またしばしば，「この 3 つのうち 2 つを追うことは可能だが 3 つすべての追求は不可能」とも言われる。ではどれとどれを重視すべきなのだろうか。答えは「価値観による」であり，現に国によって異なっている。

(a) アクセス　家計から見た，ヘルスケア・サービスのシステム，もしくは個別提供者への距離的および心理的アクセサビリティを指す。心理的アクセサビリティの要素は，金銭面 (自ら負担しなければならない各種費用と負担能力) にかかわる制約感の大小や，当該サービス利用にともなうスティグマ意識である。ヘルスケア分野におけるアクセスは，全体では医療・長期ケア・保健の各サービスについて評価しなければならないが，医療サービスの中だけでも診療科目別など種類がさまざまに存在するし，医師，病院，検査，医薬品へのアクセスが分けられているシステムも珍しくない。

(b) 質　ヘルスケア・システムを通じて提供される財貨・サービスの「質」を意味している。なお，ヘルスケアに関わる著しい技術進歩を考えると，静態での状態に加え，システムがもつ新技術への対応力 (吸収力) をも評価すべきである。ちなみにこの項目は，アクセスやコストに比べ，言及のされ方の頻度とは逆に，もっとも客観化が難しい対象とみなしてよい。経済学系統よりは，先述の「ヘルス・サービス・リサーチ」系統の研究が主流である。

(c) コスト　大別するとサービス 1 件当たりのコストと，マクロレベルの総費用に分けられる (それぞれ多様なバリエーションがありうる)。ミクロレベルにせよ，マクロレベルにせよ，ヘルスケア・ポリシーを視野に含む分析にとっては，システム内のどこでいつ発生したコストで，誰が負担しているという事実認識を欠いてはならない。なぜなら，コスト発生については，コストシフトを含むヘルスケアをめぐる資金フローの複雑さゆえか，しばしば誤った立論が横行しているからである。

実際には，上記の評価項目 (a)～(c) をめぐりさまざまな論点が存在するが，解答の根本的な方向について，選択肢のどれもがそれなりに妥当な意味を持ち，かつ評価項目間にトレード・オフをきたすような問いかけこそ重要な課題である。現在は，質向上とコスト抑制，アクセス維持とコスト抑制のトレード・オフ関係が主たる論点となっているケースが多い。またコスト・コントロールの手段として，ヘルスケア・サービスへのアクセスに一種の割当制 (家庭医によるゲートキーピング機能など) を採用している国も見られる。

他方，トレード・オフを起こさずに答えが求められるテーマは，政策的意思決定課題ではなく，実行課題と位置づけられる。例をあげれば，ヘルスケア・サービス提供施設どうしの連携推進は，適切なアクセサビリティの向上を通じ，コストをとくに増やさずに患者サービスの質を改善できるだろう。

4.3.2　日本の医療システムの特徴

わが国の医療システムの特徴は，「皆保険，フリーアクセス，現物給付方式，自由開業制，出来高払い方式」などのキーワードで表される場合が多い。ここではこれらのキーワードの意味を考えてみたい。

(a) 皆 保 険　この体制は，「医療保険給付により，患者が支払能力の多寡の影響をできるだけ受けずに，可能なかぎりニーズに応じて医療提供者へのアクセスできるようにすること」が主たる目的である。3.1 節で論じた価値財の位置づけを担保するために他ならない。のみならず，医療アクセスの保障を通じ，住民患者に安心感を与え，ひいては安定した社会を維持するという，上位の社会目標にも寄与してきた。何よりこの理念こそ，現代の日本の医療システムを支える思想・哲学の根幹と言ってよい。

(b) フリーアクセス　フリーアクセスについて，わが国では患者も，時に提供者も，「どの医療機関にも行ける」「好きな医療機関，特に高次医療機関にも自由にアクセスできること」と解釈してきたと言ってよい。その背景には，皆保険体制の整備期には急性感染症対策が重要であった時代環境が存在する。医療提供体制が，個別医療機関での完結が前提になっていたこともこうした解釈を助長してきた。

しかし，現代の疾病構造と診療の高度化の下では，フリーアクセスとは「医療システムへのアクセスがバリアフリーである」と解釈する見方も忘れてはならない。すなわち，だれもが自分の居住する地域の医療システムに「金銭的なバリアなしにアクセスできる」ことをもってフリーアクセスと呼ぶ理解である。社会的共通資本たる医療保険制度を最大の財源とする公益セクタにおける資源の効率的配分のためにも，この解釈は地味を持つ。たしかに医療提供体制へのファースト・アクセスのポイント＝「かかりつけ医」を選ぶ決定は，基本的に住民・利用者の責任ならびに権利と捉えても問題は少ないだろう。その上で，ニーズと地域資源の状態を見きわめてより高次な医療やスペシャリストのところに誘導するために，信頼できるプロフェッショナルな連携の仕組みが機能する形が患者本位の医療の姿であり，効率的な資源配分と考えられる。

(c) 自由開業制　わが国医療の特徴のうち，提供体制にかかわる性質の第 1 は「自由開業制」である。日本における医療サービスの提供は，地域別割り当て制 (テリトリー別独占供給) でも公的配給でもなく，それぞれの開設者が自らの医療機関の経営に責任をもち，独自の患者獲得競争を行っている。診療所は，開設者がしかるべき場所を確保できれば，原則として届け出によってどこでも開業できる。また，すべての医療機関について，改築や設備更新，新しい機器導入等のための資本投下等に関する医療政策上の規制は存在しない。ただしほとんどの病院は，医療計画[27]にもとづく病床制限に従い，さらに病床種別を選択しなければならない。

この自由開業制は，開業にかかわる許可や届け出云々よりも，「開設者が自

[27] 医療計画については 4.4 節参照。

ら資金調達して開業する方式」の方が経済分析上も政策上も重要な意味を持つ。わが国の医療機関は，独立行政法人や自治体立を含め，国家予算や公的保険等から明示的に設備資金を給付されるわけではなく，開設者が資本資金を自分で工夫して調達しなければならない。

また，開設後の借入金返済や資本コスト負担，顧客獲得，サービス提供費用の管理など，開設者が経営のすべてに責任を負う。私的主体の場合は (将来は公的主体でも?)，一般企業と同じく，資金繰りに失敗した時の倒産リスクを抱えている。反対に，プラスのキャッシュフローを得た場合には，繰り越しも設備投資も自ら決定できる。つまり「自由開業制」には，効率化に対するインセンティブが制度に組み込まれている。また，地域に複数の医療機関があれば，質と顧客サービスをめぐる競争が行われる仕組みでもある。

第 2 の特徴は現物給付方式と呼ばれる。これは，時の医学の水準が規定する最適な医療[28]を保険給付するために採用されていると捉えられる。これに対し，現金給付方式は，給付額上限方式，ないし現金償還制等との組み合わせによる保険給付の制限と混合診療に結びつきやすい[29]。

4.3.3 わが国医療システムの国際的な評価

次に「日本の医療が国際的にどのように評価されているのか」を見てみよう。前項で説明したように，比較にあたっては一般に，① システムへのアクセス (公平性)，② 質，そして ③ コスト (効率性) という 3 つの視点が用いられる。

プラス評価

3 つの視点に関して，わが国医療システムが諸外国の研究者・専門家から高い得点を獲得している例が多い理由は下記が中心である。

① 公平性：医療サービスへのアクセスがきわめて良好である。

② 質：各年齢の平均余命や乳児死亡率に代表される健康指標の値が世界のトップクラスに位置する。

---

[28] なお「最適な医療」とは最先端の実験的な医療とは異なる。

[29] 混合診療については 3.5 節参照。

③ 効率性：マクロ経済対比で見た医療費が経済先進国の中でもっとも低い

これらの成果は，医療提供者のみならず，システムを支える保険者，行政，医薬品等の産業従事者など関係者すべての努力の賜物と言ってよい。

問題点

他方，日本の医療システムの問題点を同じく冒頭の 3 要素，すなわち ① アクセス (公平性)，② 質，③ コスト (効率性) に即して取り上げると，以下のような事柄を指摘できる。

① アクセス　「フリーアクセス」の解釈をめぐる問題点については既にふれたとおりである。もう 1 点，療養医療，介護施設，「終の棲家」型居住サービスの機能が明確に区分されて理解されているとは言い難く，かつ居住サービスおよび在宅サービスが不足しているために起きている過剰利用問題も指摘されている。

② 質　次の 3 点を大きな問題点として掲げておく。

(1) 医師および医療機関の専門性を同じ尺度で客観的に評価あるいは担保する中立の仕組みがない。

(2) 病院も診療所も一施設あたりの人員数が少なく，かつ個々の医療機関に従事者が固定されている。訪問看護ステーションも類似の状況である。そのせいで，これまで (一部の例外を除き) 柔軟な協力体制が築かれていなかった。よって資源の集約化・チーム化が行われにくく，質の向上策の浸透が難しい。

(3) 標準化の遅れ：医療のアウトカムおよびアウトプットを比較し，ベンチマーキングを可能とするためのデータの取り方にかかわる標準化，およびデータ公開プロトコルにかかわる標準化が遅れている。つまりそもそも個々の医療機関が提供する医療サービスの質がどうなっているかの客観的評価・比較を行いにくい。なおこの点は医療機能評価機構の認定病院，および DPC[30] 適用病院については，かなり改善されているが，世間に広く知られてはいない。

---

[30] Diagnosis Procedure Combination。疾病分類を元にしたケースミックスに応じた包括評価制度。

③ **コスト**　　下記2点をあげておく。

(1) 医療費をはじめとする医療分野への資源投入不足が続いた。

(2) 生活習慣病患者数の一貫した上昇に対し，これまで効果を伴う予防的介入とマネジメントの一般化されたシステムが構築されてこなかった。禁煙対策は先進国中もっとも遅れているグループに属したままであるなど欠点も残る。

補論：『信頼に支えられた医療』専門医認証について

2008年6月，日本学術会議は，自発的に行なえる勧告，要望，声明，提言，報告の5段階の発表のうち，上から2番目に強い「要望」の形で，医療のイノベーション検討委員会 (委員長は桐野高明国立国際医療センター総長：当時) による『信頼に支えられた医療の実現ŕ医療を崩壊させないために』を総理大臣に提出した[31]。日本医療の評価に関する文章として的確であり，理解に役立つと思われるので，専門医制度認証委員会の必要性を問うた6章3節を引用する。

<以下引用>　　医師をはじめとする医療者は，率先して，医療の信頼回復に努めなければならない。そのための根幹となる取り組みは，医療の質とその透明性の確実な保証を，医師自らが行うことである。患者や家族が断片的な情報に基づいて，「信頼できる医師」，「信頼できる病院」を探さなければならないと言う日本の現状は，医療の享受に著しい不公平を惹起しかねないものである。すべての専門医はすべて信頼のできる医師であり，専門医のいる病院はその分野において信頼できる病院であるとの保証は，医療を遂行する側が厳格な管理の下に妥協なく行うべきである。それが実現して初めて，社会は医療に本当の意味での信頼感を持つことができる。

専門医の育成，生涯教育，能力判定などを厳密に管理する組織を作らなければならない。それは，時間をかければ十分実現可能である。それぞれの専門医の育成，生涯教育，能力判定などには，医師会，病院会，学会など，多様な組織が主体となり得る。しかしそれら個別の専門医制度の上に，専門医制度全体の質の保障を行う認証組織を設けることが必要である。現在わが国で実施されて

[31] http://www.scj.go.jp/ja/info/kohyo/pdf/kohyo-20-y3.pdf

いる各種の専門医制度の問題点については，5 章 4 節に前述した通りであり，これらの諸問題を解決するために，上位認証組織の存在は欠かせない。

このような上位認証組織の在り方を検討するに当たっては，世界的にも評価が高い米国の専門医認証組織 (Accreditation Council for Graduate Medical Education，略称 ACGME) が一つの有力なモデルとなる。その最大の特徴は，それぞれの地域における医療への要求に応じて，適切に医療が行われることを保証する役割を担っている点にある[32]。具体的には，それぞれの専門医研修プログラムで教育可能な研修医数を，それぞれの地域におけるその専門医の必要性に応じて決定，認可することとしており，これによって同時に全国どのプログラムに参加したとしても，効果的な専門医研修が受けられることを担保する機能も果たしている。

なお，米国の ACGME は民間の団体である。一方わが国に求められる上位認証組織では，既に各学会等により運営されている多数の専門医制度を改めて束ねる役割を担い，地域における受入れ数の設定等において，関係する行政機関等との連携・協力も重要となると想定される。また，必要に応じて懲戒権を行使し自浄機能を発揮できるようにすることが期待されることなどから，上位認証組織については，法律に根拠を有する公的な組織にすることが適当ではないかと考える。＜引用終わり＞

4.4 医療提供体制

4.4.1 準市場——ニーズを持つ患者と医療サービス提供者の出会い

一般の経済市場における需給調整は，貨幣的裏づけをもつ需要と利潤を目的とした供給が価格メカニズムによって行なわれる。これに対し，価値財については，準市場を資源配分の方法として用いることができる。わが国では医療と介護がその代表である。医療における準市場とは，「選択にもとづく需給の出会いの場」と，「価値財の位置づけを支える社会保険制度の性格 (原則としてニーズに応じた平等な給付) に由来する公的介入」の組み合わせを指す。公的介入は，① サービス利用代金の定率補助 (= 医療保険給付) と，②

---

[32] 米国で専門医制度の認証を行っている ACGME のホームページは http://www.acgme.org

診療報酬点数および点数単価の公定制の2つがもっとも重要である。

「準」がつく以上，一般の市場より提供者の意思決定に対する制限が強い。その違いの代表例は病床数の制限である。参入制限が行われる主な理由は，「社会連帯の精神に則って徴収された保険料が原資の半分以上を構成し，保険財政に投入される国費と合わせ，全国ベースで配分される資金である以上，その資金が効率的かつ効果的に使用されるよう制度を運営する責任を有する」ためと説明できる。

ところで，上記の準市場が機能すれば，医療の根幹である急性期医療は維持できるのであろうか。答えは必ずしもそうではない。患者として公的保険給付を受けるのみならず，加入者として制度を支えるべき住民が，社会的共通資本たる急性期病院機能を過剰に利用するような事態が続くと，急性期従事者の疲弊，急性期医療機関固有の機能に対する待ち行列などを引き起こしてしまう。非急性期医療の機能でも対応できる，あるいは非急性期機能のほうが適している患者が急性期医療病床を使い続けると，そこでしか対応できない他の患者を待たせてしまう結果になり，もしかすると待たせた人の命や予後に重大な影響を与える恐れを否定できない。

急性期医療機関に本質的に期待される役割は，重症の患者に対し，時に侵襲性の強い診療をも提供する，難しく高度な医療機能の発揮である。そして現状では，ニーズの増加に対し提供量が不足している大切な社会資源でもある[33]。大切でありながら不足している以上，急性期医療機関は，急性期医療機能によってしか守ることの出来ない重いニーズに常に対応できるようにしておかなくてはならない。そのため，患者が別の種類の医療サービス[34]や介護サービスでも対応できる状態に変わった，あるいは別の種類の医療サービスや介護の方が本人のQOLを高めると判断された場合には，それらのサービスを利用し，急性期医療機関は次の重症者の治療に向かうことが，社会的共通資本の使い方として当然の判断と考えられる。

言い換えれば，急性期医療は「治すことを目的に戦う[35]」医療であり，そ

---

[33] 回転率の低いNICU (新生児集中治療室) が代表例ではなかろうか。

[34] 亜急性期病床，回復期，療養病床，緩和ケア病床，緩和ケアを含む在宅医療等

[35] 現代医療では適切な急性期リハビリテーションや緩和ケアとの組み合わせは当然であ

れよりも「支え・癒す」医療・介護の方が患者の QOL にとっても高い効果をもつステージに移行した場合は，急性期病院から退院するほうが，本人にも次にそこを利用できる重症者のためにも，よりよい選択と言えるのである。

以上をふまえると，急性期医療機関には，地域の他種の医療機関や地元医師会，ケアマネジャー，民生委員などと密接な連携を保ち，退院予定の患者と家族にそれらを紹介する責任を全うしなくてはならない。「退院を迫られて困惑している」等の訴えは，退院させられること自体ではなく，急性期医療機関の忙しさゆえに起きがちな丁寧な説明や紹介の不十分さ，後方機関の不足，連携の未発達などのせいで発生している。

受け皿機能を社会的に構築するためには，急性期入院中から始まる退院に向けたカンファレンスが各病院で当たり前のように行われなくてはならない。病院側からは主治医とソーシャルワーカーなど，在宅復帰のケースでは在宅主治医とケアマネジャー，他病院もしくは施設に移るケースでは移る側の病院や施設の医療職ならびに介護関係者等がケアプランを共有するためである。

また，在宅療養を支える中心的な主体たる訪問看護師のあり方を，サービス内容も制度的にも経営的にも本格的に考え直す必要がある。訪問看護事業者の経営規模 (ステーションの規模ではない) が過小なままにとどまっていることも問題である。

患者が居住場所 (自宅・居住施設等) に帰れる条件の根幹は，いつでも必要なときは，そして必要なときにかぎり入院・入所できるとの安心感である。どこに居住していても，急性期入院を含め，ニーズに応じた医療サービスと介護サービス，さらには福祉サービスの提供が保障された地域包括ケアシステムの構築が，わが国ヘルスケア・システムへの信頼を強めることになるだろう。

4.4.2 医療計画——参入規制から医療提供体制構築へ

医療提供体制の根本を定める法律は 1948 年に制定された医療法である[36]。医療法には，医療計画，医療法人制度，そして病院等のさまざまな構造基準

るが。

[36] 医療従事者の身分にかかわる医師法，保健師・助産師・看護師法，薬剤師法等も重要だが本章では紙幅の都合上扱わない。

(設備と人) などが定められている。うち医療計画は，1985 年に医療法が最初に改正されたときに導入され，1990 年にスタートした。当時の医療計画は，医療提供体制の考え方を，一次医療圏，二次医療圏，三次医療圏の三つの段階で整理した。三次医療圏は都道府県単位，一次医療圏は日常受診の範囲である。これに対し，「日常受診を超えた大部分の治療がそこで完結する圏域」を二次医療圏と呼び，一つの都道府県が複数の二次医療圏に分けられてきた。そこでは，医療機関がピラミッド型に描かれる医療体制が前提となっていた。大雑把に言って，一次医療担当は開業医，二次医療は地域の病院，三次医療は医育機関など高次の病院により受け持たれるという階層型が当然と考えられた。

とはいえ，何といっても医療計画が一番意味を持った機能，裁判でまで賛否が問われてきた機能は，病床数規制つまり参入規制に他ならない。二次医療圏ごとに「存在してよい病床」数 (かつては「必要病床数」，2000 年以後は「基準病床数」) が公示され，それを超えた新しい参入は原則として認めない，強力なエントリー・バリアの役割を果たしてきた。その算定根拠となる患者数は，疾病の種類を問わず，全体として地域には——流出入をカウントした上で——患者が何人いるとの計算であった。これは，医療には「提供者誘発需要が存在する」との理解に基づいている。ただし実際には，皮肉なことに医療計画と病床上限が発表されたとたんに駆け込み増床が起き，わが国史上病床が最多になった時期は医療計画開始後の 1990 年代前半であった。

最近では，急性期医療ニーズは遺伝や食生活，地域環境等に依存する健康度に依存して，言わば確率的に発生するので，提供者が誘発できるものではなく，病床規制を廃止してもよいのではないかとの説も有力になりつつある[37]。

これに対し「終《つい》の棲家《すみか》」型の病床は，つくればつくるだけ地域の入院患者が増える可能性が高い。重度の要介護もしくは認知症等の親を預けたいという家族の希望が強い状況下で，介護老人福祉施設 = 特別養護老人ホームや在宅サービス (特に短時間定期巡回訪問・夜間・随時対応型サービス) の量が不足していたり，在宅生活支援機能をもつ医療機関の機能が不十分だったりす

[37] 厚生労働省「医療計画の見直し等に関する検討会」ワーキンググループ中間報告は以下を参照。http://www.mhlw.go.jp/shingi/2004/09/s0924-8.html

ると，要介護者本人に対し客観的に判定できるニーズではなく，次の理由による需要が発生する。それは，在宅に要介護者をおくことがもたらす家族にとっての総コスト (金銭的費用 + 機会費用 + 取引コストを含む心理的費用) との比較で決定がなされる事態である。価格メカニズム (= 費用負担能力を反映した選択) による需要行動に近く，価値財の効率的提供のための努力が反映されなくなってしまう。

多くの地域では，介護老人福祉施設の収容数が需要 (ニーズではない) に比べて不足しているので，「本当に世話が大変になった時のために場所を確保しておきたい」という一種の仮需も生じやすい。したがって，在宅総コストの方が高ければ，療養病床をつくればつくるだけ需要を喚起することになる。よって参入規制の必要性を今のところ否定できないと結論づけられる。

いずれにせよ，これまでの医療では基本的に医療機関完結型医療が前提であった。しかし，現代社会の多くの疾病治療および介護にとっては，長期ケアの視点が欠かせない。長期ケアが普通の姿だとすると，一人の患者にとっての時間の流れにそって，多数のサービス提供者が連携する地域完結性が求められる。特に，脳卒中などが典型で，急性期入院，亜急性期入院，急性期リハビリテーション，回復期リハビリテーション，維持期・生活期リハビリテーションと進んでいく (実際にすべての患者がすべての過程を通るわけではないが)。在宅主治医による継続的フォロー，そしてケアマネジャーがやはり継続的にプランをたてる在宅介護サービスも必要となろう。

地域完結型医療では，時間にそった連携と並んで，一人の患者に対し，同じ時期に多数の関係者による連携が重層的に行われる場合も存在する。がんや難病患者等の在宅ケアのための在宅サービス[38]を増やすには，在宅医療を受け持つ医師が不可欠であるが，医師だけでターミナルケアができるものではない。訪問看護ステーションや，他科の専門医，また口腔ケアのために歯科医等々がかかわるケースもありえるだろう。社会福祉的なサービス (たとえば民生委員) が求められる場合もあろう。そのような形の地域完結型の医療・介護が目指されていく。これらの地域完結型の姿について，主要な事業

[38] 小児がん，難病患者に対する在宅医療と地域サービスはほとんど整備されていない。

ごとに達成度を測れるような姿が望ましい。

なお「地域」とは，これまでの二次医療圏がと市町村境界などで定められる「エリア」のニュアンスを持っていたのに対し，地域包括ケアシステム論が言うように，シームレス (継ぎ目なく) でコンティニュアス (連続的)，かつコンプリヘンシブ (包括的) な機能面から見た「コミュニティ」と捉える視点が欠かせない。そして個別の医療機関は，地域完結医療機能の一部を担うことが強く求められる。

疾病によって，診療圏域が数キロ圏で収まるタイプも見られるだろうし，日本を 1 つの診療圏域とする場合があってもおかしくない。すなわち，二次医療圏にすべての医療をそろえる形への強制はなくなっていくと予想できる。

4.4.3　医療情報

4.1 節でも触れた論点であるが，よく世間で言及される「よい医療提供者を選ぶための情報が足りない」という問題を取り上げてみたい。通常こうした意見は，「情報を開示せよ」「広告規制を原則自由化すべき」などの主張とセットになっている。では，どこかに病院のランクづけなどの情報が存在するにもかかわらず，誰かが情報を隠しているのだろうか。

たしかに，「名医」「よい病院」などの記事を宣伝した雑誌の特集号は，販売部数が通常より拡大すると聞く。ただし，大部分の生活者は，日常の仕事や学業，あるいは家庭に関する事柄に追われており，そういった記事を読んでも内容を覚えておく余裕はない。また，雑誌を保存しておいても，実際にニーズが発生する時期が 5 年後だったとしたら，それらの記事はほとんど役立たない。

自分あるいは家族が今現在悩んでいる病気を除き，さまざまな疾病に関する最新の知識を幅広く日々仕入れていくことは大変な労力を要する。がんならがんだけでもたくさんの数にのぼる分野ごとに，直接のニーズがない状態で，現時点における最適受診先を意識して生活している人は珍しい。怪我や病気の種類ごとの治療提供者について，日々変化する情報を取り揃えておくことは，消費者にとってきわめて投資効率の悪い努力と言える。つまり，流布している情報を元に消費者が専門医療を探す仕組みは，患者本位どころか，人々に無駄な労力を投じさせるに等しい。もっとも，情報が存在し，流通する，ないしは増えることの意義を否定するつもりはないが。

患者による医療提供者の選択は，流通する情報量が増えれば，それで答えが見つかるタイプの課題とは異なる。そもそも医療は，提供者と利用者の間に情報の非対称性が存在するからこそ，情報をもち，判断できる医療者に対してその能力の発揮を求めるサービスなのである。企業と機関投資家は，投資先の決定について，同等の判断・実行力を持つと想定されているので，財務情報の開示が意味をもつ。開示された情報を用いて，投資家は資金運用を委託する。しかし，医療について，一般住民が医療提供者と同等の情報量・理解と判断，さらに手術や投薬判断等にかかわる実行力をもつとは考えられない。われわれは医療者に，自分の健康に対する努力の一部，状況によっては全部を委ねざるをえない。ゆえに医療サービス提供者は，高い行動規範を要求されている。

ただし，判断力を高めた消費者が，公開される情報量の増大に応じ，自らの責任において物事を選択する方向は，社会のあり方として当然である。ここでは，情報量増加だけでは問題は解決しない，というあたりまえの指摘を強調しているにすぎない。

4.5 診療報酬

4.5.1 さまざまな診療報酬形態

診療報酬は，医療提供に要する費用を補填する方法の一形態である。より一般的に見ると，医療機関の運営費用 (人件費・資本費・材料費等) を賄うためは，どのような資金配分方法がありうるだろうか。その方法は以下の二種類に大別できる。

① 提供者に配分される資金額が期首に決まっており，期中になされる各回の医療サービス提供には連動しない形態

② サービス提供 (支払いのユニットを何にするかは多様) に応じて提供者が収入を得る方法

前者の代表例としては，期間あたり予算方式(類似例では保健所や消防署を考えればよい)と，登録住民人口数などに比例する同じく期間あたりの人頭払い(capitation)が挙げられる。近年ではケースミックスを反映した予算方式で運営される欧州の公立病院では，大体のところ入院ごとの収入を伴わないか，もしくはきわめてその要素が少ない。人頭払いは，イギリス国営医療制度下の開業医[39]，およびHMO[40]と契約している米国プライマリケア医に対する支払方式として知られている。

後者の「サービス提供に連動する収入」は，患者に選ばれた医療機関がサービス実行後に(大体のところサービス提供量に比例して)獲得できるので，広義の出来高払いに分類すべきである。いずれも公定単価と自由価格の双方が考えられる。この広義の出来高，すなわちサービス連動型収入は，さらに実費償還制，狭義の出来高払い，および包括払いに分けられる。

Cost Reimbursement

アメリカ合衆国でメディケア発足以来1983年まで病院に対して適用されていた実費償還制である。病院で発生した費用を一定の計算方法に基づいてコストリポートにまとめ，メディケア事務代行者に提出すると，それに基づいて費用が償還された。しかも資本利益率まで償還に含まれていた。これは医療費を増大させる強力なインセンティブシステムであった。実費償還制の下では，非効率で無駄かもしれない設備の費用もコスト計算に入れられたので，アメリカの病院は積極的に投資行動を展開し，いまわれわれが見るような近代的施設に急速に変貌していった。

狭義の出来高払い

日本の診療行為別単価方式や米国メディケア[41]のRBRVS[42]を代表例とみ

---

39 National Health Service に属する General Practitioner およびそのグループ。

40 Health Maintenance Organization：マネジドケア型保険プランの一形態。

41 主に勤労世代の拠出で賄われる公的な高齢者医療制度。保険原理を内包した設計ではなく，わが国の老人保健制度と同様，厳密な意味の保険とは呼びがたい。入院にかかわるホスピタルフィーを給付するパートA，医師報酬と病院外来医療費を給付するパートB，HMO加入を選択した高齢者のためのパートC，外来医薬品費の一部を負担するパートDからなる。

なしてよい。医療倫理に従うとの前提の下で，貢献利益が存在するかぎり，行為別単価方式は診療行為数を多くする誘因となる。ただし，1行為当たりのコストを引き下げるインセンティブも伴うことも指摘できる。

包括払い

利用者ごと(および疾病群別・重症度別・要介護度別など)に一日，一月，もしくは一件あたりなどを支払対象サービス提供のユニットとする方式を包括払いと呼ぶ。包括払いの中でも，1日当たり単価方式は，1日当たりの行為数を減らし，患者を長く在院・来院させるインセンティブが働く。わが国の急性期入院にかかわるDPCや入院基本料は1日当たり単価方式をとっているので，在院日数長期化を防ぐために別の誘因である報酬逓減性が強化されてきた。

1件当たり包括払い方式も存在する。メディケアPPS[43]では，DRG[44]ごとの資源投入量，すなわち一種の原価を反映した支払額が定められている。インセンティブをキー・コンセプトとする経済学の見方では，これも広義の出来高払い制の一種に含まれる。医療機関は，固定費を回収するために少しでも件数を多くしなければならないし，DRGの分類も，受診後の治療パターンによって変わるからである。

医療分野に詳しくない人は，しばしば「1件当たり包括払い方式にすれば，医療機関の行動が変わり，医療費が安くなる」と考えるケースが見られるが，DRGによって医療の質が向上したとの研究報告はあっても，DRG/PPSによって医療費が安くなったという証拠はない。診療報酬が1983年に変わってからも米国の医療費は高騰を続けた。「包括払いによる医療費抑制論」は，DRG/PPSが広義の出来高払い制に含まれることを理解しないための間違った想定と言えよう。

---

42 Resource Based Relative Value Scale。メディケアからの医師報酬支払いに用いられている一種の点数表＝行為別単価指標。

43 Prospective Payment System。サービス終了以前，取り分け入院中に，診断群が確定次第，病院が後に受け取る金額が前もって明らかとなる診療報酬算定方式。

44 Diagnosis Related Groups。ケースミックス分類の一つ。現在では，米国内でも世界でもいろいろなバリエーションがある。

日本の診療報酬制度は，ここまでの記述から分かるように，医師の診療行為(処方や手術等) と医薬品代は出来高，初診料・再診料・訪問看護ステーションからの訪問は一回あたり，入院基本料とDPCは一日あたり，各種の指導管理料等は一月あたり，退院に伴う指導は一件あたりと，支払いのベースとなるサービス提供のユニットにはさまざまな単位が用いられている。いずれも，原価の反映は部分的に考えられているもの，どの診療行為や診療科目を奨励したいか，逆に何を抑制したいかにかかわる政策誘導の観点によって点数が決定されるとみなしてよい。

4.5.2　混合診療について

混合診療を主張する論議の出発点を整理すると，大きく分けて4つになる。

① 新しい医療技術・医薬品・患者対応・医療機関運営上の課題解決策などに要するコスト補填：予算制約打破論

② 大都市部急性期医療機関経営の苦境：上乗せ価格待望論

③ 新自由主義・市場経済原理論：混合診療全面解禁論

④「外国で使われているのに日本では新しい薬が使えない (薬価基準未収載・医療保険未適用)」：患者救済論

①は，新しい医療技術や医薬品，患者のための説明と同意に要する費用，医療安全のコストやICT化コストなど，様々な項目を医療保険制度からの給付対象にしてほしいとの要求である。保険給付項目への収載要求は山のようにあるのに対し，予算制約のため，採用は常に競争となる。その結果，どうしても収載されない要求が残る。それらを混合診療として認めよとの主張がこのジャンルに属する。

②は，医療費抑制ゆえに急性期病院の経営が大都市・地方を問わず苦しい現状を訴える声のうち，「大都市部は人件費水準の問題などで経営が苦しい一方，患者の支払い能力に期待できるから混合診療を認めよ」との要求である。これは自由診療との組み合わせ論ではなく，価格の上乗せを認めるべきとの意味になる。混合診療論全体について言えるが，保険外負担によって医療費を賄えると財務省が判断すれば，公的医療費を抑制する動きが強くなり，政策的に悪い影響を受けてしまう。また，自分のところさえ良ければ後は無関

心な医療機関は，日本全体の連帯の仕組みによって社会保障制度と医療システムが支えられていることへの視点が欠けていると言わざるを得ない。

③は，かつての規制改革会議が主張していた。他方，経済財政諮問会議は混合診療について，「保険診療と併用できる保険外診療の範囲はルールを明確にし，範囲拡大の影響を検証しながら患者の立場に立って拡大」と主張した。

④は，一番深刻な要求と言える。「外国で広く使われている薬なのに日本では薬価収載されていないために使えない。医療保険が適用されるまでの間は混合診療を認めて欲しい」，が代表である。このカテゴリに関しては，稀な実験段階の例は別として，新しい医療技術や医薬品には保険外併用療養費制度(先進医療制度等) の活用で対応がかなりの程度工夫されてきた。

以上のうち，主に③に相当する混合診療解禁推進派は，「公的保険を超えた国民需要がある」と唱える。しかし，これは，一部についてあてはまる「公的保険を超えた需要がある」というステートメントを「国民全般」へと誇大表示した表現である。「欧米 (のどこか) ですでに認められているのに日本の医療保険に収載されていない医薬品に対する需要がある」のように，特定の例を挙げる非難はやさしい。制度が機能しない例外事例を拾い，「この通り現行の仕組みは悪い」と一般化して攻撃する戦術は，大体のところいかなる制度や政策に対しても用いることができる。とはいえ，確率的には存在しうるマイナスの事例や短所を理由に全体を否定する帰納論は，論理的に正しくない。新しい技術，先端医療は，混合診療で対応するのではなく，技術の安定性が確認でき次第，速やかに (必要なら先進医療・高度先進医療等の評価療養制度適用段階を経て) 医療保険に取り入れるべき，が正しい答えなのである。

上述したように，患者側が自主的にリスクをとる選択のうち，普遍的技術とみなせる段階には至っていない実験的医療であるがゆえの「混合診療」に関しては，一定の方向がすでに示されており，その活用でかなりの部分が対応可能である。いわば管理された混合診療である。

これに対し，「支払能力を持つ人のみが良い医療を受ける」混合診療は話がまったく異なる。「現状の保険給付では満足できず，上乗せ払いを行っても(払わせてでも) 優れた医療を受けたい (提供したい) 人がいる」は事実だろう。ただし，それらの人々が，「他者 (あるいは隣人・同僚) は水準の低い医療でも構わない」と考えるかどうかによって，大きな違いが発生する。

「私は優れた医療を受けたい」「私は最新の医療を提供したい」は，「同じニーズをもつ他者も良い医療を受けるべきである」，ないし「他者も良い医療を受けることを否定しない」という社会観と必ずしも矛盾せず，保険制度への収載要求に転化しうる。しかし，「私だけが優れた医療を受けたい」「混合診療差額を払える人だけに進んだ医療を提供したい」は，「他者が同じニーズをもっても金がなければその権利がない」に等しく，階層医療を是認する主張である。

2つの考え方の距離は，社会の安定にかかわる理解とセンシティビティの差に他ならない。以上の記述から明らかなように，混合診療問題の本質は「新たな財源」や「実験的医療との組み合わせ」「患者の選択肢増大」ではなく，「私だけが得をしたい」という考え方と価値財提供システムの親和性の有無，すなわち社会的共通資本にただ乗りした階層医療の是非にある。言わば，この国に望む「社会の姿」に関する認識の違いを端的に表しているのである。

4.6 生活保障と医療

4.6.1 就業保障と社会保障

生活保障の第一の要素は就業保障，給与生活者にとっては雇用保障，やさしく言えば働く機会の確保に他ならない。自営業者も給与生活者も，生きる糧を獲得するためには就業の場が必要である (なお勤労による所得をあてにしていない，つまり就業保障など不要な，配当や地代などの財産所得だけで暮らせる資産家や，隷属民の労働成果を収奪していた近代以前の領主・貴族層などにはこの議論はあてはまらないが)。さらに，現代人は働くことを通じて社会参加感，自己実現感を得るケースも多いと思われる。現代社会の勤労者にとって，生活を保障する何より大切な項目が就業保障・雇用保障であるとの理解は難しくないだろう。

しかし就業保障だけでは，通常の日常生活では発生しない大きなリスクに直面した際には備えが不十分である可能性が高くなる。失業はそれだけで貧困と直結しかねない。疾病・けが・要介護状態・労働災害などの場合は，対応する手段たる診療や介護サービスを利用するには貯えが足りない恐れ，もしくはその時は何とか支払えるものの蓄えた富を失って貧困化する恐れがあるためである。

犯罪や火事などのリスクに対応する社会装置としては，(主に金銭面にかかわる生活保障概念とは別体系の) 公共サービスの一環である警察や消防も存在するが，ここでは生活保障の第二の要素としての社会保障制度を解説しよう。

公的年金を除く社会保障は，警察や消防と同じように，使う必要性に直面しなければ使わなくてもよい。この点は就業保障とは異なるものの，現代社会になくてはならない要素とみなされている。社会保障制度は，その機能が役立つ——基本的に好ましくない——事態に遭遇しても，金銭負担ゆえに貧しくなることはないという安心感を与える仕組みだからである (ただし，公的年金が与える安心感の対象は長寿という喜ばしい事態で，他の不幸な事態とは違っているが)。

社会保障制度が機能するなら，個々人が様々なリスクに備えて膨大な貯蓄をしなくともよいことになる。リスクに対応する費用が必要になった人だけを対象に給付される金額を，確率で割り戻して社会全体で広く薄く負担すれば済む。

しかも，一般にリスクに出会う可能性が相対的に高い社会的弱者に対し，その確率に応じた負担[45]を割り当てるのではない。リスクに直面する確率とは無関係に，家計ないし個人の所得等の経済力に比例した負担方式が取られている。その結果，弱者が守られるだけでなく，社会の安定 (あるいは安寧) が守られるという二重の意味で，社会防衛目的を果たしている。

4.6.2 社会保障の機能

社会保障制度は，人類の文明史 7,000 年の中ではきわめて新しい，まだ 150 年にならない統治ツールである。『はじめに』で触れた，ドイツ帝国形成を主導したプロイセン首相ビスマルク以来，社会保障制度が目指していた，そして今でも目指している機能は，キリスト教会などが持っていた，貧しくなったら救う「救貧機能」とは違っている。貧しくなることを防ぐ「防貧」とい

---

[45] 私保険の保険料算出方法である。

う，先に説明した新しい目的である。ホームレスに対する炊き出しは救貧策なのに対し，勤労者の家族が病気になろうと，親が要介護になろうと，その対応に要する費用の負担ゆえに貧しくなる事態を防止する機能に他ならない。ゆえに受給の際に貧困が条件にならず，基本的にニーズに応じて普遍的に給付される。その結果，仕事も続けられ，雇い主側としても生産性が保て，技術が伝わることになる。何より社会の安定が図れる役割を果たしてきた。

ただし，人類が迎えた未曾有の高齢化という新たな時代環境化で，20 世紀型の社会保障体制で増え続ける費用をいかにコントロールし，負担していくかという課題にわれわれが直面していることは周知の通りである。

4.6.3 規制改革をめぐって

2000 年代初頭には，わが国の経済・社会のさまざまな分野で規制改革が論じられた。「民でできるものは民で」，また「官製市場の民間開放」などのスローガンが代表であった。たしかに，それ自体は適用分野を間違えなければ尊重すべき考え方と評してよい。ただし，規制改革や構造改革を「政府の関与を減らし，市場経済原理――利益動機にもとづく行動を前提とする資源配分方法――を用いる方向」とのみ解釈することは誤り，もしくは矮小化と考える。

大部分の経済活動にとってそれは正しい主張なのかもしれない。しかし，市場経済が望まれる機能を発揮するためには，関係者による市場規律遵守の姿勢に加え，市場機能を活かすしっかりとした社会基盤が必要となる。その社会基盤を構成する国家・コミュニティ・家族などを健全に維持するには，医療や介護などのかぎられた分野において――市場経済機能を補完する――諸制度が大きな役割を果たす。医療に対する市場経済のストレートな適用が悪影響を生むことが早くから理解されていたからこそ，経済先進国では，厳しい行動規範を求められる専門職集団と非営利・公益主体を中心とする提供体制，および医療保障制度を構築してきたのである。だから，医療分野ではサービス分配および資源配分[46]が市場経済的な分配・配分とは同じではない

[46] 分配 =Distribution，資源配分 =Resource Allocation

現状は，上位目的に近づき，成果が現れる方向に制度・体制が機能した結果と理解すべきである。

したがって，「医療分野は過剰な規制が残る官製市場だ」「(患者のもつ経済力の違いを治療方法と成果に反映させるタイプの) 混合診療を導入せよ」「市場経済の推進者である株式会社が開設する病院も公的保険の対象とすべき」などの意見は，医療制度の目的からして論理矛盾の主張を唱えていることになる。医療にかかわる規制改革は，利用者の長期的ニーズに応えるシステム作りを図り，それを支える同じく長期に持続可能な保障制度と提供体制の設計が主目的でなければならない。

同じくわが国の医療について，近年次のような論争が戦わされた。それは，一部の新自由主義市場経済原理派が「医療費総額がいくらになるかは政策課題ではない。保険制度が負担する医療給付費とそれに伴う国庫投入分がコントロールできればよい。患者負担による医療分野の拡大は産業として好ましい」と唱えたのに対し，社会保障制度の働きを重視し，それを守ろうとする側は，「患者負担のこれ以上の増加は今でも起きている受療格差をさらに大きくしてしまう。支払い能力による受療格差拡大は医療保険制度が果たす機能を低下させる。保険料を納めていても，受療時に保険一部負担に加え，上乗せ払いをしなければようでは保険料納付率に著しい悪影響が及ぶばかりか，社会保障制度への信頼を損ね，社会安寧の基盤を弱めてしまう」と反論した論争である。

ところで，前者，すなわち公的医療費と医療費全般の分離論の主張について，賛成派も反対派もこれを米国流と解釈した議論の展開が多かったように感じられる。しかし，米国の経済社会を理解する人なら想像できるように，アメリカ社会は医療サービス利用にあたって，必ずしも消費者の自助を常に重視しているわけではない。マイケル・ムーアの映画『シッコ』が描写するように，「貧しい人が受療にあたり大変な目にあっている」ことも，一定程度事実ではあるが，アメリカの医療の姿は，日本の市場経済原理主義者が唱える「公的医療はセイフティネットにとどめ，それ以上は私的保険で医療費が増えてもよい」といった姿ほど単純ではない。また，「アメリカの医療費の過半は私的保険経由である」との理解も誤りである。

メディケアとメディケイド[47]を合わせた金額は，人口の違いを調整しても日本の国民医療費 (医療給付費より大きいことに注意) より多いばかりか，民間分を含めず，2 つの公的制度からの医療支出だけをアメリカ GDP と比べた比率も，日本の国民医療費全体の対 GDP 比より高い。

さらに米国医療では，私的な助け合いも機能している。6,500 万人の無保険者は医療サービスを受けられないわけではない。患者が道端に捨てられるなどのエピソードには事欠かないし，マイケル・ムーアも，エピソードを上手に捉えて映画にしているが，多くの無保険者も，公立病院のみならず，慈善医療の対象者として少なくとも救急医療と入院医療を受けることができるケースが多い。また，経済的成功者や企業が大きな額の寄付を医療セクタに対し行なう例は珍しくない。

加えて，私的保険，およびメディケアとメディケイドに対し，それぞれの対象者に要した費用を医療提供者が請求する際，無保険者その他の貧しい人の減免医療費をもぐりこませる，いわゆる『コストシフト』がなされていることも知られている。その分をカットしようとする保険者との価格交渉によって削られるとはいえ，暗黙のうちに自助と公助の仕組みの中に互助がビルトインされているのである。

日本型の新自由主義者は，表裏双方の互助がわが国ではほとんど存在しないことを無視し，「医療保険給付を抑制せよ」との無理な主張をしているのではないか。他方，それに反対する論者も互助の機能を見落としているのではなかろうか。

おわりに

さて最後に，「患者本位の医療」の意味を改めて掘り下げてみたい。病に苦しむ患者が「何とかしてこの病気を治して欲しい」という願望をもつことは当然で，医療提供者は，その願いに応えるために，能力と資源を最適[48]に用いる努力を行っている。それが患者本位の原点である。しかし，「患者本位」

47　州政府が運営する公的医療扶助制度。州の経済力の弱さに応じて連邦政府財政からの補助が行われている。

48「最適」の意味については 2 節参照。

とは，患者の好き勝手な欲求に従う対応とは違うはずである。

かつての医療における医師患者関係は，「パターナリズム (昔の父親が自分の子を遇したような保護と支配の関係)」が主な形であったと言われることが多い。「信じて任せる」「保護者として患者を守るため (素人である患者には口を挟ませず) 時の医学に応じて最善を尽くす」関係と表せる。半世紀前なら，患者にも医師にもそれが当然と思われていたのだろう。しかし今日の観点からすれば，「患者側が主体的に医療プロセスにかかわれない」「病態や予後の予測を知らされない」「医師に質問しにくい」などの欠点を指摘することは容易である。他方，その反動もあって，近年「患者主権」「患者本位」が誤った理解に基づいて強調されるようになった。特に近年の市場経済原理主義派からは，「医療もまた消費者主権の市場経済化することによって効率化する」との主張も見られた。

行きすぎた消費者主権論，たとえば「医師にせよ看護師にせよ常に患者の主張に従うべきである」「治るケースでも治療を受けたくない患者の意向にも同調せよ」，もっと極端には，「患者が治療プランを書き，医師はそれを実行する技術者に徹するだけでよい」は，いずれも正しくない。これではその患者は尊重されておらず，「勝手に滅びることも消費者主権」に近いと言わざるを得ない。

ゆえに，必要な方向は患者中心ではなく患者ニーズ中心と表わせる。一般消費財，特に財の使用過程そのものが喜び (= 効用) の源泉である享楽のための財と違い，医療では――教育と同様――最適プロセスはしばしば渦中の患者には判断できない場合がある。そこで，最終意思決定は患者の権利であるとしても，プロセスについては「患者の好み・希望」とは異なるかもしれない「患者のもつ客観的医療ニーズ」を元にプランを作ることを確認する必要がある。表面的な「患者満足度」等を気にするあまり，医療行為の道筋を誤ってはならない。

「治す」「維持する」「支える」「癒す」「悪化を予防する」などの医療の目的を果たすためには，「患者と医療者の共同生産」が不可欠となる。その過程では，患者・利用者にとって嬉しくない，場合によっては苦痛を伴う行為を実行するよう求めたり，患者の納得の上で医療者が実施したりするケースもありえる。つまり，両サイドは同じ目的を目指す共同の生産者との理解に立って始めて，対等な信頼関係を築くことができる。そうした信頼関係を基本に，「信頼に支えられた医療」「医療が支える社会」の双方を目指すべきなのである。

公益セクタとしての医療は，「自ら主体的に機能を選択した多様な提供者が地域内に存在し，相談機能を持ったアドバイザーの支援を得ながら，患者ないしその家族が自分の状況に応じて適切にそれらの多様な提供者を利用していく」仕組みをベースに構築されていく姿が望ましい。その時には，複数のサービスが患者の状態変化に合わせて継ぎ目なく連続的に組み合わされ，介護分野と同様に，多職種協働が果たされてなくてはいけない。すなわち，機能分化が連携とセットになった地域完結型医療体制の構築が重要である。

医療経済学がそのためのツールの一つとして活用されるよう望みたい。

参考文献

「医療経済研究」医療経済学会，1994 年創刊以来の各巻号

「医療と社会」医療科学研究所，1991 年創刊以来の各巻号

『医療経済・政策学』(全 6 巻) 勁草書房，2005～

＊＊＊

青木昌彦 (2001)『比較制度分析に向けて』瀧澤弘和，谷口和弘訳，NTT 出版

宇沢弘文，茂木愛一郎編 (1994)『社会的共通資本』東京大学出版会

河口洋行 (2009)『医療の経済学 経済学の視点で日本の医療政策を考える』日本評論社

京極高宣 (2007)『社会保障と日本経済-社会市場の理論と実証』慶應義塾大学出版会

権丈善一 (2001)『再分配政策の政治経済学 I-日本の社会保障と医療』慶應義塾大学出版会

齋藤純一 (2000)『公共性』岩波書店

佐伯啓思，松原隆一郎編著 (2002)『〈新しい市場社会〉の構想』新世社

神野直彦，池上岳彦 (2009)『租税の財政社会学』税務経理協会

中村慎助小澤太郎グレーヴァ香子編 (2003)『公共経済学の理論と実際』東洋経済新報社

二木　立 (2006)『医療経済政策学の視点と研究方法』勁草書房

野村清・田中滋 (2008)『サービス産業の発想と戦略—モノからサービス経済へ』マガジンハウス

八田達夫 (2009)『ミクロ経済学 II-効率化と格差是正』東洋経済新報社

J.E. スティグリッツ，藪下史郎・訳 (2003)『公共経済学』東洋経済新報社

5
環境と経済
——栄養塩と水に関わる資源経済学的考察——

大沼あゆみ

はじめに

経済というシステム(系)は，それ自体で機能する閉じたシステムではない。地球環境に包含され，地球環境と相互に作用しあう開いたシステムである。経済と自然環境は，「採取」と「廃棄」の両面で地球環境と関わる。経済は，財(モノとサービス)の生産・消費を行うところであるが，この経済が活動するためには，地球環境をこれら両面で利用することが不可欠である。たとえば，モノの生産には，原材料や燃料など，自然システムからの「採取」が必要である。一方で，生産過程からは廃物が排出され，大気や水に捨てられる。さらに，生産され消費されたあとには，モノは地球環境に捨てられる。すなわち，「廃棄」も不可避である。このように，経済活動を行うと，地球環境からの採取，および廃棄が必ず起こる。これが，地球システムにストレスをかけ撹乱を引き起こす。ある経済活動が必要とする採取も廃棄が，自然の再生の範囲であるならば，その経済活動は持続可能である。しかし，再生能力を超えたストレスを与えれば，やがてその経済活動は維持できなくなってしまうであろう。

無数にある経済活動の中で，最も重要なものは食糧生産である。この食糧生産には，少なくとも地球環境の二つの点での機能が不可欠である。一つは，水の供給である。水があることで，植物は光合成を行うことが出来るのである。大まかに言って，地球上の水は，大気の運動を通して，海洋から蒸発した水分が陸地に降り注ぎ，陸地で吸収されない部分が河川を通して海洋に流入するという形をとっている。たとえば，日本の夏の水蒸気は，インド洋や太平洋から，モンスーンの西風や貿易風を通して補給されている[1]。このように，利用する水は地球規模のメカニズムで海洋から調達されている。

また，陸域の水循環は，森林により大きく影響を受ける。水循環は，大別すると，降水過程，流出過程，蒸発過程と捉えられるが，特に流出過程と蒸発過程に森林は大きく関わる。降雨は，一部が樹冠に受け止められてやがて蒸発する。残りの部分は，森林土壌内に浸透し，それがやがてゆっくりと流出する[2]。したがって，安定的に河川で水を利用できることに対しては，上流の森林の存在が大きな役割を担っている。これは，生態系サービスのうちの「供給サービス」として知られている。

食糧生産にとって，もう一つの重要なものは，栄養塩の循環である。栄養塩は，生物が正常の生活を営むのに必要な塩類のことを指し，一般の植物では体を構成する主な元素である炭素，水素，酸素，窒素，硫黄，リン，カリウム，カルシウムおよびマグネシウムがそうである[3]。これらは，大気・陸・海域を，生物を通して循環している。たとえば，窒素は，大気中に大量に存在しているが，窒素は，自由生活の細菌，根粒バクテリアおよび藻類などを通して地中に固定される。また，生物体内に蓄積された窒素・リンは，生物が死ぬと，土壌生態系の働きにより分解され，地中に蓄えられる。これを植物が吸収することで成育するのである。

人間は，長い間，生態系の一部として組み込まれ，栄養塩の循環の範囲内で食糧調達を行っていたため，自然に対する撹乱はごく小さいものであった。食糧調達は，自然が提供する動物と植物を，栄養塩を含めて再生可能範囲内で採取することであり，その意味で，地球システムは人間活動によって大きなダメージを受けることはなかった。しかし，食糧生産の規模が大きくなるにつれ，人間は地球システムを大きく撹乱するようになった。特に，人口の

---

[1] 太田他編 (2004)，p.29。
[2] 太田他編 (2004)，p.241。
[3] 八杉他編 (1998) による。

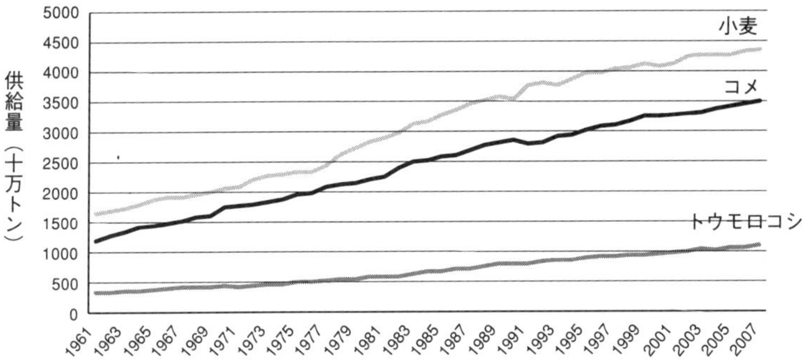

出所：FAOSTATより著者作成

図 5.1　主要農作物の世界供給量

規模が拡大する中で，食糧需要は大きく増大している[4]。それを反映して，農作物の生産は増加している。図 5.1 は，コメ，小麦およびトウモロコシの生産量の変化を描いている。

食糧生産のこのような増大を支えているのが，膨大な栄養塩と水の採取と廃棄である。これらの現状を観察し，生じている問題を解決することは，今後の世界の食糧生産を維持する上で，きわめて重要である。

本章では，このように栄養塩と水に焦点を合わせ，採取と廃棄の問題を捉える。そして，持続可能性の立場から，これらの問題に対処する代表的な経済政策を考えていく。

5.1　食糧の生産に関わる栄養塩と水の現状

本節では，人間が食糧を必要とする仕組みを説明し，それをもとに持続可能性に言及する。

5.1.1　光合成と栄養塩

人間を含め，すべての動物は生存にエネルギーを必要とする。このエネルギーは，もともとは太陽エネルギーである。太陽エネルギーが光合成により

[4] 世界の人口は，今世紀にすでに 9 億人増え，現在 69 億人である。2050 年には 90 億人に達すると予想されている。

利用可能となる。光合成は，藻類と高等植物においては，

$$CO_2 + 2H_2O \rightarrow CH_2O + H_2O + O_2$$

と二酸化炭素と水と光エネルギーにより，炭水化物 (糖) が作られ，水と酸素が放出されることを表す。炭水化物にエネルギーが貯蔵されている。炭水化物は，植物を摂取した動物が，呼吸により酸素を使用して分解することで，エネルギーとして利用することができる。同時に，水と二酸化炭素が排出される。

単位面積当たりで，年間に植物が生産する光合成によるエネルギー (あるいは有機物乾燥重量) を一次生産という。またその総量を総一次生産と呼ぶ。総一次生産のうち，植物自身の維持に必要なエネルギーを引いた量を，純一次生産 (net primary production) と言う。Vitousek et al. (1986) は，現在地球上で生産される純一次生産の 1/3〜1/2 が，人間によって採取されていることを推計している。

ところが，このエネルギーだけではわれわれは生きていけない。動物体を構成する要素が必要だからである。さらには，動物が摂取する植物体を作る要素も必要である。これらは，無機栄養塩と呼ばれるもので，窒素，リン，カリウム，カルシウム，マグネシウム，鉄などである。植物は，こうした栄養塩を土中から吸収することで成育する。特に，三大栄養素と言われる窒素，リン，カリウムはきわめて重要である。本論では，特に稀少性の高い窒素とリンを取り上げる。

窒素は，大気中に存在している。この大気中の窒素は，降雨によっても供給されるが，多くは特定の生物に寄生していない自由生活の細菌，マメ科植物と共生する根粒バクテリア，藻類など生物によって固定され，アンモニアや硝酸に還元される。光合成を行うほとんどの植物は，吸収したアンモニアや硝酸を同化して蛋白質・核酸などをつくる。一方，動物のほとんどは，こうした無機窒素化合物を同化することができないので，植物を食べることで有機窒素化合物を摂取する[5]。これに対して，リンはおもに陸上の岩石や堆積物に含まれ，浸食によってリン酸塩が土中に供給され，植物によって吸収さ

[5] 八杉他編 (1998)。

れる。

窒素もリンも，地球システムの中で循環が行われている。動物が死んだり，植物が枯れたりすると，その中に含まれている栄養塩は，土壌微生物により分解され，再び植物に吸収される。土壌生態系は，生物遺体を分解する役割と，分解された栄養物を循環させる役割を果たしている。

一方で，栄養塩は土壌中から河川に流出し，海洋に流入する。河川や海洋の栄養塩は，水生生物により摂取される。海洋に流れ込む河川流域に栄養塩が豊かな森が存在すると，河口の海の漁場が豊かになりやすいのはこのためである。こうした過程で，窒素の場合は，陸上生物群集と水生生物群集での循環の中で，脱窒素細菌によって大気中に再び放散される。リンの場合は，最終的に，多くが海洋底堆積物として蓄積される。きわめて長い時間をかけて，海洋底が隆起し陸地になると，リンは再びリン鉱石として陸上生物に栄養塩を提供するようになる。こうしたリンの循環のサイクルを見ると，生態系の中での循環と，地球システムの中での循環があることがわかる。後者は，そのサイクルに何億年ともかかるものであるため，使用したリンが海洋に流出してしまえば，一部を除いて陸上には付加されない。したがって，陸上のリンは人間社会にとっては本質的には非再生資源とみることができる。

5.1.2 人間活動による撹乱

人間が，食糧となる植物を計画的に生産しようとすれば，光合成のための水と光，成育のための栄養塩を継続的に供給する必要がある。人間は，光が豊富な場所で灌漑農業を行い，肥料を開発することで，農業生産を行ってきた。灌漑農業は，河川や湖沼を利用して行われてきた。また，水が利用可能でないために，かつては農業を行うことが不可能だった場所でも，技術進歩により地下水を利用して農業生産が行われるようになった。たとえば，スプリンクラーにより散水できるようになると，傾斜面であっても農業生産が可能となった。

肥料は，動物の排泄物や草木など有機物が用いられてきたが，19 世紀に南米探検から帰ったフンボルトにより，無機物であるチリ硝石 (硝酸塩鉱物) とリン堆積物であるグアノの有用性が報告されると[6]，ヨーロッパで用いられるようになった。また，同世紀にドイツのスタッスフルトでカリ鉱床が発見され，鉱石を肥料として利用することが定着した。

20 世紀に入ると，ハーバーとボッシュにより，ハーバー・ボッシュ法と呼ばれる空気中の窒素を水素と反応させてアンモニアを合成する方法が開発された。これにより，工業的に窒素肥料を生産することが可能となった。一方，リンは，窒素のような合成方法は発見されておらず，工業的にはリン鉱山から採取されたリンを原料としたリン酸塩生産が行われている。

5.1.3 水と肥料の過剰利用が引き起こす問題

人口の増大を背景にして，食糧生産は増大している。事実，世界農業食糧白書 2008 年版 (図 33) によれば，世界全体の農業総生産は，1990 年を 100 とすると，2006 年には 140 に増加している。そのため，生産に必要な水と肥料に対する需要も増大している。これらの需要増大は，さまざまな環境問題および政治問題を引き起こすと考えられる。以下では，水利用と肥料の利用のそれぞれについて，こうした問題を見ていく。

水の過剰利用

今日，世界で用いられる水の約 7 割は農業用水であり，工業用水と生活用水はそれぞれ 2 割と 1 割である[7]。したがって，農業生産の増大は肥料需要だけではなく，同時に水需要を増大させることがわかる。これによって，深刻な水不足の問題が指摘されている。人口増大により，工業用水と家庭用水の需要増大に加えて，農業用水の需要増大により，水の使用量が高まっており，2025 年までに約 40 億人が高い水ストレスに直面すると予想されている[8]。

---

[6] これらは海鳥の糞がたい積したものが化石化したものである。これらの歴史的説明は，高橋 (2004) を参照。

[7] 国土交通省 (2010) 第 10 章。

[8] 水ストレスを表す指標の一つとして，人口一人当たりの最大利用可能水資源量が用いられている。この概念に基づく水ストレスを表す数値は，年間一人当たり 1,700 m^3 であり，これを下回ると水のストレス下にあるとされる。さらに，1,000 m^3 を下回るならば水不足の状態にあるという。この指標に基づき，現在約 7 億人が水ストレス下にあると推測されている (国土交通省，2010)。

水循環の中でわれわれが使用できる水は，地表水としては，主に河川や湖沼に存在する。黄河やアラル海で，深刻な水の枯渇の問題が生じているのは，灌漑需要の増大による水不足の深刻化を象徴するものである。他方，もう一つの重要な水供給源である地下水も枯渇が進んでおり，アメリカのオガララ帯水層では涵養を超える取水が行われている[9]。

以上のように，水資源が高い稀少性を持つようになれば，水の利用をめぐる対立が起こる。歴史的に，利用をめぐるこうした対立により，利用権 (水利権) が生じることになった。代表的な水利権は，沿岸水利権 (河川流域の土地所有者に与えられるもので，他の流域土地所有者の妥当な水利用を妨げない限り認められるもの) と慣行水利権 (河川流域外であっても，歴史的に取水が認めらるもの) である。このような権利の賦与により，非水利権保有者を排除することが正当化されるが，取水できないもの，あるいはより多く利用したいものの要求の高まりを緩和することはできない。緩和は，水資源の再配分によって行うことができる。

経済的手段で有効性の高いものの一つは，水の取引市場を設けることである。定められた水利権に対して自由な取引を認めることで，取水者間での水の稀少性の差異を縮小することができる。なぜならば，稀少性の高い者が低い者から購入することが結果的に起こるからである。インフォーマルな水の取引は，南アジアなどの，水不足が顕著な国々で行われてきた。これに対して，チリとメキシコは，国家的に確立された水の取引制度を有していることで知られている。アメリカでも，カリフォルニアなどの西部の州には独自の水取引の制度が存在している。

チリでは，水利権は一般に土地に付随するものではなく，水の使用者に無料で与えられており，また，その権利は自由に売買や貸与が認められている。水利権の取引は，排出権の取引と同様に，水配分の効率性を向上させることが期待されている。実際，チリに関してエルクィ・ヴァレー (Elqui Valley) やリマリ・ヴァレー (Limaí Valley) などでの水取引による経済効果が試算さ

---

[9] 地下水の分析については，Brown (1974), Gisser (1983), Provencher and Burt (1993) などがある。また，水資源の経済分析の包括的な紹介は，Becker, N., N. Zeitouni and D. Zilberman (2000) や Easter, Rosegrant, and Dinar (eds.) (1998) を見られたい。

れている。さらには，水の取引により，チリ全体で農業生産が拡大したと指摘されてもいる。しかし，水取引によるもう一つの重要な効果は，水確保のための巨大投資を必要とする設備—たとえばダム—の建設を不要にすることであろう。チリのラ・セレナ市では，水取引により，水使用の 28％ を近隣の農民から購入することができるようになり，政府は計画されていたダム建設を延期できることになった事例がある[10]。

しかしながら，河川は一つの国のみを通過するわけではない。今日，供給される淡水の 40％ 以上は，複数国を通過する (あるいは複数国に面する) 国際河川から取水されている。国際河川では，その水利用に関する上部機関は存在しないので，流域国に水利権が明確に定められているわけではない。流域国間で水利用についての協調的な合意が形成されなければ，水利用をめぐる上流国家と下流国家の間のトラブルが起こる。実際，こうしたトラブルは歴史的に起こってきた[11]。

オレゴン州立大学の研究機関である Institute for Water and Watershed は，263 の国際河川について，1948 年から 2005 年までに起こった国家間の相互作用である 1,831 の事例を調べている。そこでは，国家間の相互作用を，−7 から +7 までの対立や協調の程度を表す指標 (Bar Scale) で分類している。それによると，67％ (1,228 例) が協調的であった。一方で，28％ (507 例) が対立的，また，5％ が中立的であった。国際的水条約に至るなどの非常に高い協調的な事例は 157 あった。一方で，広範な戦闘状態をみたものは 21 ある。1/4 以上の事例で対立的な関係が生まれてしまっていることは，こうした協調の潜在的利益を捨て，場合によっては戦争という，様々な面で費用をもたらす状況まで生み出していることになる (Yoffe, et. al, 2003)。

また，同機関の調査によると，こうした相互作用は協調的事例にせよ対立的事例にせよ，近年増加している (図 5.2 参照)。これは，水の稀少性が高まってきていることを示していると考えられる。この観点からも，河川における

---

10 以上の水取引の現状の説明は Thobani (1998) に依っている。

11 近年では，メコン川の水利用をめぐって，下流のベトナム，タイ，ラオス，カンボジアと，メコン川を利用して複数のダムを持つ上流の中国の間で，こうしたトラブルが見られる。下流の水位低下を中国のダムが原因とする下流国に対し，中国が反論している (朝日新聞，2010 年 4 月 3 日朝刊)

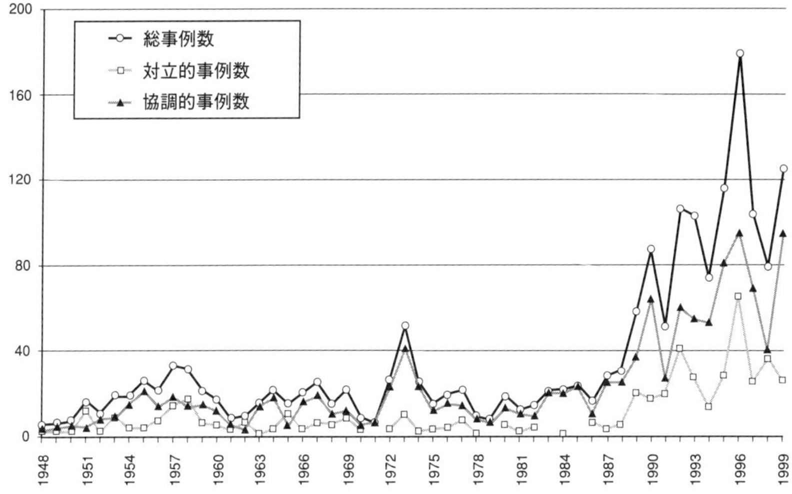

出所：Yoffe, Wolfe, Giordano (2003)

図 5.2　国際河川において発生した事例の数

水資源配分の問題はますます重要になりつつある。水節約的な灌漑方法の開発などの技術的な対策と同様に，適切な経済的手段を選択することの重要性は大きい。本論では，これらの経済的手法を分析する。

栄養塩の過剰利用による問題：水質汚濁

肥料の過剰利用によって，いくつかの深刻な問題が発生する。一つは水質汚染の問題である。河川，湖沼および内湾の水質汚濁の大きな要因は，農業で使用された肥料である。水質汚濁は，農業で散布された肥料が河川等に流入し，富栄養化と呼ばれる現象が起こることで生じる。

富栄養化は，肥料中に含まれる窒素・リンを摂取することによって，流入水域が植物プランクトンの発生に理想的な環境をもたらすことで，藻類が大量に発生する現象を言う。この結果，水域は高密度の植物プランクトンに覆われてしまい，大型水生植物および付随する無脊椎動物が消滅してしまう[12]。この大量に発生するプランクトンが，赤潮と呼ばれるものである。そして，

[12] Begon (1996)，邦訳 p.902。

この植物プランクトンが死滅して推定にたい積すると，バクテリアによって分解されるが，この分解にバクテリアが酸素を消費するため，水中の酸素濃度が低下し魚介類が死滅してしまう。また，このとき，水底にたまる貧酸素水塊が嫌気性細菌により分解された硫化水素を含みながら海面に上昇し，酸素と反応して酸化硫黄となった結果が青潮である。青潮は，腐卵臭を発生させる。

このように，肥料の使用による栄養塩の流出は，水域の生態系を劣化させ，漁業等に経済的な打撃を与えることにつながっている。赤潮と青潮の発生の規模は，日射量や水温などの気象条件と関係していると考えられている。そのため，地球温暖化によっても発生の規模や頻度が変化する可能性がある。

栄養塩の流出は，サンゴ礁にも影響を与えることがわかってきた。世界的なサンゴ礁生態系の衰退が報告されているが，この現象の1つの原因は，オニヒトデが大量に発生してサンゴを食べてしまったことによる。なぜ，このようなオニヒトデの大量発生現象が起こったかは不明であったが，サンゴ礁海域に流入する陸上の栄養塩が増加したことが要因であることが最近になってわかってきた。Fabricius et al. (2010) の研究によれば，グレートバリアリーフのサンゴ群集の減少をもたらす原因だったオニヒトデの個体数の増加は，植物プランクトンの量と強い関連を持つことがわかった。植物プランクトンの量は，栄養塩の流入によって変化するので，陸上の農業活動からの肥料の流出と大きく関連していることがわかる。サンゴ礁は，海洋におけるきわめて重要な自然資本である。すぐれた漁場を形成するだけでなく，自然の防波堤を提供し，沿岸地域を災害から保護する役割も果たす。また，海洋ツーリズムにとっても重要な柱となっているので，被害は大きい。

水域の有機物による水質汚濁の程度を測定するいくつかの指標がある (表5.1参照)。いずれも，値が高いほど汚濁の程度が高いことを表す。BOD (Biological Oxygen Demand：生物学的酸素要求量) は，河川水域の汚濁の程度を測定するもので，環境基準として用いられている。日本では，環境保全が要求される河川では1 mg/L 以下 (AA 型)，水浴では2 mg/L 以下 (A 型)，フナやコイが棲息できる環境は，5 mg/L 以下 (E 型) が基準である。一方，COD (Chemical Oxygen Deman：化学的酸素要求量) は，海域と湖沼に用いられ

表 5.1 代表的な水質汚濁指標

名称	単位	対象水域	概要
BOD	mg/L	河川	水中の微生物が水中の有機物を酸化分解するときに必要な酸素消費量を表す。サンプルを，20°C で 5 日間放置したときの酸素消費量。
COD	mg/L	海域・湖沼	サンプルの有機物を酸化剤で酸化させるときの酸素消費量。短時間で測定される。
全窒素・リン	mg/L	海域・湖沼	海域・湖沼に含有される窒素またはリンの量。

出所：八杉他編 (1998) および国土交通省 (2009) より作成。

る。自然環境保全と水浴およびマダイ，ブリ，ワカメ等の水産生物用基準は，2 mg/L 以下 (A 級) であり，ボラ，ノリ等の水産生物用基準は，3 mg/L 以下 (B 級) である。全窒素・全リンは，COD と同様に海域と湖沼に用いられる。自然環境保全では，それぞれ 0.2 mg/L, 0.02 mg/L 以下 (I 型)，また底生魚介類を含め多様な水産生物がバランス良く，かつ，安定して漁獲され，水浴が行われる基準は，0.3 mg/L, 0.03 mg/L 以下 (II 型) である[13]。

図 5.3 は，日本のいくつかの河川での BOD の変化を描いている。大都市の河川の水質は，以前は劣悪であったが，近年著しく改善されたことがわかる。

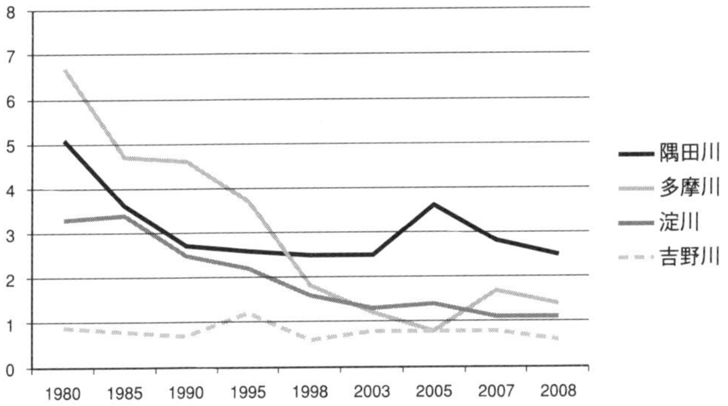

出所：理科年表オフィシャルサイト（国立天文台・丸善）の「日本の河川のBOD」に基づき著者作成.

図 5.3 代表的な河川の BOD の推移

13 「水質汚濁に係る環境基準について」(環境省) による。http://www.env.go.jp/kijun/mizu.html

栄養塩の枯渇問題

農業において，窒素，リンなどの栄養塩を他のもので代替することは不可能である。特に，陸上のリンの量は，補充することはできないので，鉱物と同様，使用が進めば枯渇してしまう。現時点で，リン酸塩の原料になる採掘可能な燐灰石資源は約150億トンであるとされている[14]。一方で，採掘量は，米国地質調査所によれば，2008年には1億6100万トンに上っている。前述のように，肥料として用いられるリンの多くが，河川と海洋に流入するため，これらは回収することができない。人間と海鳥は，海洋から獲る多量の魚を通じて，リンを陸上に回収しているが，その量は年間約6万トンとされる[15]。この量は，使用量を大幅に下回っているため，陸上のリン・ストックの収支としては赤字となる。

今後，リン資源の枯渇の問題が，国際的に大きくクローズアップされる可能性も高い。リンの産出は，その90％が米国，ヨルダン，南アフリカ，モロッコおよび中国の5ヶ国に独占されており，これらの国の政治力を強める可能性がある。

図5.4は，1961年からのリン酸肥料の世界消費量を描いてある。これによると，長期的な増加傾向が読み取れる。中国は肥料需要の増大から，2008年

出所：FAOSTATより著者作成

図5.4 リン酸肥料の世界消費量

[14] 未開発資源を含めると，約620億トンと推定されている (Gilbert, 2009)。

[15] Odum (1983)，邦訳 p.146 参照。

には採取量の増加率をそれまでの年2％から7％に上昇させた。経済的ではない鉱床を含めても，年3％の採取量増加率が継続すれば，リン資源は75年で枯渇すると予想されている。リン酸塩の採取は，2030年にピークに達すると予想されている。その後は，需要が供給を上回る事態が生じる可能性が指摘されている[16]。

リンの稀少性が高まると，どのような経済的事態が生じるであろうか。リンは代替可能性がないため，リンに対する需要の価格弾力性は十分低いものと考えられる。このような状態では，供給量が低落することによる，肥料価格の上昇は大きなものとなろう。また，食糧生産が下落し，農産物の価格も高騰するであろう。特に，発展途上国での貧困層には，食糧危機として大きな脅威となることであろう。

実際，2007年から08年にかけて，原油高騰と中国・インドでの肥料需要増大によって，燐灰石の価格は前年価格の5倍以上に大幅に上昇した (Gilbert, 2009)。これを受けて2008年のリン肥料価格は，2006年価格の2.7倍になった[17]。その後，価格は落ち着きはしたが，この価格上昇はリン価格の需給が逼迫した状況での事態を暗示している。

リンの枯渇を防ぐ，あるいは十分延期させるための方法は，リン酸塩の生産を効率的にすることである。現在，燐灰石から肥料を生産する際，リン酸塩の40-60％のロスが出ているという[18]。より効率的な生産方法の開発は，リン価格が上昇するに従い進むことが予想される。さらに，リン肥料の利用をより効率的に行うことで減少させることである。

特に重要なのは，従来は廃棄していたものから，いつかの経路で回収し再利用を促進することである。一つは，下水処理場の汚泥から回収することである。現在，米国ではこうした汚泥から採取された肥料を販売するまでになっている。日本では，リン鉱石として輸入されるリンの約4～5割に相当するリンが下水道に流入していると言われている。しかし，そのうち約1割だけが活用されているだけである。その意味で，下水道は都市のリン鉱山と呼ばれ

16 The Broaker (2009) による。
17 農林水産省 (2009) の図 I-13 より。
18 Gilbert (2009).

ている。下水道からのリンの回収方法は，様々であり，下水や返流水等から回収する方法，下水汚泥から回収する方法，脱水汚泥から回収する方法，下水汚泥焼却灰から回収する方法などがある。このうち，下水汚泥焼却灰から回収する方法は，リンを回収するだけではなく，最終処分を減らす利点がある。日本では，最終処分場が逼迫しているため，特に効果が大きいと考えられる。この方法の中で，部分溶融還元法と灰アルカリ法の回収が実現されたときの経済性の試算が行われている[19]。費用は，回収を行う施設の建設費・維持管理費に加えて収集経費等を加えたものであり，収入は回収による売却費に加えて自治体からの汚泥の処分委託費が含まれる。収入対費用は，部分溶解還元法では 0.68，灰アルカリ法では 0.3 と，経済性はまだまだ低く，事業化には補助金等でのサポートが必要であるのが現状である。

まだ実用化されていないが，大きく期待されているのが，家畜の排泄物である。家畜の排泄物には，人間の排泄物の 5 倍のリンが含まれており，さらに世界には人間の約 10 倍の数の家畜がいるからである。現在，様々な形で回収技術の開発が進んでいる[20]。

このように，肥料資源としてのリンの確保は，今後食糧安全保障面で重要性を増しつつある。また，肥料原料をめぐる世界の争奪戦も起こり始めている。特に，リン鉱石をめぐっては，豪英資源大手の BHP ビリトンや，ブラジルの資源大手のヴァーレなどの動きが活発化していることが報じられている[21]。このような背景から，肥料資源確保に向けた戦略を構築する必要性を主張する声も現れ始めている[22]。将来的に，優先的に財政支出がなされなければならない問題であることは疑いない。

---

19 財団法人下水道新技術推進機構 (2010) 参照。

20 Gilbert (2009)。たとえば，農業・食品産業技術総合研究機構の畜産草地研究所では，MAP 法による回収技術を開発している (詳しくは，同研究所の web 参照)。MAP 法とは，リン酸イオン，アンモニウムイオンおよびマグネシウムイオンが弱アルカリ性環境下で反応し，リン酸マグネシウムアンモニウム (MAP) を生成する反応をいう。

21 「肥料原料争奪　問われる確保戦略 (上)(下)」日本経済新聞，2010.10.5/2010.10.6。

22 たとえば，日本経済新聞社説「肥料原料の争奪戦に日本も危機意識を」(2010.9.8)。

5.2　面源汚染と経済政策

面源汚染は，環境汚染の重要な一つであるが，経済学で分析され始めたのは，そう古いことではない。面源汚染は，面的な広がりを有するものからの負荷を表す。たとえば，市街地，森林，農地，山林などがそうであり，汚染が土中から染み出すことなどから，汚染者とその汚染排出量を特定するのが困難であるという性質を持つ。また，自然の状況，特に天候によって汚染の量や被害の大きさが異なるという不確実性がある。たとえば，降雨の場合と晴天の場合では，肥料などの汚濁物質の水域への流入量が異なり，さらに気温の水準で被害の大きさも異なる。一方，点源汚染は，標準的な形態の環境汚染であり，工場，家庭，下水処理場などからの汚染を指し，汚染者の特定とその排出汚染量のモニタリングが容易である。その意味で，面源汚染は，不確実性の状況で考えなければならないものである。

面源汚染を制御する手段として，さまざまな手段が考えられている (表 5.2 参照)。税・補助金は，ピグー税の伝統を受け継ぐものであるが，汚染源と被害の因果関係が明確ではなく，かつ被害も不確実であるために，課税水準に面源の特徴が現れる。課税と補助金支出対象は，排出源と環境基準のものがあり，さまざまである。言うまでもなく，課税は課税対象の使用を減少させ

表 5.2　面源汚染制御のための代表的政策

手段	詳細	排出基準	環境基準
税・補助金	● 肥料・殺虫剤購入への課徴金 ● 堆厩肥施用への課徴金 ● 汚染を減少させる投入物あるいは実施に対する費用分担や補助金 ● 穀物農地休耕への補助金	● 栄養塩負荷に対する課徴金 ● 必要以上の栄養塩使用に対する課徴金 ● 土壌劣化に対する課徴金	環境汚染税
数量規制	● 殺虫剤規制 ● 肥料施肥量制限 ● 汚染制御行動の義務づけ	● 栄養塩負荷制限 ● 必要以上の栄養塩使用制限	
市場取引	● 投入汚濁物質の取引	● 排出取引	
契約・債券	● 休耕契約 ● 保全行動あるいは栄養塩管理行動についての契約		
責任	● 過失責任		厳格あるいは過失責任

Shortle and Horan (2001) Table 1 より作成

ることを目的としており，補助金は増加させることを目的としている。対象となるものは，生産活動に直接投入されるものだけではなく，農地の休耕も含まれる。スウェーデンでは，1991-2 年で，肥料に対する税により，15-20％の肥料使用が減少したと推定されている。また，それだけではなく，オーストリアでは，税を導入することが，肥料使用が環境被害をもたらすという認識が拡がったという効果もあった[23]。

数量規制は，汚染制御政策として最も基本的なものである。肥料使用制限はその代表的なものであるが，建築面での規制を行い，汚染物質の流出を制御する方法もとられている。

市場取引を利用して，制御を行う方法では，汚濁物質の排出可能総量を決定し，この量を分割し排出許可証として排出者に配分，さらに汚染者間での許可証取引を認めることが，米国と EU で採用されている。伝統的な排出許可証取引と同様に，汚染排出者に利用を節減するインセンティブを与える。点源と面源間の取引は，面源汚染制御政策における代表的な特徴の一つである。

契約・債券は，米国で採用されている手法で，一定期間，穀物農地を，環境面でより被害の少ない利用法へ転換することにより，その報酬として金銭的な支払を受けるものである。

責任ルールに基づく手法は，米国で関心を引いているもので，過失責任と厳格責任の二つのルールがある。過失責任は，許容された汚濁物質の利用がなされている限りは，責任を問われない。一方で，厳格責任の場合は，基準を超えた環境被害が発生した場合は原則として常に責任が問われるものである。

5.2.1 栄養塩の許可証取引

前述のように，水質汚染に対して取られる政策の中には，栄養塩の使用総量をあらかじめ決めて，各人に割当として配布し，さらにそれを取引可能とする，「許可証取引制度」がある。特に米国では，水質保全に対して，この制度が実際に実施されている。表 5.3 に，経験された取引例がまとめられている。

米国での水質保全政策は，1972 年に制定された清浄水法 (Clean Water Act) に基づいている。この法律は，汚染排出を防止する方策と，水生生物多様性

[23] Pearce and Koundouri (2003) による。

表 5.3 米国における点源・面源間の汚濁物質取引の例

プログラム名	取引源	汚濁物質	主な面源排出源	点源・面源取引比率
チェリー川 (コネチカット州)	点源間および 点源・面源間	リン	チェリー川流域水質局が管理する土地利用計画	1.3：1 から 3：1
チェサピーク湾 (複数の州)	点源・面源間	栄養塩	農業および都市	不確実性に対処するため 1：1 以上が提案されている。
ディロン川 (コロラド州)	点源間および 点源・面源間	リン	都市，腐敗槽， スキー地帯	2：1
フォックス・ウルフ流域 2000 プロジェクト (ウィスコンシン州)	点源・面源間	栄養塩	農業	NA
ロング・アイランド・サウンド (複数の州)	点源間および 点源・面源間	窒素	特定化されておらず	NA
ロワー・ボイズ川 (インディアナ州)	点源間および 点源・面源間	リン	農業	不確実性のある場所ごとに率が設定
ミシガン (州全体)	点源・面源間	栄養塩他	農業	2：1 (場所によっては変化)
レッド・シーバー川 (ウィスコンシン州)	点源・面源間	リン	農業	NA
ロック川 (ウィスコンシン州)	点源・面源間	リン	農業	基準率は 1.75：1 (場所により変化)
タール・パムリコ (ノースカロライナ州)	点源・面源間	栄養塩	農業	3：1 (農耕地) 2：1 (家畜)

出所：Horan (2001) Table 1 より著者作成。

(魚類など) やレクリエーションのための水利用の保護について定めている。こうした目標は，特に，点源汚染削減を実現してきた。点源汚染とは，汚染源が明確な汚染であり，工場や家庭から排出される汚染に当たる。これに対して，面源汚染は，農地 (水田，畑，果樹園，草地など)，山林，市街地などがある。

2003 年に示された水質取引政策 (Water Quality Trading Policy) は，面源と点源との間での許可証の取引を認めるものであった。水質汚染低減を実現しようとするとき，点源汚染制御だけでは可能ではなく，面源汚染も制御する必要がある。米国環境保護庁 (EPA) は，水質目標から TDML (Total Maximum Daily Load：一日の最大汚濁物質排出総量) という排水基準を定め，この基準に対する汚染物質の排出割当を決定する。

汚染を削減することで失われる経済的利益を汚染削減費用と言う。この削減費用は，後に述べるように，排出許可証を取引することで減少する。EPAは，実際の汚染の処理費用に着目した。許可証取引を含む経済的手段を導入することで，公共下水処理施設の総処理費用を大きく軽減できると予想したからである。コネチカット州では，この大きさを2億ドルと見積もった[24]。

水質取引政策では，取引を行うための条件が明記されている。TMDLを削減するコスト削減に加えて，負荷を削減するインセンティブを点源と面源に与えることも明記されている。また，経済的な面だけではなく，環境面での改善も条件付けられる。要求される環境負荷削減だけではなく，湿地や野生生物，水鳥の生息地の復元や創出など，生物多様性面での便益が増加することも目標としている。この中で，ディロン湖の取引について紹介する[25]。

ディロン湖

ディロン湖は，デンバー郊外にある湖である。この湖は，デンバー市の水供給源である。湖のある地域は，スキーなどの観光地帯となっている。この地帯は，70年代以降，人口増加により開発が進展するとともに観光客が増加することで，ディロン湖はリンの流入量が大きく増加して，富栄養化が進み，80年代には水質悪化が深刻なものとなった。

水質汚濁の原因は，農地で使用される農薬や肥料等の使用や腐敗槽(浄化槽)からの流出といった面源からの排出であることが判明した。1984年にEPA，州政府の環境保全部局，下水処理場，リゾート施設などのディロン湖の公的・私的な利害関係者が協力し“Phosphorus Club” (リン・クラブ)と呼ばれる組織を立ち上げ，点源と面源を別個に規制管理するのではなく，統合的にすべての汚染源を管理することでリン排出量を規制し，水質改善を目指すこととなった。これにより，点源対面源の排出取引が実施されることになった。

排出取引は点源と面源間での売買を目的としていた。1984年，集水域全体のリンの総排出可能量は，1982年の水準に定められた。この年は，降水量がきわめて多く，リンの負荷が大きかったからである。これにより，たとえば腐敗槽を設置するデベロッパー(面源)は，1984年から半分にリン排出を減ら

---

[24] 環境省(2004)によっている。
[25] Hahn and Hester (1989)および環境省(2004))による。

さなければならないという規制を受けることになった。新たに排出源を設ける開発者は，排出枠を手に入れる必要があった。この排出枠の取引は，点源間および面源間では 1：1 であったが，面源と点源との取引では 2：1 で行われなければならなかった。すなわち，面源が点源から排出枠を購入して，リン排出を 1 だけ増やそうとする場合，点源から 0.5 を購入する必要がある。

この取引比率が 1：1 ではないことの背景には，点源である下水処理場のリン削減費用が，リン 1 ポンド当たり 730 ドルであるのに対して，面源対策による削減費用は，リン 1 ポンド当たり 119 ドルと推定されていたので，費用の差が大きかったことが挙げられる。取引例としては，Copper Mountain WWTP と Frisco WWTP との間で 1998 年に取引が行われている。Frisco WWTP が，自らのサービスエリア内で行われていた腐敗槽による戸別排水処理施設 (80 戸) を下水道管に引き込み，面源負荷を削減することで 80 ポンドの排出枠を獲得し，これを Copper Mountain WWTP に売却した。Frisco WWTP では，排出枠の売却で得た資金を活用して戸別排出の下水道への引き込み管の建設費用に充当した。

しかし実際に行われた取引はこの例を含めて少なかった。その理由としては，①点源の処理技術の向上により排出削減が可能になり，取引のインセンティブが低下したこと，②この地域の経済の停滞に伴う排出量の減少により，取引の必要性が低下したこと，③排出権の購入者はその必要性を示す必要があるなど煩雑な手続きが必要であった (取引費用が高い) こと，④点源と面源の交換比率が 1：2 であることが，取引を阻害したことなどが挙げられている。

5.3　肥料の利用と汚染の経済理論

本節では，農業における肥料の利用と，それによる汚染の問題を経済理論で考察する。まず，農業生産者の肥料投入行動を考察し，その行動を社会的最適と比較する。さらに，社会的最適を実現するための経済政策について，議論する。代表的経済政策の一つは，価格政策である。これは，本質的に，いわゆるピグー税と考えられるものであり，農業生産者に肥料を使用することによる外部費用を内部化させる。

二つ目の経済政策は，肥料の使用量に上限を定め，それを農業者間に使用許可証として配分し，さらに，許可証の取引を認めるものである。これは，環境負荷を許容範囲内に抑制することを主眼としながら，その抑制費用を最小化させることも実現するものである。最後の経済政策は，大きな被害が発生したときの責任を，排出者に課すものである。この責任の課し方によって，生産者の行動を望ましい方向に誘導するものである。

最後に，動学モデルの中で，栄養塩の枯渇と再利用の問題を考察する。

5.3.1 農業生産者の行動

代表的農業生産者の効用関数を，次のように特定する。z を投入する肥料の量とする。生産量 y は，天候等に左右され，確率的に決定されるものとする。すなわち，任意の確率変数 $\epsilon \in (-\infty, \infty)$ に対して，

$$y = y(z, \epsilon), \qquad y_z > 0, \quad y_{zz} < 0 \tag{5.1}$$

と仮定する。任意の肥料投入量に対して，平均生産量は，$f(\epsilon)$ を確率密度関数とすると，

$$E(y(z,\epsilon))(\equiv \mu_y(z)) = \int_{-\infty}^{\infty} y(z,\epsilon) f(\epsilon) d\epsilon$$

と表される。また，農業生産者の効用 V は，

$$V(z) = u(x, r) - wz, \quad x = py, \quad r = \theta\sigma\,(\theta > 0) \tag{5.2}$$

と表されるものとする。ここで，$u(x, r)$ は，平均農業収入 x とリスク r に依存する，農業生産者の効用関数とする。p, w, σ は，それぞれ生産物価格，肥料価格および生産量の分散とする。また，$u_x > 0$, $u_r < 0$ と仮定する。すなわち，生産者は危険回避的とし，θ は，危険回避度の大きさとする。さらに，

$$u_{xx} \leq 0, \quad u_{rr} < 0 \tag{5.3}$$

とする。すなわち，平均収入の限界効用は逓増せず，リスクの限界不効用は逓増する。本論では，効用関数を，以下のように加法的と仮定する。

$$u(x, r) = v(x) + g(r), \quad v' > 0, \quad v'' \leq 0, \quad g' < 0, \quad g'' < 0 \tag{5.4}$$

である。この仮定より，$u_{xr} = 0$ である。生産者の目的が利潤であるときは，$u(x) = x$ であることから，$u_x = 1, u_{xx} = 0$ と表される。

生産関数に関する仮定より，$d\mu_y(z)/dz = \int_{-\infty}^{\infty} y_z(z,\epsilon)f(\epsilon)d\epsilon > 0$ である。すなわち，肥料投入により，平均生産量は上昇する。また，同様にして，$d^2\mu_y(z)/dz^2 < 0$ が得られる。

生産者の効用最大化行動より，以下が成立する。

$$v'(x)x_z + g'(r)\theta\sigma_z = w \tag{5.5}$$

任意の θ に対して定まる肥料の最適投入量を $z^a(\theta)$ とする。リスクに対する回避度を表す θ が増加したとき，最適投入量の変化は，次の式で表される。

$$\frac{dz^a}{d\theta} = -\frac{(g' + g''\sigma)\sigma_z}{v'x_{zz} + v''(x_z)^2 + g''\theta(\sigma_z)^2 + g'\theta\sigma_{zz}} \tag{5.6}$$

ここで，y と y_z の共分散を $\mathrm{cov}(y, y_z)$ で表すと，

$$\begin{aligned}\sigma_z &= \frac{dE((y-\mu_y)^2)}{dz} \qquad (5.7)\\ &= 2E(yy_z) - 2\mu_y\mu_{y_z}\\ &= 2E(y)E(y_z) + 2\,\mathrm{cov}(y, y_z) - 2\mu_y\mu_{y_z}\\ &= 2\,\mathrm{cov}(y, y_z)\end{aligned}$$

したがって，生産者の危険回避度が増大すると肥料投入量が増加するかどうかは，$\mathrm{cov}(y, y_z)$ の符号に依存して決定される。$\mathrm{cov}(y, y_z) > 0$ である場合は，生産量 y と肥料投入による限界生産量 y_z が正に相関しているときである。すなわち，生産量が増加するような自然状況ほど，肥料投入による限界的な貢献が大きいという場合である。逆に，$\mathrm{cov}(y, y_z) < 0$ である場合は，生産量 y と肥料投入による限界生産量 y_z が負に相関しているときであり，生産が増加しているときほど，肥料投入の限界的な貢献は低くなるときである。本節では，肥料の限界生産性が逓減することから，後者を仮定する。すなわち，

$$\mathrm{cov}(y, y_z) < 0 \tag{5.8}$$

である。一方，

$$\begin{aligned}\sigma_{zz} &= \frac{d^2\sigma}{dz^2} \qquad (5.9)\\ &= 2[E((y_z)^2) + E(yy_{zz}) - \mu_{y_z}E(y_z) - \mu_{y_{zz}}E(y) - \mu_y E(y_{zz})\\ &\quad -\mu_{y_z}E(y_z) + (\mu_{y_z})^2 + \mu_y\mu_{y_{zz}}]\end{aligned}$$

$$= 2[E((y_z)^2) - (\mu_{y_z})^2 + \mathrm{cov}(y, y_{zz})] = 2\mathrm{cov}(y, y_{zz})$$

であり，符号は不確定である。ただし，$y_{zzz} = 0$ であるならば (これは肥料の限界生産性曲線が直線であるとき成り立つ)，$\sigma_{zz} = 0$ となり，(5.6) の符号は，(5.8) より，σ_z の符号と同一となる。したがって，$y_{zzz} = 0$ を仮定すると，$\sigma_z < 0$ および $\sigma_{zz} = 0$ より (5.6) は正となる。以下では，これらを仮定する。

農業生産者の行動に関して，「危険回避的であるので過剰な肥料投入を行う」という認識は，上記の仮定の下では成立することがわかる[26]。このように，危険回避的態度は，肥料利用量に影響を与える。このことは，過剰な汚染発生の原因に，伝統的な市場の失敗の要因である外部費用が内部化されていないことに加え，危険回避的要因があることを示している。

5.3.2 環境被害と外部費用

肥料を過剰利用すると，生態系に悪影響が生じたり，還流水による汚染が発生したりすることで，漁業への被害を通じた経済被害および環境被害が発生する。また，肥料を過剰利用することで，河川・湖沼・内湾に富栄養化が生じ，同様に被害が発生する。こうした汚染による被害は，環境問題の代表的なものであり，ピグー以後，厚生経済学の分析対象の一つとなっている。

汚濁物質の使用は，水域を汚染し，環境被害をもたらす。肥料や殺虫剤による環境被害は，投入量と一対一の関係にあるのではなく，水域に流入する条件や水温で大きく異なる。こうした要因が影響を及ぼす程度は，自然条件の変化により異なる。これらの要因が影響する確率変数を $\epsilon \in (-\infty, \infty)$ とする。以下では，肥料投入量 z に対して，水域への流入量を a とし，

$$a = a(z, \epsilon) \tag{5.10}$$

と表す。また，環境被害 D を次のような性質を持つ関数で表す。

$$D = D(a), \quad D_a > 0, \quad D_{aa} > 0 \tag{5.11}$$

この環境被害を，水・肥料投入の外部費用という。流入する汚染量 a の限界被害は正であり，かつ限界被害は逓増する。したがって，任意の投入量 z に

[26] このような認識は，たとえば，Pearce and Koundouri (2003) が行っている。

対する期待被害は，$h(\epsilon)$ を確率密度関数とすると，

$$E(D(a(z,\epsilon))) = \int_{-\infty}^{\infty} D(a(z,\epsilon))h(\epsilon)d\epsilon \tag{5.12}$$

と表される。

ここで，一つ注意したいことは，「期待被害」とは，$\mu_\epsilon = \int_{-\infty}^{\infty} \epsilon h(\epsilon)d\epsilon$ に対する $D(a(z,\mu_e))$ と異なることである。たとえば，気候変動問題では，期待平均気温上昇の大きさに対して被害の大きさが算定されている。これは，本論では，$D(a(z,\mu_e))$ に対応している。しかしながら，期待被害は (5.12) と表されなければならない。$D'' > 0$ であることより，

$$E(D(a(z,\epsilon))) > D(a(z,\mu_\epsilon)) \tag{5.13}$$

が成立するため，$D(a(z,\mu_\epsilon))$ では過小評価となるのである。環境政策において，この注意は重要である。

5.3.3 社会的最適な肥料投入量

これに対して，社会にとっての最適な肥料の投入量はどのようなものだろうか。社会的厚生関数を次のように定める。

$$W = x(z) - wz - E(D(a)) \tag{5.14}$$

肥料の社会的最適投入水準は，

$$E(x'(z)) - w = E(D'a_z) \tag{5.15}$$

を満たす。すなわち限界期待利潤 $(E(x'(z)) - w)$ が，期待限界被害に等しくなるとことで社会的最適が実現される。この投入量を z^* とし，農業生産者の最適投入量である z^a と比較してみよう。簡単化のため，$v(x) = x$ と表されるとしよう。すなわち $v' = 1$ としよう。この条件のもとでで，(5.4) を用いれば，$E(x'(z^a)) + g'\theta\sigma_z(z^a) = w$ となる。したがって，z^* と z^a を比較すると，

$$E[x'(z^*)] = E[x'(z^a)] + E(D'(a(z^*))) + g'\theta\sigma_z(z^a) \tag{5.16}$$

となる。この条件は，社会的最適な投入量は，限界期待収入の点で，限界生産者の最適量と比較して，2 つの点で増加しなければならないことを示している。一つは，限界外部費用を表す $E(D'a_z^*)$ の大きさだけ増加していなけれ

ばならない。さらに，生産者の限界リスク低減分 $u_r\theta\sigma_z(z^a)(>0)$ だけ増加している必要がある[27]。すなわち，生産者の最適である私的最適と，社会的最適には2段階の乖離があることがわかる。

5.3.4 社会的最適実現のための価格政策

社会的最適のためにとられる代表的政策に，ピグー税がある。この税制の下では，肥料の投入による限界外部費用を税率として肥料に課す税である。この税を，本論でのモデルにおいて導出する。ここで，$g'(r)\theta\sigma_z(z)$ を $\gamma(z)$，$E(D'a_z)$ を $e(z)$ と定義する。$g''<0, \sigma_{zz}=0$ の仮定より，$\gamma'(z)<0$ である。$v(x)=x$ のもとで，生産者の期待効用 (期待利潤) は，肥料に税が課せられると，

$$E[x(z)+g(r)]-wz-\tau z \tag{5.17}$$

と表される。したがって，効用最大化条件より，肥料の投入量を

$$E[x'(z^*)]+\gamma(z^*)=w+\tau \tag{5.18}$$

を満たす τ において，z^a を z^* と一致させる。一方，社会的最適点においては，

$$E[x'(z^*)]=w+e(z^*) \tag{5.19}$$

が満たされていなければならない。これより，

$$\tau=e(z^*)+\gamma(z^*) \tag{5.20}$$

が得られる。$z^a=z^*$ を満たす税率 τ を τ^* とする。

$\theta=0$，すなわち生産者が危険中立的であるならば，$\tau^*=e(z^*)$ となる。すなわち，最適税率は社会的最適点における期待限界外部費用に等しく設定される。これが，基本的なピグー税として知られる税率である。これに対し，本論では，$\theta>0$ と設定しているため，$\gamma(z^*)$ が税率に上乗せされることになる。すなわち，本論のモデルにおいては，税は，危険回避的行動によって生じる肥料の過剰投入も是正するものでなければならない。

適切に税率を設定するためには，環境被害に関する正確な情報に加えて，生産者の危険回避的な行動に起因する肥料の過剰利用についての情報も必要と

---

[27] Horan, Shortle and Abler (2002) は，汚染者の危険回避を考慮した面源汚染における行動を詳細に議論している。

なる。このため，社会的最適税率の実現は，通常のピグー税よりも，さらに困難となる。

5.3.5　複数の汚染者がいるケース[28]

面源汚染は，同一のサイトに，多数の汚染者が活動しているケースで起こるのが一般的である。このケースで発生する問題を見てみよう。今，汚染者が 2 人 (汚染者 1 と汚染者 2) いると想定する。z_1, z_2 をそれぞれの肥料使用量とする。生産者が複数であるという性質に焦点を絞るため，両者とも危険中立的であるものとする。また，生産量に関する不確実性はないものと想定する。

汚染者が 2 人いる場合，流出汚染量 a は，次のように表されることになる。

$$a = a(z_1, z_2, \epsilon) \tag{5.21}$$

ここで，$a_{z_i} > 0 (i = 1, 2)$ である。次に，社会的最適を考えてみよう。社会的純便益 W は，

$$W = E[x_1(z_1) + x_2(z_2) - w(z_1 + z_2) - D(a(z_1, z_2, \epsilon))] \tag{5.22}$$

と表されることになる。社会的最適点では，

$$E[x_i'(z_i)] = w + E[D' a_{z_i}], \qquad i = 1, 2 \tag{5.23}$$

が成立する。ここで，a_{z_i} は各生産者の汚染の水域流入に対する貢献を表している。

この社会的最適を，肥料に対する課税で実現しようとすると，一般に，生産者ごとに異なる課税を行わなければならない。すなわち，$e_i(z_1, z_2) = E[D' a_{z_i}(z_1, z_2, \epsilon)]$ とすると，

$$\tau_i = e_i(z_1^*, z_2^*) \tag{5.24}$$

と設定することで実現できる。ところが，生産者ごとに異なる課税は可能であろうか。まず，肥料の販売者側から見ると，生産者を明確に区別して販売しなければならないという困難が発生する。生産者が多いほど，これは実現は難しくなるであろう。また，生産者間でも転売の可能性がある。すなわち，低い税率が課せられる生産者が過剰に購入して，高い税率が課せられる生産

[28] 以下の面源汚染制御に関する政策展望は，澤田 (2006) を参考にしている。

者に転売して利益を得ることを防ぐのは，やはり容易ではない。このような理由で，投入財である肥料に課税することで社会的最適を実現することは，難しい。

最適点を実現することの困難は，生産者が複数いることだけではない。一般に，農業生産者の投入する肥料は，一種類だけではなく複数種類であることが一般的である。それぞれの投入要素に応じて，汚染への貢献度合いを評価して差別的な課税を行わなくてはならない。これも，現実には困難である。

したがって，こうした課税システムにおいては，最適 (ファースト・ベスト) ではなく次善 (セカンド・ベスト) を求めるのが適切である。課税におけるセカンド・ベストは，課税の自由度を制限した上での最適を求めることで実現される。多数の生産者及び複数の汚濁物質を流出する投入要素がある場合には，生産者によって課税率を差別化するのではなく，同一の投入要素には同一の課税率を適用することが一般的である。この場合，最適な汚濁物質利用は実現されないため，いわゆる歪み (distortion) が発生することになる。セカンド・ベストは，この歪みを最小化するものである。

なお，複数の投入要素がある場合は，一つの要素のみに課税を行うことも考えられるが，その場合は非課税の投入要素に対する代替を促進するため，環境面でも注意が必要である。特に，代替された汚濁物質の過剰な流出が起こる場合は，そうである。

5.3.6 点源・面源間の汚濁物質排出許可証取引

以下では，栄養塩の汚染制御政策として，米国で採用されている，リンなどの水質汚濁物質の排出許可証取引政策について考察する。簡単化のため，代表的点源として一つの企業，代表的面源として一つの農場を想定する。両者は，リンを排出して生産活動を行っている。排出されるリンは，閉鎖水域である湖に流入し環境被害を発生させる。

点源のリン投入量を z_p，面源の投入量を z_n とする。また，環境被害は，水域に流入するリンの総量に依存して定まる。点源からの流入量 a_p は，点源の投入量 z_p と完全に同等であるものとする。これに対して，面源からの流入量 a_n は，天候等の状況を表す確率変数に依存して決定されるものとする。すな

わち，

$$a_n = a(z_n, \epsilon) \tag{5.25}$$

とする。ここで，$a_{z_n} > 0$ である。したがって，a を総負荷とすると，

$$a = z_p + a(z_n, \epsilon) \tag{5.26}$$

と決定される。

環境被害 D は，総負荷量に応じて決定され，

$$D = D(a) = D(z_p + a(z_n, \epsilon)) \tag{5.27}$$

と表される。ここで，$D' > 0, D'' > 0$ を仮定する。

一方で，リンの利用による点源・面源の純便益は，それぞれ $B_p(z_p), B_n(z_n)$ と表される。点源と面源は，それぞれ e_p, e_n だけの汚濁物質使用を認められる。また，点源・面源間の許可証の取引が，比率 r (点源 1 に対して，面源 r) で認められる。すなわち，面源は点源から 1 単位許可証を購入すると r 単位排出が認められる。

次に，社会的最適を考えよう。社会的最適 W は，

$$B_p(z_p) + B_n(z_n) - E(D(z_p + a(z_n, \epsilon))) \tag{5.28}$$

を最大化するよう，定められる。一階の条件は，

$$\frac{\partial W}{\partial z_p} = B_p'(z_p) - E(D') = 0 \tag{5.29}$$

$$\frac{\partial W}{\partial z_n} = B_n'(z_n) - E(D' a_{z_n}) = 0$$

したがって，最適点において，面源と点源では，限界純便益に差異が生じる。

ここで，$E(D' a_{z_n})) = E(D')E(a_{z_n}) + \mathrm{cov}(D', a_{z_n})$ である。$\mathrm{cov}(D', a_{z_n})$ は，限界被害の大きさと，面源における肥料投入によって閉鎖水域への栄養塩の限界流入量の相関関係を表すものである。一般に，この符号は不確定である。(5.29) より，次が成立する。

$$\frac{B_n'(z_n)}{B_p'(z_p)} = \frac{E(D' a_{z_n})}{E(D')} = \frac{E(D')E(a_{z_n}) + \mathrm{cov}(D', a_{z_n})}{E(D')} \tag{5.30}$$

最適点における，点源と面源の汚濁物質使用量の限界代替率 dz_p/dz_n は，$\frac{B_n'(z_n)}{B_p'(z_p)}$ で表されるので，

$$\frac{dz_p}{dz_n} = E(a_{z_n}) + \frac{\mathrm{cov}(D', a_{z_n})}{ED'} \tag{5.31}$$

と表される。この値は，面源1単位のリン肥料の投入をあきらめたときに，点源で何単位の投入が可能であるかを表すものである。したがって，$\mathrm{cov}(D', a_{z_n})$ が負であるならば1より小さく，また正であるならば，1より大きな値をとることになる[29]。

点源の企業の利潤 π_p および面源の農場の利潤 π_n は，許可証価格を q とすると，それぞれ次のように表される。

$$\begin{aligned} \pi_p &= B_p(z_p) - q(z_p - e_p) \\ \pi_n &= B_n(z_n) - \frac{q}{r}(z_n - e_n) \end{aligned} \tag{5.32}$$

となる。$r \neq 1$ であるならば，取引が行われると，$z_p + z_n$ は，$e_p + e_n$ には等しくならないことがわかる。また，許可証価格 q は，

$$\begin{aligned} B_p'(z_p) - q &= 0 \\ B_n'(z_n) - \frac{q}{r} &= 0 \end{aligned} \tag{5.33}$$

を満たさなければならない。したがって，許可証価格は，

$$q = B_p'(z_p) = rB_n'(z_n) \tag{5.34}$$

と定められることになる。$r \neq 1$ であるならば，最適点での点源と面源の限界純便益は，等しくならない。たとえば，$r = 1/2$ であるならば，面源の限界純便益は，点源の2倍の大きさに定まらなければならないことを意味している。

肥料投入による汚濁物質の限界流出量と限界被害に正の相関があると考えると，$\mathrm{cov}(D', a_{z_n}) > 0$ となるため，r は常に1より大きな水準に定まることになる。この場合，面源1単位の削減に対して，点源でリン肥料投入可能となる量は，1単位より小さい。

29 点源・面源間の取引比率に関する詳細な研究は，Horan (2001), Shortle and Horan (2001) および Horan and Shortle (2005) が行っている。

5.3.7 責任による汚染制御

面源汚染は，各汚染者の排出量を特定することが容易ではないが，対象とする面源からの汚染全体量は比較的把握しやすいという特徴を有する。この特徴に着目し，面源の各汚染者の行動を制御しようとするものが，責任 (liability) に立脚した政策である。Segerson (1988) に従って，この政策を説明する。まず，責任による効果を明確にするため，面源汚染者が代表的汚染者 1 人として議論しよう。

これまでのように，$a = a(z, \epsilon)$ を肥料投入量 z のもとでの，水域への汚濁物質流入量としよう。流入量は，天候等の条件を表す ϵ の確率変数にも依存して決定される。確率変数 ϵ における確率密度を $h(\epsilon)$ で表す。また，生産量には不確実性はなく，肥料の投入量と生産努力 e により決定されるものとする。すなわち，$y = f(z, e)$ であり，$f_e > 0$ とする。この関係より，$e = e(y, z), e_y > 0, e_z < 0$ と，生産量 y を肥料投入量 z のもとで実現するために必要な努力量 e を，(y, z) の関数として定めることができる。また，努力費用を $q(e)$, $q' > 0$, $q'' > 0$ で表す。さらに，$q(e(y, z)) = C(y, z)$ と表す。これは，肥料投入量 z のもとで生産水準を y とするための努力費用である。$C_y > 0, C_z < 0$ という性質を持つ。そして任意の $(\bar{a}, z)$ に対して，$a \leq \bar{a}$ となる確率を，

$$H(\bar{a}, z) = \int_{-\infty}^{\infty} h(\epsilon) d\epsilon \qquad \text{such that } a(z, \epsilon) \leq \bar{a} \tag{5.35}$$

と表す。定義より，明らかに $H_z(\bar{a}, z) \leq 0$ である。社会的期待純便益 W は

$$W = py - E(D(a)) - C(y, z) - wz \tag{5.36}$$

と表される。このとき，最適条件は，以下の式で表される。

$$p - C_y = 0 \tag{5.37}$$

$$pf_z - E(D'a_z) - C_z - w = 0$$

最適な努力水準と肥料投入量の下での期待汚染流入量を $a^* = E(a(z^*, \epsilon))$ と表す。

次に，責任ルールによる生産者への課徴金・補助金システムを定式化する。今，次のように T を定める。

$$T = \begin{cases} t(a-a^*)+k, & a > a^* \\ t(a-a^*), & a \leq a^* \end{cases} \tag{5.38}$$

このシステムは，「環境基準」に基づくものである。汚染源に直接課税するのではなく，不確実性を持つ汚染総量に基づき，排出基準 (ここでは a^* に定められている) を超えるケースでは，超えた量に比例した部分 ($t(a-a^*)$) と固定部分 (k) の和として支払額が定まる。これに対して，排出基準を満たした場合は，下回る量に比例して補助金が支払われる。この定義より，

$$E(T(a)) = tE(a(z,\epsilon)) - ta^* + (1-H(a^*,z))k \tag{5.39}$$

となる。この支払システムの下では，生産者の期待利潤関数 π は，次の形で表される。

$$\pi = py - C(y,z) - wz - E(T(a)) \tag{5.40}$$

したがって，生産者の最適化条件は，以下のものとなる。

$$p - C_y = 0 \tag{5.41}$$

$$pf_z - C_z - w - tE(a_z) - kH_z = 0 \tag{5.42}$$

生産者の最適選択を (z^m, y^m) とする。すると，次のように (t,k) が設定されるならば，$(z^m, y^m) = (z^*, y^*)$ が成立することが確かめられる。

1. $k = 0$，および $t = \dfrac{E(D'a_z)}{E(a_z)}$
2. $t = 0$，および $k = \dfrac{E(D'a_z)}{H_z}$
3. t は任意の値，および $k = \dfrac{E(D'a_z) + tE(a_z)}{H_z}$

1 のケースは，被害の程度に応じた税率のみが定められる。2 のケースは，被害の程度にかかわらず，定額の補償が求められる。3 のケースは，被害が発生したとき，被害にかかわらず定額で補償する部分と比例的に補償する部分の和となっている。いずれのケースにおいても，D', a_z, H_z は，(z^*, y^*) において評価されたものである。

5.3.8 複数の汚染者が存在するケース

複数の汚染者がいるケース (5.3.5 項) では，各生産者の汚染流出に対する貢献度合に応じたシステムのもとで，社会的最適が実現可能であった。しかし先述のように，さまざまな理由で現実的なシステムとは言えない。

Horan et al. (1998) は，次のようなシンプルな汚染流入量に応じた税率を考えた。

$$t = \frac{\partial D(a(z_1^*, z_2^*, \epsilon))}{\partial a} \tag{5.43}$$

さらに，課税を，

$$T = ta \tag{5.44}$$

と設定した。この課税は，事後的な流入量 a に依存して決定される。この課税の下では，各生産者の期待利潤は，

$$\pi_i = pE(y_i) - wz_i - E\left[\frac{\partial D(a^*)}{\partial a}a\right], \quad i = 1, 2 \tag{5.45}$$

となる。利潤最大化行動より，次が成立する。

$$pE[y_i'(z_i)] = w + E\left[\frac{\partial D(a^*)}{\partial a} \cdot \frac{\partial a}{\partial z_i}\right], \qquad i = 1, 2 \tag{5.46}$$

この条件は，(5.23) から明らかなように，社会的最適条件となっている。

また，この社会的最適は，実は各人に次の税を課すことでも実現される。

$$T_i = D(a(z_1, z_2, \epsilon)), \quad i = 1, 2 \tag{5.47}$$

すなわち，この場合も事後的な被害をベースにして，環境被害額を，各生産者にすべて負担させるものとなる。この税の下で，各生産者の期待利潤最大化行動により，(5.46) が成立することになり，社会的最適条件が満たされる。

しかし，理論的には可能であっても，すべての環境被害に対する支払を 1 人 1 人に課すことは，実際には不可能な場合が多い。ただし，面源汚染に関わる生産者が少数の場合は，十分な説得力を持つ政策となる可能性がある。これまで見てきたように，面源汚染は，さまざまな政策によって適切に制御することが理論的に可能である。

5.3.9　栄養塩利用・再利用・採取

5.1 節で述べたように，栄養塩の中でもリンは，工業的に生成することができず，自然資源から採取されるものである。リンは，自然界の中で土壌生物などによって循環するが，リン鉱石のように人間が陸上で取り出すことができる形としては，循環にきわめて長い時間が要するため，人間社会にとっては，自然の中で再生されるものではない。

ここでは，栄養塩の採取と利用および再利用の問題について考察する。経済学では，再生不可能な資源をめぐる理論が構築されている。多くは，石油や鉱物のような資源を念頭に置いた議論であるが，栄養塩の議論もかなりの部分で重なるところがあるので，まずここから考察を始めよう。

非再生可能資源と持続可能性

議論の焦点の一つは，再生不可能な資源が財の生産に投入されている場合，どのようにして持続的な経済水準を維持して行くことができるか，という点である。この問題は，以下の点で重要な論点を持つ。

- 生産において，投入に用いる非再生可能自然資本を，他の資本 (特に人工資本) で代替することができるかどうか。
- 生産・消費後に廃棄される当該資源を再利用することはできるか。

最初の問題は，生産関数に関わるものである。これを，生産要素間の代替の弾力性が一定である CES 関数で説明しよう。いま，生産量 y が他の資本ストック K および当該自然資本ストック S から採取されるフロー z に依存して決定されるものとする。すなわち，

$$y = F(K, z) = (\alpha K^{(\delta-1)/\delta} + \beta z^{(\delta-1)/\delta} + (1-\alpha-\beta))^{\frac{\delta}{\delta-1}},$$
$$\alpha, \beta > 0, \quad \alpha + \beta \leq 1 \tag{5.48}$$

ここで，δ は，K と z の間の代替の弾力性を表している。$\delta = 1$ であるならば，上記生産関数はコブダグラス関数として，

$$y = K^{\alpha} z^{\beta} \tag{5.49}$$

と表される。δ の大きさに応じて，持続可能性を議論することができる。

$\delta > 1$ であるならば，$K > 0$ に対して $F(K,0) > 0$ が成立する。この場合，自然資本は生産に貢献することができるが，生産に必須というわけではなく，投入量がゼロであっても，人工資本が存在すれば生産は可能となる。したがって，このケースでは，自然資本が枯渇しても，十分な大きさの人工資本の成長が実現されていれば，持続可能性を達成することができる。

$\delta < 1$ のケースは，人工資本と自然資源が補完関係に近いことを示している。特に，$\delta = 0$ のケースは，レオンチェフ型の固定係数の線型生産関数となり，生産要素間の代替は認められなくなる。このように，$\delta < 1$ のケースでは，自然資本が枯渇してしまえば，正の生産水準を維持することはできない。実際，自然資源の平均生産性は，$\delta < 1$ である場合，

$$\begin{aligned}\lim_{z\to 0}\frac{y}{z} &= (\alpha(z/K)^{(1-\delta)/\delta} + \beta + (1-\alpha-\beta)z^{(1-\delta)/\delta})^{-(1-\delta)/\delta} \\ &= \beta^{-(1-\delta)/\delta} \qquad (5.50)\end{aligned}$$

と上に有界となる。したがって，y は z がゼロに近づくにしたがって，ゼロとなってしまう。すなわち，新たな技術が開発されない限り，生産の持続可能性は否定される。

$\delta = 1$ が，経済学的に興味深いケースである。この場合は，z の投入量がゼロのときは，有限の K に対して生産量は常にゼロとなるという意味で，自然資源は不可欠な生産要素である。しかし，y/z は有界とはならないため，K の増加の程度により，正の生産量が持続できる可能性があるからである。このように，資本間に代替可能性があることが，非再生可能資源がある経済で持続可能性が実現されるために重要な要因である。

しかし，食糧生産にとって，水あるいは栄養塩は不可欠なものである。もし，食糧 1 単位を生産するのに，q 単位の栄養塩 z が必要とするならば，生産関数は，単純に考えると $y = q^{-1}z$ と線型関数として表されてしまうから，栄養塩の利用可能性が減少するにしたがって，生産量も減少してしまう。

反面，栄養塩投入がゼロでも，生産は可能である。自然の中で栄養塩は循環し補充されるからである。この点を考慮して，非再生可能資源の利用をより詳細に定義してみよう。S を地上に存在するが，まだ採取されていない栄養塩 (リン) の自然状態でのストック量とすると次式が成り立つ。

$$\dot{S} = -x - v \tag{5.51}$$

ここで，v は，自然循環により海洋に流出するリンの量から人間や野生生物が魚を採取することにより自然で回収される量を引いたものであり，ここではゼロとする。x が人為的なリン採取量である。また R を人為的に回収される量とする。自然状態から採取され利用可能になった資源のストック量を A とし，利用可能資源ストックと呼ぶ。また，z を使用総量とする。すると，

$$\dot{A} = x + R - z \tag{5.52}$$

と表される。以下では，v を所与とし，x, z と R を制御変数として扱っていく。まず，y を，z に依存した期待生産量とし，

$$y = F(z), \quad F(0) = \epsilon > 0, \quad F_z > 0, \quad F_{zz} < 0, \tag{5.53}$$

と表す。すなわち，期待生産量は肥料と労働量を投入することにより増加するが，限界生産量は逓減する。また，肥料を投入しなくとも，農業生産は可能であり，その場合，ϵ だけの期待生産が保証される。一方，回収は，当該期に使用されたリン総量で排出されたものの中から取り出される。すなわち，リン回収は，フローである z から行われる。

このモデルでは，二つの種類の費用がある。一つは，資源の採取費用 C である。これを

$$C = C(x, S), \quad C_x > 0, \quad C_S < 0, \quad \lim_{S \to 0} C(x, S) = \infty \tag{5.54}$$

と表す。すなわち，採取費用は採取量の増加関数であり，また，既存ストック量の減少関数である。また，採取の限界費用は，ストックがゼロに近づくにつれ，無限大に発散する。

一方，リンを回収するための費用 G も存在する。これを

$$G = G(R, z), \quad G_R > 0, \quad G_z < 0, \quad z \leq R \tag{5.55}$$

と表す。すなわち，回収費用は回収量と共に増加するが，回収可能量が増えれば，減少する。

消費者の効用関数は，$U = U(y), U' > 0, U'' < 0$ と表される。また，毎期の純便益は，効用からリンの採取費用と回収費用を引いた

$$U(y) - C(x, S) - G(R, z) \tag{5.56}$$

と表される。さらに，社会的厚生関数 W を

$$W = \int_0^\infty (U(y(t)) - C(x(t), S(t)) - G(R(t), z(t)))e^{-rt}dt \quad (5.57)$$

と定義しよう。ここで，r は割引率を表す。

これから W を最大化する問題を考える。当該期価値ハミルトニアンは，次のように表される。

$$\begin{aligned} H = & U(y(t)) - C(x(t), S(t)) - G(R(t), z(t)) \\ & + \lambda(R(t) + x(t) - z(t)) - \mu x(t) \end{aligned} \quad (5.58)$$

内点解を仮定すると，最適制御は，毎期，次の性質を満たさなければならない。

$$U'F_z - G_z - \lambda = 0 \quad (5.59)$$

$$G_R = \lambda \quad (5.60)$$

$$C_x = \lambda - \mu \quad (5.61)$$

$$\dot{\lambda} - r\lambda = 0 \quad (5.62)$$

$$\dot{\mu} - r\mu = C_S \quad (5.63)$$

ここで，λ が非再生資源 S の影の価格，すなわち，競争市場下における資源価格を表している。

以上から，まず，以下が得られる。

$$U'F_z - G_z = \lambda \quad (5.64)$$

この式は，資源ベース A からの投入による限界純便益が資源ベースの影の価格に等しくならなければならないことを表している。$G_z(<0)$ は，資源を利用することで，回収可能資源を増加させる効果を表している。したがって，$U'F_z - G_z$ が社会における資源利用の限界純便益を表している。$G_R = \lambda$ より，限界純便益の大きさは，回収の限界費用に等しくなければならない。

この意味を解釈してみよう。仮に右辺が大きいものとしよう。この場合は，資源の投入量を一単位減らし，さらに回収量を一単位減らすことで，社会的純便益が増大することから，資源投入が過大であることがわかる (左辺が大きい場合は過小)。

次に，

$$\mu = G_R - C_x \tag{5.65}$$

が得られる。すなわち，非再生可能資源 S の影の価格は，限界回収費用から限界採取費用 (=利用可能資源価格) を引いた値に等しくなければならない。このことは，回収を行わないで，採取を行ったときの節約できる費用分 (限界単位で) が自然資源価格に等しくなることを意味している。また，

$$\frac{\dot{\lambda}}{\lambda} = r \tag{5.66}$$

$$\frac{\dot{\mu}}{\mu} - C_S = r \tag{5.67}$$

が得られる。上の二つの式の左辺は，それぞれ利用可能資源および自然資源ストックの一単位を利用または採取しない場合の収益率を表している。第二式の C_S は，採取しないことで採取費用を抑えられる利益を表している。右辺は，一単位の資源を利用または採取したときの利潤を運用した場合の収益率である利子率を表している。利用または採取しない場合の収益率が利子率に等しくなることを要求していることがわかる。これらは，ホテリング・ルールと呼ばれる。ここで，次のように V を定める。

$$V(A(t), S(t)) = \max_{(x(s), z(s), R(s))_{s=t}^{\infty}} W, \qquad \text{given } (A(t), S(t)) \tag{5.68}$$

すると，λ および μ は，

$$\frac{\partial V}{\partial A} = \lambda, \qquad \frac{\partial V}{\partial S} = \mu \tag{5.69}$$

となる。$\lambda > 0$ は明らかである。また，$x > 0$ のもとでは，$\mu > 0$ である。さらに，$\lambda - \mu = C_x$ より，$\lambda > \mu$ である。

利用可能資源ストック A を補充しようとするとき，資源採取と資源回収の二つの方法がある。新資源が採取され，かつ，使用された廃棄資源から実際に回収が行われる場合は，これまでの議論より，$G_R > G_x$ が成立する。つまり，このとき回収の限界費用は，非再生可能資源採取の限界費用を上回っていなければならない。

定常状態

この経済で，以下の 2 つの定常状態を定義できる。両者とも非再生可能資源からの採取が行われない状態である。

1. 資源が利用後完全に回収され，再び生産に投入される。すなわち，$x = 0, z = R$ である。非再生可能資源のストックの存在量は，$C_x(0,S) \geq G_R(R,R)$ である水準に定まる。生産量は，したがって，$y = F(R)$ で一定となる。
2. 回収量がゼロとなる状態である。したがって，経済は $z = 0, R = 0$ という状態となる。生産量は，$y = F(0) = \epsilon$ で一定となる。

いずれも，100％ の回収が行われない限り，生産量は長期的には ϵ となってしまう。

完全資源回収が行われるとき，常に $z = R$ が成立する。この性質が，最適経路上で成立するためには，

$$U'(F(R))F'(R) - G_z(R,R) \geq G_R(R,R) \tag{5.70}$$

が成立していなければならない。これは，回収の限界費用が 100％ に近づくにつれ，無限大に発散する場合 ($\lim_{z \to R} G_R(R,z) = \infty$) には，不可能である。

したがって，リンの制約が存在し，しかもリンは代替不可能であるという事実を考えれば，いずれ食糧生産は大幅に減少することになる。その結果，食糧価格は高騰し，大きなダメージを特に途上国の人々に与えることになるだろう。リンの利用可能性が縮小することの問題は，将来，大きな問題となることが予想される。

5.4　水をめぐる経済理論

本節では，河川における水資源配分について，経済学的に考察する。河川における水利用は，人口増加による食糧増産のための水需要の増加により，増大する。河川流域に，複数の地域が存在して水需要が増大すれば，水の稀少

性が増加し，地域間での対立が発生しやすい。とくに，地域が国家を意味するときは，水配分を決定する上位機関が存在しないことから，国家間の緊張が高まる。このように，河川における利用者間での水配分の問題は重要である。以下では，河川における上流と下流での水の配分を考察する[30]。

一つの川の流域に，上流から下流まで，地域が n だけあるものと想定する。各地域には，代表的な農業生産者がおり，水を取水することによる灌漑農業が行われている。生産物はすべての地域で同一であり，価格 p で販売される。ここで，各地域の代表的生産者のもつ生産関数を，次のように定式化しよう。

$$y_i = f_i(w_i), \qquad i = 1, \cdots, N. \tag{5.71}$$

y_i および w_i は，それぞれ地域 i の生産者の生産量および使用水量を表している。また，f_i は，生産関数であり，

$$\partial f_i/\partial w_i (\equiv f_i') > 0, \qquad \partial^2 f_i/\partial w_i^2 (\equiv f_i'') < 0 \tag{5.72}$$

と仮定する。すなわち，水の限界生産性は正であり，また，水の限界生産性は逓減するものと仮定する。

他方，水の取水費用 C^i は，次の関数で表されると仮定する。

$$C^i = C_i(w_i, S_i) \tag{5.73}$$

S_i は，地域 i が直面する水量である。われわれは，

$$\partial C^i/\partial w_i (\equiv C_w^i) > 0, \qquad \partial C^i/\partial S_i (\equiv C_S^i) < 0, \tag{5.74}$$

と仮定する。この意味は，取水には費用が発生し，それは取水量の増加関数であることである。同時に，流量が少なくなるほど，その費用は増加することを意味している。これは，流量が少ないことは，農地まで水を運ぶ費用を増加させることを表している。

最後に，生産・費用関数に関して，

$$\partial^2 C^i/\partial w_i \partial S_i (\equiv C_{wS}^i) \leq 0, \tag{5.75}$$

を仮定する。この性質は，取水の限界費用は流量が増えると上昇しないことを表している。

地域 1 が直面する S_1 は，外生的に $\bar{S}$ と与えられている。他方，下流地域 i

[30] 本節の分析は，大沼 (2003) に依っている。

の直面する流量である S_i は，流域 i の上流の取水量 $(w_1, \cdots, w_{i-1})$ に依存する。ここでは，取水量の総和である $w_{-i} \equiv \sum_{j=1}^{i-1} w_j$ に依存するものと考え[31]，次のように単純化する。

$$S_i = \bar{S} - w_{-i} \tag{5.76}$$

生産者が政府に対して水の取水料金を支払う必要がない場合，各地域の経済的便益 π^i は生産者の利潤と等しく，以下のように定まることになる。

$$\pi^i = pf_i(w_i) - C_i(w_i, S_i) \equiv \pi^i(w_i, S_i) \tag{5.77}$$

地域 1 以外の各地域の経済的便益は，したがって，各地域の上流での取水量にネガティブに依存することになる。仮定より，水の限界便益は減少する。すなわち，$\partial^2\pi^i/\partial w_i^2 (\equiv \pi^i_{ww}) < 0$ である。以上がわれわれの用いるモデルである。

5.4.1 最適水配分とレッセ・フェールの失敗

本節では，水配分の効率性条件を提示する。効率性は，S_1 を所与としたとき，各流域の経済的便益の和を最大化する水資源配分として求められる。これを定式化すると下記のようになる。

$$\max_{w_1, \cdots, w_n} \sum_{i=1}^{n} \pi^i(w_i, S_i), \qquad S_i = \bar{S} \tag{5.78}$$

最適配分を $(w_1^*, \cdots, w_n^*)$ と表すと，最適条件は，以下のものになる。

$$\sum_{j=i}^{n} \frac{\partial \pi^j}{\partial w_i} = 0, \qquad i = 1, \cdots, n. \tag{5.79}$$

この条件を詳しく見れば，つぎの性質で表すことができる。

$$pf_i' - C_w^i = -C_s^j \cdot \frac{\partial w_{-j}}{\partial w_i}, \qquad i = 1, \cdots, n-1. \tag{5.80}$$

となる。この条件は，$i = n-1$ までの地域で成立するものである。一方，最下流地域 $i = n$ では，以下が成立しなければならない。

$$pf_n' - C_w^n = 0 \tag{5.81}$$

---

[31] 一般に，各地域の還流水を考慮すれば，$S_i > S_1 - W_{-i}$ である。一方，蒸発や降雨を考慮すれば，不等号の関係は不明となる。

以下では，次のように λ_i を定める。

$$\lambda_i \equiv -\sum_{j=i+1}^{n} C_s^j \cdot \frac{\partial w_{-j}}{\partial w_i}, \qquad i=1,\cdots,n-1. \tag{5.82}$$

定義より，$\lambda_i > 0$ である。λ_i は，地域 i における水使用の限界外部費用に他ならない。つまり，地域 i の水使用は，その下流にのみ外部費用を発生させるのである。この性質が，河川の水利用の特徴である。これを，一方向の外部性と呼ぶ。(5.80) は，各地域の水利用による限界純便益が，その限界外部費用に等しくなければならないことを表している。限界純便益と限界外部費用が均等でなければならないという意味では，標準的な社会的最適条件と一致するが，限界外部費用が，上流の利用者と下流の利用者で異なっている。

(5.76) より，

$$\frac{\partial S_j}{\partial w_i} = \frac{\partial S_j}{\partial w_{-j}} = 1, \qquad \forall j > i, \quad i=1,\cdots,n-1. \tag{5.83}$$

が成り立つ。したがって，

$$\lambda_i = -\sum_{j=i+1}^{n} C_s^j, \qquad i=1,\cdots,n-1. \tag{5.84}$$

である。これにより，最適水資源配分では，次の性質が成立することになる。

$$\lambda_1 > \lambda_2 > \cdots > \lambda_{n-1} > \lambda_n = 0. \tag{5.85}$$

すなわち，最適配分は，各地域の限界純便益が下流に行くほど小さくなる水配分でなければならない。そして，最下流ではその限界純便益がゼロとならなければならない。この最適性条件は，パレート効率性条件でもある。

さて，各地域は，独立にそれぞれの経済的純便益を最大化するものとする。本論では，政策的介入のない場合に各地域で純便益が最大化された状態を「地域最適」と呼ぶ。すなわち，このとき，各地域で，

$$pf_i' - C_w^i, \qquad i=1,\cdots,n. \tag{5.86}$$

が成立している。これを，$(w_1^m,\cdots,w_n^m)$ と表そう。この場合，最上流より，逐次的に地域最適水利用配分が求められる。$(w_1^m,\cdots,w_n^m)$ は，ナッシュ均衡となっている。

しかし，この水配分は (5.80) を明らかに満たしていないことがわかる。すなわち，地域最適水利用配分 $(w_1^m, \cdots, w_n^m)$ は，最適水配分 $(w_1^*, \cdots, w_n^*)$ とはならない。しかし，どの地域が，最適水配分と比較して，どれだけの量の水を過剰に利用するかは判断できない。ただし，最上流の地域最適水利用量は河川の最適水利用量に比して必ず過剰となる。すなわち，$w_1^m > w_1^*$ である。

河川の管理が直接規制的に行われている場合は，上流が外部費用を内部化した取水政策を強制的にとることはもちろん可能である。しかし，直接規制的水利用政策が不可能な場合は，最適取水政策を実現することは困難である。ではどうのような政策を用いることで，最適水利用は実現されるのだろうか。最初に，最適性を実現する課税政策を考えてみる。

5.4.2 水利用に対する課税政策

以下では，ピグー税によって，河川の最適水資源配分を実現することが可能であることを示す。ピグー税は，外部費用を内部化する課税政策である。理論的には，最適資源配分における限界外部費用水準に等しい税率を資源利用に対して課税する。ここでは，各地域の水利用に対して，水一単位当たり λ_i だけの税を課すことにしよう。すると，地域 i の純便益は，

$$\pi_i = pf_i(w_i) - C_i(w_i, S_i) - \lambda_i w_i \tag{5.87}$$

と変化することになる。各地域の水利用者が，自身の純便益を最大化するように水利用を決定することから，

$$pf_i'(w_i^m) - \partial C_i(w_i^m, S_i^m)/\partial w_i = \lambda_i \tag{5.88}$$

が成立することになる。最上流から水配分は決定されていくから，この課税の導入により，

$$w_i^m = w_i^*, \qquad i = 1, \cdots, n \tag{5.89}$$

が実現することが容易に確かめられる。

このように，外部費用を内部化するピグー税は，河川における水配分の場合も有効である。ただし，河川の場合は，先述のように一方向の外部性で特徴付けられるため，課せられる税率が地域によって異なる。本節のモデルでは，上流ほどその水準は高く，また最下流では税率はゼロであるという性質

がある。

5.4.3 水利権の取引

課税と並んで，最適資源配分を達成する政策手段として，許可証の取引がある。河川での水資源配分における許可証の取引は，まず，河川流域全体で使用する水の量をあらかじめ定め，つぎに，それらを各地域に水利権として配分し，取引を可能とするものである。この制度では，あらかじめ水利用権を各地域に与え，自由な市場取引を認める。いま，許可証の取引費用がゼロであるとの仮定のもとで，水利権の取引制度を導入するとしよう。また，水利権の初期割当を $(\bar{w}_1, \cdots, \bar{w}_n)$ としよう。

さて，市場で取引される許可証の価格を q としよう。すると，各地域での純便益は，

$$\pi_i = pf_i(w_i) - C_i(w_i, S_i) + q(\bar{w}_i - w_i) \tag{5.90}$$

と表されるようになる。水利用許可証を売却した大きさが，純便益に加わっていることに注意しよう。水利権取引制度のもとで，各地域で純便益の最大化を行うと，次の条件を満たすことになる。

$$pf_i'(w_i^m) - \partial C_i(w_i^m, S_i^m)/\partial w_i = q \tag{5.91}$$

すなわち，各地域の水利用の限界純便益が許可証価格と等しくなるという性質が成立する。この性質は，いわゆる温室効果ガスの排出権取引の文脈では，許可証取引制度の成果として見なされる。そこでは，効率性の条件が，各排出者の排出による限界純便益が排出者間で等しくなることだからである。

ところが，河川での水配分では，この性質が最適条件を実現しないものとなってしまう。すなわち，(5.80) と対応させることにより，許可証取引制度のもとでは，最適水資源配分が実現されないことがわかる。河川における許可証取引が効率性を達成しない可能性については，以前から指摘されている (たとえば，Howe et al. (1986) 参照)。その理由を標準的な汚染の排出権取引制度と比較して説明してみよう。温室効果ガスの排出権取引の場合，どの経済主体にとっても，自分の排出する汚染の限界外部費用が等しい。一方で，各経済主体の合理的行動により，限界純便益が排出許可証価格に等しくなる

ように排出権市場の均衡が定まる。したがって，許可証の市場均衡価格が限界外部費用に等しくなるようにすることで，効率的な資源配分が達成できる。

しかし，河川の水資源配分のケースでは，前述のように，限界外部費用が地域のロケーションで異なってしまう。(5.85) で明らかなように，限界外部費用は，最上流が最も大きく，下流地域に行くほど低下し，最下流ではゼロである。効率的な資源配分においては，各地域の限界純便益は，それぞれの限界外部費用に等しくなければならない。ところが，水利権の取引により，各地域の限界便益は一致してしまう。これが，水利権取引が効率性を達成しない理由なのである。

5.4.4 最適配分達成のための財政政策

では，許可証制度に何らかの手段を導入して，最適な水資源配分を実現することは可能なのであろうか。以下では，水利権取引制度に最上流地域を除いた政府が介入することで，効率的資源配分が実現可能であることを示す。

議論の前に，課税を導入したときの経済効果に関して，次の仮定を置く。

仮定 任意の二つの水使用税 $(t'_1, \cdots, t'_n), (t''_1, \cdots, t''_n)$ に対して，$t'_i \geq t''_i (i = 1, \cdots, h)$ および少なくとも一つの s に関して $t'_s > t''_s$ が成立していたとする $(s < h, h \leq N)$。すると，それぞれに対応する地域最適水使用量を各 w'_i, w''_i とすると，$\sum_{i=1}^{h} w'_i < \sum_{i=1}^{h} w''_i$ が成立する。すなわち，各地域で生産者に水使用料金が課されている場合，その料金が上昇したとき，水使用総量が必ず減少する。

流域最適水配分は，$(t^*_1, \cdots, t^*_n) = (\lambda^*_1, \cdots, \lambda^*_n)$ である水使用税で実現されることが，先に示されている。一方で，レッセ・フェール水資源は，その水使用税 $(t^m_1, \cdots, t^m_n)$ が，すべての地域でゼロであるときの水資源配分と見なすことが出来る。したがって，上の仮定のもとでは，$\sum_{i=1}^{n} w^*_i < \sum_{i=1}^{n} w^m_i$ が成立する。

さて，最適配分を実現するための，以下のような取引制度への政府の介入を考えよう。

下流介入型許可証取引制度

まず，初期割当 $(\bar{w}_1, \cdots, \bar{w}_n)$ を定める。ここで，$(\bar{w}_1, \cdots, \bar{w}_N)$ は，$\sum_{i=1}^{m} \bar{w}_i = w_i^*$ を満たすものである。次に，ある地域の生産者が上流の地域の生産者と水利権の取引を行った際に，次のように税と補助金を組み合わせた政策介入を行う。

- 地域 i が，上流の地域 j から水利権を購入した場合，地域 i の政府は，購入者に対し，一単位につき $\lambda_j^* - \lambda_i^* (\equiv \gamma_{j,i})$ だけの補助金を賦与する。
- 地域 i が，上流の地域 j に水利権を売却した場合，地域 i の政府は，売却者に対し，一単位につき $\gamma_{j,i}$ だけの税を徴収する。

下流との取引に対しては，課税徴収・補助金賦与は行わない。このスキームを「下流介入型許可証取引制度」と呼ぼう。すなわち，地域間の水利権取引に関して，下流の取引者の政府が政策的介入を行うのである。このスキームでは，最上流の地域では，課税・補助金賦与を行う必要がないことに注意しよう。このスキームの下で水利権取引市場で定まる各地域の水利権均衡価格を $(p_w^1, \cdots, p_w^n)$ としよう。すると，次のように河川の各地点で取引される許可証価格は差別化されることになる。

$$p_w^i = \lambda_i^* \tag{5.92}$$

以下では，この性質が成立することを示そう。まず，

$$p_w^i = p_w^{i+1} + \gamma_{i,i+1} \tag{5.93}$$

を示す。最初に，仮に $p_w^i - p_w^{i+1} > \gamma_{i,i+1}$ であると仮定しよう。このとき，地域 $i+1$ の経済主体は，地域 $i+1$ で p_w^{i+1} の価格で許可証を買い，税額である $\gamma_{i,i+1}$ を地域 $i+1$ で支払い，地域 i で p_w^i で売ることで，利益を得ることができる。よって，この不等式は均衡では成立しない。したがって，$p_w^i - p_w^{i+1} \leq \gamma_{i,i+1}$ が成立しなければならない。つぎに，この式が厳密な不等式で成立していたとしよう。すると，地域 $i+1$ の経済主体は，地域 i で水利権を買い，地域 $i+1$ から補助金 $\gamma_{i,i+1}$ を受け取って地域 $i+1$ で売ることで利益が得られるから，結局，均衡では (5.93) が成立しなければならない。すなわち，隣接する地域での許可証価格の差は，$\gamma_{i,i+1}$ に等しくなる。

つぎに，(5.92) を示す。$p_w^1 > \lambda_1^*$ である場合，(5.93) より

$$p_w^2 - \lambda_2^* = p_w^1 - \lambda_1^* > 0 \tag{5.94}$$

となる。同様の議論を繰り返すことで，

$$p_w^i > \lambda_i^*, \qquad i = 1, \cdots, n. \tag{5.95}$$

である。さて，仮定より，この場合の水使用量の総和は，許可証の配分量の総和を下回る。なぜなら，最適水配分量は，$(t_1^*, \cdots, t_n^*) = (\lambda_1^*, \cdots, \lambda_n^*)$ という水使用税により実現されるから，(5.95) が成立することは，$(p_1^*, \cdots, p_n^*)$ のもとでの総水使用量は，最適水資源配分における総水使用量 (＝許可証配分量総和) を下回ることを意味する。したがって，いずれかの地域の許可証市場に超過供給が生じてしまうから，許可証市場均衡は達成されない。他方，$p_w^1 < \lambda_1^*$ の場合，上と同様の議論より $p_w^i < \lambda_i^* (i = 1, \cdots, n)$ である。この場合は，いずれかの許可証市場にに超過需要が生じることになる。したがって，(5.92) が成立しなければならない。

以上より，下流介入型許可証制度では，$(p_1^*, \cdots, p_n^*) = (\lambda_1^*, \cdots, \lambda_n^*)$ が実現され，許可証取引により最適配分が達成できる。下流介入型許可証取引制度は，最上流地域を除く各地域で，上流に許可証を売るとき課税し，上流から購入するとき補助金を与える介入システムである。これは，各地域にとって，上流に許可証が移転することで自分の地域に被害が及ぼされるということ，また，上流から許可証が流入することで，本来被ったはずの外部費用を免れることになることから，各地域の利害と整合的であると考えられる。実は，許可証取引にもとづき何らかの介入を行って最適水配分を実現するシステムは，上流介入型でも可能である。すなわち，許可証取引において，買い手と売り手の関係で，下流ではなく上流政府が介入し，上流が下流から許可証を買う場合には課税し，売る場合には補助金を与えるという制度である。この場合，最上流から，$n-1$ までの地域が，取引に介入することになる。

しかし，この場合，上流地域は，下流の許可証を買ったり売ったりしても，自身が被る外部費用には何ら影響がないため，この制度は地域の利害と整合的ではない。その意味で，導入の実現可能性は，下流介入型許可証取引制度の方が，高いものと考えられる。

5.4.5 生産補助金を組み込んだ許可証取引制度

ここまでの分析では，許可証の取引に介入を行って，最適水配分を実現するものであった。もう一つの最適性を実現する方策として，下流の地域が生産物に数量に応じて補助金を与える政策を取り上げる。これを，「生産補助金を組み込んだ許可証取引制度」と呼ぶ。これは，生産物に補助金を与える制度である。生産物に補助金を与えるのであれば，通常は，生産要素の投入 (ここでは水) が増加してしまう。しかし，河川の場合は，下流の水量を相対的に増やす役割を持たせるように補助金を定めることで，水配分を最適なものに変化させる。

この制度では，最上流地域以外の生産物一単位に，地域ごとに定められた補助金 s_i を与える。これにより，各地域の生産者の利潤は，

$$(p + s_i)y_i - C^i \tag{5.96}$$

となる。このスキームでは s_i を次のように定める。

$$s_i = \theta_i^{-1}\gamma_{1,i}, \quad \theta_i = f_i'(w_i^*) \tag{5.97}$$

他方，下流介入型と同様に，$\sum_{i=1}^{n} w_i^*$ だけの許可証を発行する。各地域の純便益は，次のように表される。

$$\pi^i = (p + s_i)f_i(w_i) - C_i(w_i, S_i) + p_w^i(\bar{w}_i - w_i) \tag{5.98}$$

純便益最大化行動により，

$$(p + s_i)f_i' - C_w^i = p_w \tag{5.99}$$

が成立することになる。補助金の水準である s_i の定義より，これは，次を意味する。

$$pf_i' - C_w^i = p_w - (\lambda_1^* - \lambda_i^*) \equiv \lambda_i^s \tag{5.100}$$

したがって，各地域の水使用量は，水使用税 $(\lambda_1^s, \cdots, \lambda_n^s)$ が課されたときの水準と同等となる。よって，$p_w = \lambda_1^*$ であるならば，最適水配分において，(5.80) が満たされている。つまり，最適水配分は，われわれの生産補助金スキームにおいて，$p_w = \lambda_1^*$ となる許可証取引市場均衡として表されることになる。

今度は，$p_w = \lambda_1^*$ を示そう。かりに，$p_w > \lambda_1^*$ であるとしよう。すると，(5.100) から，以下が成立することがわかる。

$$\lambda_i^s > \lambda_i^*,\ i = 1, \cdots, n \tag{5.101}$$

ところが，仮定より，$(\lambda_1^s, \cdots, \lambda_n^s) \gg (\lambda_1^*, \cdots, \lambda_n^*)$ であるような $(\lambda_1^s, \cdots, \lambda_n^s)$ のもとでの水使用総量は，最適水使用総量を上回る。これは，許可証市場が供給超過となり均衡していないことを意味するから，$p_w > \lambda_1^*$ は，成立することはない。$p_w < \lambda_1^*$ の場合も，同様にして，許可証市場が需要超過となっていることを導くことができる。したがって，許可証市場均衡では，$p_w = \lambda_1^*$ が成立する。

このスキームでは，補助金の導入により，下流地域で水使用を増加させることが生産者にとって最適であるように誘導することで，河川の最適水配分が達成される。上流より許可証を購入することで，購入した水量がもたらす外部不経済が低下することになる。なお，このスキームは，生産物市場への影響を考慮していない。流域間で生産物が取引される場合には，生産物市場均衡が変化し，水需要量にも影響が及ばされるだろう。ここでは，生産物が，価格 p で流域外に供給される (小国と同様の) ケースを想定している。

5.4.6 許可証の初期配分

許可証の配分には，さまざまな問題点が指摘されている。多くの場合，過去の使用量に応じて配分を決定する，いわゆるグランドファザリング方式が中心になるが，使用が非効率であるために過去の使用量が多い利用者を優遇してしまうことになり，公平性に反するという批判は多い。

気候変動問題の文脈では，もちろん温室効果ガスの排出を制限することを第一の目的として排出許可証取引が導入される。この文脈では，将来世代に気候変動制御の便益が与えられ，現在の経済主体は，家計と生産者を問わず，多くの場合，経済的な損失を受けるものが多い。言うまでもなく，こうした利害関係の構造が，気候変動制御政策としての排出許可証取引制度を容易に導入できない理由となっている。また，汚染物質の排出許可証取引でも，汚染物質の制御という点で，家計に便益が生じるが，生産者はやはり損失を被る場合が多く，得をする生産者と損をする生産者に明確に分かれることはない。

一方，本論で考察している河川流域における許可証取引では，一般に，下流の地域の純便益が上昇する。このため，流域全体でも純便益の総和が増大するため，すべての地域で純便益の増大が発生する可能性もあるが，下流だけが利益を得る結果だと，上流地域は，許可証制度の導入に反対するであろう。上流の純便益を，許可証の初期配分によって，増大させることは可能であろうか。以下では，最上流地域の純便益と許可証の初期配分の関係について見ていく。

下流介入型許可証取引制度を取り上げ，このスキームで地域間で許可証が取引されるとき，最上流地域の便益の決定は，初期配分にどのように影響を受けるだろうか。

まず，$\lambda_1^* > 0$ およびレッセフェールでの地域 1 の影の価格が $\lambda^m = 0$ と表されるから，$w_1^* < w_1^m$ である。したがって，初期配分許可証 $\bar{w}_1 \leq w_1^*$ であれば，明らかに最上流地域の純便益は減少する。つぎに，$\bar{w}_1 = w_1^m$ とすれば，下流介入型許可証取引制度での地域 1 の純便益は，レッセフェールの純便益を下回らない。なぜなら，地域 1 にとって，$w_1 = \bar{w}_1$ は実行可能なので，他の水使用量を選択するならば，必ず $w_1 = w_1^m$ のときの純便益を下回ることはないからである。すなわち，

$$\pi^1(w_1^m, S_1) \leq \pi^1(w_1, S_1) + p_1^w(\bar{w}_1 - w_1) \tag{5.102}$$

が成立する。さらに，本論で仮定しているように，π^i が w_i に関して厳密な凹関数である場合には，上式は厳密な不等号で成立する。したがって，このスキームのもとでの地域 1 の純便益が，レッセ・フェールの場合と同等になる初期水利権賦与 $\tilde{w}_1^{**}$ が存在し，

$$w_1^* < \tilde{w}_1 < w_1^m \tag{5.103}$$

を満たす。このことは，$\bar{w}_1$ を w_1^m を下回る水準に選択した場合でも，下流介入型許可証取引制度の導入により最上流地域の状況は，導入前に比して改善されることを意味する。

おわりに

本論では，資源利用の問題を，食糧生産に不可欠な栄養塩であるリンと水に焦点をあて分析した。資源経済学は，主に，資源の効率的利用に焦点をあてている。本論では，資源として栄養塩 (リン) と水を取り上げ，栄養塩の過剰利用だけではなく，それがもたらす水質汚染の問題の考察を行った。特に，水質汚染と過剰利用を改善する，経済的手段についての研究を展望した。また，リンの使用に関して，リサイクルを含んだ通時的なモデルで，効率的利用の性質を見た。通時的なモデルで考察したように，陸上のリンは代替可能性が低く，さらにその自然での循環に膨大な時間が要するために，人間にとっては非再生可能資源と考えられる。リンの過剰利用を軽減することは，非再生可能資源の枯渇時期を延ばすだけではなく，水質汚染を緩和することからも重要である。

本論では，リンなどの栄養塩による汚染制御の問題として，面源汚染を取り上げ，制御の手段として，肥料に対する課税およびリンの汚濁物質の排出許可証取引の問題を扱った。面源汚染は，汚染を扱う単純なモデルとは，いくつかの点で異なっている。一つは，汚染による被害の水準が一意にではなく，確率的に決定されることである。これは，被害が天候等の自然条件により，その大きさが異なることを反映している。さらに，複数の肥料使用主体 (農業生産者) が存在すると，どの主体がどれだけ被害に貢献しているかという点でも不確実性が生じる。これらの不確実性も考慮に入れ，社会的最適を実現する課税システムは，理論的に可能であるが，現実的な適用可能性は，すでに述べたように低いと考えてよい。こうした実現可能性の低い課税システムではなく，あくまでも現実性に基づく議論には，次善 (セカンド・ベスト) の課税理論がある。これは，最適 (ファースト・ベスト) であれば，生産者間で使用する生産要素の税率に一般に差異が生じるが，同一の税率を設定するという条件の下で，社会的純便益を最大化するものである。本論では触れなかったが，こうした議論には，例えば Classen and Horan (2001), Helfand and House (1995) および Larson, Helfand and House (1996) などがある。

水の問題については，本論では，河川の水利用の効率性の立場から，課税と水利権の取引制度を考えた。河川で効率性を実現するための条件は，上流と下流の関係により，複雑なものになることが示された。特に，水利権の取引は，一般的な排出許可証取引と異なり，取引の成果として効率性を必ずしも実現するわけではない。本論では，その是正策として，許可証取引に課税と補助金を組み合わせる制度が有効であることを示した。なお，特に国際河川で上流と下流で，政治的な紛争が起こる可能性が指摘されてきた。国際河川ではこうした制度は，導入が政治的に実現可能性が高いものとは言えないであろう。しかし，下流の限界純便益が上流の限界純便益より大きいと考えられる現状からは，パレート改善の余地が存在すると推測される。パレート改善を実現する，導入可能な制度あるいは自発的な水資源配分メカニズムの開発は今後ますます重要となるであろう。

参考文献

Begon, M., J. L. Harper and C. R. Townsend (1996), *Ecology: Individuals, Populations and Communities*, 3rd edition, Wiley-Blackwell. ベゴン・タンゼント・ハーパー著，堀道雄監訳 (2003)『生態学』，京都大学学術出版会。

Becker, N., N. Zeitouni and D. Zilberman (2000), "Issues in the economics of water resource", Tietenberg, T. and H. Folmer (eds.), *The international year book of environmental and resource economics 2000/2001*, Edward Elgar.

Claassen, R. and Horan, R. D. (2001). "Uniform and Non-Uniform Second-Best Input Taxes: The Significance of Market Price Effects on Efficiency and Equity". *Environmental and Resource Economics*, 19, 1-22.

Easter, K. W., M. W. Rosegrant, and A. Dinar (eds.) (1998), *Markets for water: potential and performance*, Kluwer Academic Publishers.

Fabricius KE, Okaji K and De'ath AG (2010) "Three lines of evidence to link outbreaks of the crown-of-thorns seastar Acanthaster planci to the release of larval food limitation", *Coral Reefs*, 29, 593-605.

Gilbert, N. (2009) "The disappearing nutrient", *Nature* 461, 716-718. 小林盛方訳「肥料資源「リン酸」が枯渇する？」『nature ダイジェスト』2010 年，4・5 合併号，34-37.

Gisser, M. (1983), "Groundwater: focusing on the real issue", *Journal of Political Economy*, Vol.91, pp.1001-1027.

Hahn, R.W. and G. L. Hester (1989), "Marketable Permits: Lessons for Theory and 24 Practice", *Ecology Law Quarterly*, 16, 361-406.

Helfand, G. E. and House, B. W. (1995) "Regulating Nonpoint Source Pollution under Heterogeneous Conditions". *American Journal of Agricultural Economics*, 77,

1024-1032.

Larson, D., Helfand, G. and House, B. W. (1996). "Second-Best Tax Policies to Reduce Nonpoint Source Pollution". *American Journal of Agricultural Economics*, 78, 4, 1108-1117.

Horan, R. D., J. S. Shotle and D. G. Abler (1998), "Ambient taxes when polluters have mulple choices", *Journal of Environmental Economics and Management*, 36, 186-99.

Horan, R., J. S. Shortle, D. G. Abler and M. Ribaudo (2001), "The Design and Comparative Economic Performance of Alternative Second-Best Point/Nonpoint Trading Markets", Staff Paper #2001-16, Department of Agricultural Economics, Michigan State University.

Horan, R. (2001), "Differences in Social and Public Risk Perceptions and Conflicting Impacts on Point/Nonpoint Trading Ratios", *American Journal of Agricultural Economics* 83, 934-941.

Horan, R. D., J. S. Shotle and D. G. Abler (2002), "Ambient taxes under m-dimensional choice sets, heterogeneous expectations, and risk-aversion", *Environmental and Resource Economics*, 21, 189-202.

Horan and J. S. Shortle (2005), "When Two Wrongs Make A Right: Second-Best Point- Nonpoint Trading Ratios", *American Journal of Agricultural Economics* 87 (2), 340-352.

Howe, C. W., D. R. Schurmeier, and W. D. Shaw JR. (1986), "Innovative approaches to water allocation: the potential for water markets", *Water Resources Research*, Vol.22, No.4, pp.439-445.

Odum, E. (1983), *Basic Ecology*, Saunders College Publishing. 三島次郎訳，オダム (1991)『基礎生態学』，培風館.

The Broaker (2009) "The next inconvenient truth: peak phosphorus" August, 6-9.

Pearce, D. and P. Koundouri (2003), "Fertilizer and Pesticide Taxes for Controlling Non-point Agricultural Pollution" The World Bank Group. www.worldbank.org/rural.

Provencher, B. and O.Burt (1993), "The externalities associated with the common property exploitation of groundwater", *Journal of Environmental Economics and Management*, 24, 139-158.

Rogers, P. (1993), "The value of cooperation in resolving international river basin disputes", *Natural Resources Forum*, May, 117-31.

Rosegrant, M. W. and H. P. Binswanger (1994), "Markets in tradable water rights: potential for efficiency gains in developing country water", *World Development*, 22, No.11, pp.1613-1625.

Segerson, K. (1988), "Uncertainty and Incentives for nonpoint pollution control", *Journal of Environmental Economics and Management* 15, 87-98.

Shortle, J. S. and R. Horan (2001), "The economics of nonpoint pollution control", *Journal of Economic Survey*, 15, 255-88.

Thobani, M. (1998), "Meeting water needs in developing countries: resolving issues in establishing tradable water rights", in Easter et al. eds.

Vitousek, P. M., H. A. Mooney, J. Lubchenco, J. M. Melillo (1997), "Human Domination of Earth's Ecosystems", *Science* 177, 494-99.

Yoffe, S., A. T. Wolf, and M. Giordano (2003), "Conflict and cooperation over international freshwater resources: indicators of basins at risk" *Journal of the American Water Resources Association*, October, 1109-1126.

環境省 (2004)「水質保全分野における経済的手法の活用に関する検討会資料」.

国土交通省 (2009)「H20 年　全国一級河川の水質現況」

国土交通省 (2010)『日本の水資源』

農林水産省 (2009)「平成 20 食料・農業・農村白書」.

大沼あゆみ (2003),「河川流域における最適水配分について」,『三田学会雑誌』, 96 巻 2 号, 49-62.

太田猛彦 ・住明正 ・池淵周一 ・田渕俊雄 ・眞柄泰基 ・松尾友矩 ・大塚柳太郎 編 (2004)『水の事典』 朝倉書店.

澤田英司 (2006)「面源汚染負荷削減に対する経済的手法の導入」mimeo.

高橋英一 (2004)『肥料になった鉱物の物語—グアノ，チリ硝石，カリ鉱石，リン鉱石の光と影』研成社。

八杉龍一・小関治男・古谷雅樹・日高敏隆編 (1998)『岩波生物学辞典』第 4 版，岩波書店.

財団法人下水道新技術推進機構 (2010)「資源化コストについて」 第 2 回下水道におけるリン資源化検討会資料　平成 22 年 1 月 28 日.

6
法と経済

金子　晃

はじめに：「法と経済」が目指すもの

「法と経済」は，本書「**現代経済事情**」を構成する一章として，現代社会において経済に法がどのように関係しているかを明らかにするものである。近代以降の国家は法治国家であり，経済制度および政策は法を通じて設定・策定，実施されなければならない。経済活動は国家社会および国際社会の中において行われており，国家および国際社会の秩序と無関係ではない。国家および国際社会の秩序は，国が制定した法を中核とした社会規範 (道徳・倫理規範，習俗) や慣行により維持されている。経済活動は当然に社会に存在するこれら社会規範・慣行により影響を受けるし，当然のこととしてこれらを順守しなければならない。

社会規範の中核を形成している法の目的，機能，効力等，法の本質を理解することが現実の経済を理解する上で必要である。また，最近，法的現象を経済的手法を用いて分析することが盛んになってきている。いわゆる「法と経済学」あるいは「法の経済分析」とよばれる学問分野である。

法学，経済学は現在それぞれ独自に高度に発展し，相互にそれぞれの学問領域を理解しあうことが極めて困難な状況に立ち至っているように思われる。事実，法律学者は経済学を知らないという批判，またその逆も存在する。また法学の講義においても，現在，法理学あるいは法哲学といった基本法学の領域や，法と経済との関係といった基本的な問題が必ずしも十分に講義されたり，学ばれたりしていない。司法改革の一環として法曹教育の場として法科大学院が設立されたが，法律実務教育が優先され，法学の基礎的科目がおろそかにされ，こうした傾向が増大している。

法的現象を経済学の立場から分析することは，法制度の設定，また法の理解 (特に経済を規制する法律) においてはきわめて重要なことは言うまでもない。個別の法の目的，特に経済政策立法の場合に，予定した通りに目的が実現されているか，またその目的は社会のニーズを失っていないかは，経済学的分析が有効である。しかし法的な知識無しに法現象を経済学的に分析・研究することは必ずしも正しい分析や十分な理解にいたらないであろう。

そのためにも法律について基本的なことを経済との関係で，経済学を学ぶ学生に理解してもらうことが有益であると考える。

本書の「法と経済」では，以上の問題意識から現代社会における「法と経済」の関係について述べ，同時に経済学を学ぶ学生にとって現代の経済を理解する上で必要と考える法的知識について解説することを目的にする。

6.1　現代市民社会におけるわれわれの生活

6.1.1　市民社会とは

現在われわれが生活している社会は，一般に市民社会と呼ばれている。市民社会と呼ばれている社会は，歴史的には中世の封建社会が打破され，その後に成立した社会である。このことを明確にするために，**「近代」市民社会**と呼ぶこともある。現在われわれの生活している社会は，この近代市民社会の発展したものであり，その意味では**現代市民社会**と呼ぶことができよう。

近代市民社会はそれ以前の封建社会と異なり，**「自由，平等で独立した」市民**により構成される社会であるとされた。このように近代市民社会では，社会の構成員 (市民) はすべて独立していて平等で，自由であるとされた。「自由である」とは「国家からの自由」，すなわち市民は国家から干渉や規制を受けることなく生活できるということを意味する。また「独立」とは，他から支配されることなく自己の意思に従って行動することができるということを意味する。すなわち，市民は自分の自由な意思に基づいて生活を営むことができなければならないと考えられた。同時に，自分の自由な意思に基づく行動およびその結果に対しては責任を負わなければならないとされた。自由は責任を伴う。これは「**私的自治**」と呼ばれ，市民社会の基本的原理とされた。

6.1.2 市民社会の構成員

市民社会の構成員は基本的にはわれわれ人間である。しかし現代の市民社会では企業など人間が作った組織や団体も，われわれ人間と同じように社会の構成員として活動している。とはいえ組織や団体そのものが人間と同じように頭脳を持ち，考え，身体を動かして生活しているわけではない。その組織および団体に属している人間が考え，意思決定を行い，行動している。それを組織や団体の決定および行動ととらえているのである。すなわち，これら組織や団体は擬制された人間ということができる。このように考えれば，われわれが作った組織や団体も，人間と同じように生産，取引など経済活動を行い，また社会の一員として寄付行為を行うなど，われわれ人間と同じように社会関係を形成して，さまざまな活動を行っている。現代の市民社会においては，このように人間が作った組織や団体の比重が大きくなってきている。人間が自分たちの生活を豊かにするために作りだしたこれら組織や団体に，逆に人間が奉仕しているという現象も生じている。すなわち，人間のために組織が存在するのではなく，組織のために人間が存在するといった現象がみられる。

市民社会は，「独立した平等で自由な市民により構成されている」と述べたが，これは市民社会の構成員をわれわれ人間と考えた場合にいえることであって，大企業とわれわれ人間が対等で平等な社会の構成員であるというのは，事実に反するということができよう。そこで，人間が作り出した組織や団体，特に企業の社会における比重が大きくなるにつれて，われわれ人間を中心とした市民社会の秩序を維持し，われわれ人間が豊かな人生を送ることができるようにするために，こうした組織や団体を社会的にいかにコントロールするかが問題となる。

6.1.3 市民社会における国の役割

市民社会も社会である以上，その秩序を維持し，社会構成員の安全で豊かな社会生活を維持・確保していくことが必要である。このために，市民社会においても国家 (政府) を組織することが不可欠である。しかし近代市民社会における政府は，封建社会における絶対君主とは異なり，市民により作られた，市民のための政府でなければならない。すなわち，市民社会においては，社会を秩序づけ，維持・発展させていく権利 (統治権・主権) は市民 (国民) に帰属し，国民の委任に基づいて，国が統治権を行使することになる。日本国憲法はこのことを前文において次のように宣言している。

「… ここに主権が国民に存することを宣言し，この憲法を確定する。そもそも国政は，国民の厳粛な信託によるものであって，その権威は国民に由来し，その権力は国民の代表者がこれを行使し，その福利は国民がこれを享受する。これは人類普遍の原理であり，…」

このように市民社会おいては，国の役割は封建社会における絶対的な権力を有していた国家 (君主) と異なり，市民社会における国の役割は，市民の自由な活動を可能とする社会の諸制度を作り，また市民の自由な活動を支援し保障することと考えられた。そこで，国は市民の人間としての基本的権利を法により認めると同時に，国の権限を明確に法により限定し，国は法に基づき，法の定めた手続きに従って，市民である国民を統治することとされた。これが**「法治主義」**あるいは**「法による支配」**と呼ばれるものである。これらは「私的自治」と並んで市民社会の基本的原理である。

すでに述べたように，近代市民社会における市民生活は市民の自治と自己責任においておこなわれることが原則となる。したがって，国は市民間の生活関係には介入しないことが原則となる。市民の自治と自己責任が機能するように諸制度を整備し，市民の自由な活動を支援することが国の役割となる。

他方，主権者である国民の委任により国を維持・管理していくためには，市民である国民を統治していかなければならない。国を維持管理していくためには税を徴収すること，国の独立を確保するために国を防衛すること，国民の安全な生活を確保するために反社会的行為を取り締まること，市民間の紛争を解決して社会の平和を確保することなどが不可欠となる。

6.1.4 市民社会の基本原則

近代市民社会は，すでに述べたように「私的自治」と「法治主義 (法による支配)」を基本原則とする社会である。近代市民社会の発展形態である現代市民社会においてもこれが基本原則とされるが，近代市民社会の成立以降の社会の変化に伴って，これら基本原則に修正が行われてきているが，それに関しては後に説明する。

6.1.5 わが国における近代市民社会の成立と発展

近代市民社会は，フランス，イギリス，ドイツ等ヨーロッパの国々において成立したが，それ以外の国においても歴史の発展の過程で，様々な経緯と形態で成立し，それが今日の世界の各国において発展し，現代に至っている。自由と民主主義を前提とした現代の社会は，近代市民社会を前提とし，その発展した社会，言い換えれば「現代」市民社会ということができる。

わが国では，市民革命により封建社会を打破して近代市民社会を成立させたという歴史はない。しかし，徳川幕府が崩壊し，明治維新後わがくにが目指してきたのは，士農工商といった身分制度を基礎とし武士が社会を支配した封建制度に代わって，西欧先進諸国のような身分制度を前提としない自由で平等な市民により構成された市民社会をわが国に実現することであった。明治政府は，西欧先進諸国を手本として法制度を整備し，わが国が西欧先進諸国と同じ市民社会を背景とした近代国家であることを諸外国に示そうとした。

しかし，西欧先進諸国のような法制度が整備されても，わが国の社会には多くの封建的な制度や慣行が存続していた。また明治政府は「富国強兵」のスローガンの下で，国の規制や多くの封建的な制度・慣行を維持・存続し，国民である市民に自由や平等を十分に保障せず，必ずしも市民社会と呼べるような社会は実現しなかった。しかし「殖産興業」のスローガンの下，また幸運にも第 1 次世界大戦において戦勝国となり，わが国経済は発展し，国民の生活水準も向上した。しかし，昭和初期の世界大恐慌に巻き込まれたわが国は，やがて第 2 次世界大戦に突入することとなった。

第2次世界大戦に敗れたわが国は，占領国の支配下において，民主的な新憲法を制定し，さまざまな改革を行って市民社会実現のための努力を行った。その結果，日本国憲法の下で封建的な制度や慣行が排除され，市民社会の仕組みは出来上がった。しかしながら，敗戦からの復興，わが国経済発展のための産業・企業の育成・保護が国の政策において優先され，経済への国の介入や規制が大規模に行われた。さまざまな幸運にも恵まれ，わが国は敗戦の混乱から比較的早く復興し，経済を発展させ，世界でも有数の経済大国になり，国民は物質的には極めて豊かな生活を送ることが可能となった。

他方，国民および企業の間に，国 (政府) の保護や規制に依存する体質が醸成されてきた。不都合や困難が生じれば自分たち自身の考えや行動によって解決しようとせず，国に対応を要請し，国による解決に依存するようになった。このような自己責任の原則が支配しない社会は市民社会と呼ぶことはできない。

このように見てくると，平等で対等な市民の自由な行動が行われ，その行動の結果に責任をとるという本来の市民社会はわが国では発展してこなかったといえる。また国の側にも市民の自由な発想と行動を支援するという，市民社会における本来の国の役割を果たすという態度に徹するのではなく，国が国民のためにさまざまな政策を策定し実施するという政府先導型の考えが一般化した。

このように日本社会の歴史を振り返ると，わが国には本来的な意味での市民社会が成立してこなかったということがいえる。

6.1.6 わが国に本来的市民社会を実現することの必要性

わが国の発展の過程における，国のイニシアチブと，国民の国に対する依存体質は，国の行政範囲を著しく拡大し，財政負担を膨大なものとした。それでも経済が成長し，国民の要求に応えられる財源が確保されていたときには，何とか国の財政も維持することができた。しかし，経済成長が止まり，国の税収が減少すると国の財政状況は支出が収入を上回ることになった。

わが国は，昭和40年代には高度の経済発展をとげ，世界でも一，二の経済大国となった。しかし，昭和40年代後半に勃発したオイルショックはわが国経済を直撃し，わが国の経済成長は鈍化・停止に見舞われた。このときは，企業の合理化を推進し，輸出をのばすことにより，わが国は経済危機を乗り越えることができた。しかし，このことは欧米諸国との間の貿易摩擦を拡大することになった。欧米諸国から摩擦の解消，すなわち国内需要の拡大，および国内市場のより一層の開放による国際収支における黒字の縮小を迫られることになった。同時に，国内的には経済大国にふさわしい豊かな生活の実現が国民の側から要求されるようになった。すなわち，日本が世界で一，二を争う経済大国になったにもかかわらず，国民の生活は欧米先進諸国の国民の生活に比較して豊かではないという指摘である。

その後わが国はバブル経済に突入し，平成3年頃よりバブルが崩壊し，わが国は未曽有の経済危機に見舞われることになった。バブル崩壊による経済危機は金融機関にも及び，金融機関の倒産も生じ，金融システムの安定の確保が政治的な課題となった。経済危機はわが国だけの現象ではなく，時間の差はあれ，世界各国が経済的な困難さと国家財政の悪化を経験し，その克服に努力してきた。

世界の先進諸国は，一方で国の役割を見直し，効率的で小さな政府の実現を図った。他方，国の不必要な規制を緩和し事業者に事業活動の自由を拡大し，その活性化を図り，経済の成長を達成しようと努力してきた。これら欧米先進諸国はすでに市民革命を通じて市民社会を確立しており，その後の市民社会の発展の過程で生じた，国の機能の肥大化を見直し，市民社会の活性化を今日の社会に取り戻そうとしているといえる。

ところで，わが国がいま進めている財政改革，行政改革，規制緩和からは，必ずしも活力ある市民社会を実現しようとの理念が見えない。現在行われている行財政改革は，困難な財政状況を改善するためであって，市民社会おいて国が本来果たさなければならない機能に限定した小さな政府を実現するといった視点は見いだせない。また規制緩和も事業者に都合の悪い規制を緩和し，事業者の利益追求の手段を拡大するだけで，不必要な規制を緩和し，国民である消費者の利益の増大を図るという視点も見いだせない。

わが国の現在の困難な状況を克服し，21世紀に相応しい豊かな社会を実現するためには，真の意味での市民社会をわが国に実現することでなければならない。いまこそ，市民社会の構築をわれわれは行わなければならない。そのためには，市民社会とは何か，その社会においては市民がどのように行動することが要請されるのか，国はどのような役割を担わなければならないかが考えられなければならないし，また現代の社会にそれをいかに実現するかを考えなければならない。

6.2 市民社会における経済生活と法

6.2.1 市民社会における生活関係

市民社会において，市民はさまざまな生活関係を形成して生活を営んでいる。これらの生活関係を大きく2つにわけることができる。一つは，市民社会の構成員間に成立する生活関係である。すでに述べたように，市民社会の構成員にはわれわれ人間だけではなく，われわれ人間が作った組織も含まれる。この生活関係を，法律学では，**私的生活関係**と呼ぶ。物の売り買い，貸し借りといった経済生活関係は典型的な私的生活関係である。また夫婦，親子といった家族の間の生活関係も私的生活関係である。市民相互間のすべての生活関係が私的生活関係である。私的生活関係は，現在の国際化した社会においては，国内だけにとどまらず，国境を超えて展開されている。

私的生活関係に対して，国と国民の関係，また都道府県区市町村 (地方公共団体あるいは地方自治体と呼ばれる) と住民との関係，国と地方公共団体との関係，国の組織間の関係，地方公共団体相互間の関係などは**公的生活関係**と呼ばれる。

市民社会における生活関係を，このように法律学で私的生活関係と公的生活関係に分けるのは，それぞれの生活関係を支配する原則が異なるからである。すでに説明したように，私的生活関係は私的自治の原則が支配する。他方，公的生活関係は法治主義 (法による支配) の原則が支配する。

6.2.2　私的生活関係への国の関与

市民社会はその発展の過程において，私的生活関係への国の関与を要請することが必要となった。

第 1 に問題となった生活関係は，企業と労働者の間の雇用関係である。市民社会においては，雇う者も雇われる者も対等で自由な立場にあるとされる。この対等で自由な立場にある当事者が，雇用に関して私的自治にもとづいて自由に契約を結ぶことが認められる。しかしながら，一般には雇う者と雇われる者とは，とくに雇う者が個人ではなく企業の場合には，採用の交渉において企業と個人は決して対等ではない。一般には労働市場において，供給 (働きたい人) が需要 (採用) を上回っているため，失業者が存在し，市民である労働者は企業と対等の立場で労働条件について話し合い，自由な意思で契約を結ぶことは不可能である。歴史的には産業革命以降，労働者は劣悪な労働条件と職場環境の下で働くことを強制された。このことは，社会全体として考えた場合，労働力の疲弊を招き，その再生産を脅かすことになった。そこで，働く人たちの労働条件を守り，同時に社会の労働力の再生産を可能とするために，本来は当事者の自由に任せるべき関係に国が関与することになった。

第 2 に問題になったのは，いわゆる社会保障，あるいは社会福祉の領域である。生まれたときから身体に障害を持っている人や，健全に生まれたにもかかわらず，その後身体に障害を持つようになった人，働く意志と能力を持ちながら職場を確保することができない失業者を，自己責任や篤志家の慈善事業に任せるのではなく，国や地方公共団体はそれらの者の生存の権利を保障し，社会全体の健全な発展という観点から支援している。

第 3 に問題になったのは，経済の寡占化・独占化である。私的自治を原則とする経済社会においては，各経済主体の自由な競争が行われる。それぞれの取引の場 (市場) における競争が機能して市場に秩序が形成され，国が積極的に経済の流れに介入する必要がないというのが市民社会における基本的考え方である。しかしながら，各経済主体の自由な競争に基づく経済社会の発展は，その後，少数の大企業に支配される産業を生み出してきた。そして現在，多くの産業が規模の大きな少数の企業により構成される構造になっている。こうした経済の状況は経済の寡占化・独占化と呼ばれる。

こうした寡占産業においては，企業は必ずしもお互いに活発な競争を行わず，特に価格に関して，協調的に行動することが知られている。時には共同して価格を決定したり，市場を分割したりして，競争を回避することがある。企業が競争を活発に行わず，協調的に行動し，競争を回避する行動をとることは，競争の機能を十分に発揮させ，われわれが望む経済秩序を形成することを阻害することとなる。そこで現代の先進諸国においては，国が経済に介入し可能な限り競争を確保・維持し，また寡占・独占の弊害を除去する政策を採用している。競争政策あるいは独占禁止政策，中小企業政策，消費者行政がその代表である。ここにおける基本原則は，社会全体の利益の観点から私的自治の原則に対する修正である。

さらに，市場の失敗あるいは外部不経済と呼ばれる現象もある。これらの事象は市場の機能によっては解決できない。これらの問題を解決し経済の健全な発達を確保し，市民である国民の福祉を増進するために，経済への国の介入が要請される。ここにおける基本的原則も，社会全体の利益の観点から私的自治の原則に対する修正である。

このように現代市民社会においては，私的生活関係に社会全体の健全な発展，あるいは社会全体の利益の確保という観点から国が関与するようになってきている。

6.2.3 生活関係と法

市民社会においては，法はわれわれの生活関係を**私的生活関係**と**公的生活関係**に分け，それぞれの生活関係を私的自治および法治主義という別々の原則により支配することとした。これらの原則はそれぞれの生活関係を秩序づけるために制定された法の原則でもある。

私的生活関係を私的自治の原則により規律する法のグループは**私法**と呼ばれる。市民相互間の関係を秩序づけている**民法**および企業をめぐる生活関係を秩序づけている**商法**は典型的な私法に属する法である。

公的生活関係を法治主義 (法による支配) の原則により規律する法のグループは**公法**と呼ばれる。国の基本的組織，国民の基本的な権利・義務，国の運営の基本原則などを定めている**憲法**，国の行政組織や行政手続きを定めている**行政法**，裁判制度や裁判手続きを定めている**訴訟法** (裁判所法，民事訴訟法，刑事訴訟法など)，反社会的な行為を犯罪行為として定め，それらの行為を行った者を処罰することを定めている**刑法**などは典型的な公法である。

すでに述べたように，市民社会の発展過程において，私的生活関係への国の関与がなされるようになった。ここでは私的自治の原則が社会全体の利益の観点から修正される。私的生活関係への国の関与は法治主義の原則により，法の制定，実施という形をとる。こうした法のグループを私法，公法と区別して**社会法**と呼ぶことがある。社会法は規制原理が社会全体の利益であることからこのように呼ばれる。労働者と使用者の生活関係を規律する法 (**労働法**)，社会保障や社会福祉に関する法 (**社会保障法**) は代表的な社会法である。このほか，国が経済の流れに介入する法 (**経済法**) も社会法である。

6.2.4 私的生活関係と経済生活

われわれの生活関係は，私的生活関係と公的生活関係に大別されることはすでに述べたが，私的生活関係のほとんどは経済生活に関係している。このことはわれわれの日常の生活を考えてみれば理解できるであろう。しかもこれらの経済生活は契約と密接な関係を有している。われわれが日常生活で消費あるいは利用している物あるいはサービスは企業あるいは事業者より購入・提供を受けたものであり，これらはすべて取引によるものである。これら取引は法律では**契約**と呼ばれる手段により行われている。

たとえば，毎日使用している水道水は市区町村との間で結ばれている水道水の供給契約によるものであり，毎日購読している新聞は新聞販売店との間の個別配達を内容とする新聞購読契約によるものであり，毎日食べている食品や身につけている衣料品は商店との間の売買契約によるものであり，また毎日利用している電車やバスは交通機関との間の運送契約によるものである。

われわれの日常生活は，広い意味で経済生活であり契約に基づいているということができる。さらに継続的に行われている家族生活や個々人の生活を考慮に入れれば，経済生活関係，契約関係はさらに拡大する。

われわれの生活はいま見たように，物・サービス等を購入し，またその提供を受け，それらを消費または利用することによって成り立っている。われわれが消費または利用している物やサービスなどは，主として事業者との取引により入手している。この取引は，すでに述べたように法律の言葉では契約により行われる。たとえば，書籍の購入は書店との「売買契約」により行われる。貸本屋で本を借りる場合は「賃貸借契約」であり，友人から借り賃を払わずに借りる場合は「使用貸借契約」である。それぞれの取引の性格および内容により異なった契約が行われる。

われわれの日常生活がいかに経済生活と関係しているか，また契約と関係しているかを見たが，企業の生産活動および流通活動も経済生活であることを考えれば，市民社会における私的生活関係のほとんどが経済生活関係であるということができる。

私的生活関係を規律する法のグループを私法とよび，私法の代表的な法が民法および商法であることはすでに述べた。民法という場合，明治 29 年 4 月 27 日に制定された民法 (法 89 号) をいう場合と，この法律に付属する法を含めていう場合がある (前者を狭義の民法，後者を広義の民法という) が，前者の意味で使用する場合は民法典とよび，後者と区別する。民法典は，われわれの私的生活関係のほとんどが経済生活関係であること，その他重要な生活関係が家族を中心とした親族間 (たとえば夫婦，親子等) の生活関係であることから，経済生活に関係する部分 (第 1 篇 (総則)，第 2 編 (物件) および第 3 篇 (債権)) と家族生活に関する部分 (第 4 編 (親族)，第 5 編 (相続)) から構成されている。このように，民法典は市民社会における経済生活関係を秩序づけている基本法であるということができる。

商法という場合も，明治 32 年 3 月 9 日に制定された商法 (法 48 号) をいう場合と，この法律に付属する法を含めていう場合がある (前者を狭義の商法，後者を広義の商法という) が，ここで前者の意味で商法を使う場合には民法の場合と同様商法典という。商法は企業法ともよばれるが，一般市民とは異なる特徴を有する企業 (営利を目的として合理的に行動する) の経済生活関係を前提とした法である。このような特徴を有する企業の特徴に着目している商法は一般市民を前提とする民法の特別法とよぶ (これに対し民法を一般法または普通法という)。このことから企業の経済生活関係には，まず商法が適用され商法に規定のない場合に民法が適用されることになる。

6.3　法の目的と経済

法は，われわれの社会に秩序を与えるために存在している。その秩序の中に経済が存在している。この社会秩序を形成する中核的な存在が法である。経済はそれを包含する秩序と調和して存在しなければならない。われわれが求める秩序は，われわれが正しいと考える秩序であり，その秩序の中で，社会全体からみてわれわれが豊かな生活が実現することのできる秩序でなければならない。そして安定した平和な秩序でなければならない。法律学ではこれらを正義，公共の福祉，法的安定性とよび，これをまとめて，法の目的を**法的正義**とよんでいる (図 6.1 参照)。経済はこれら法の目的を考慮に入れる必要がある。

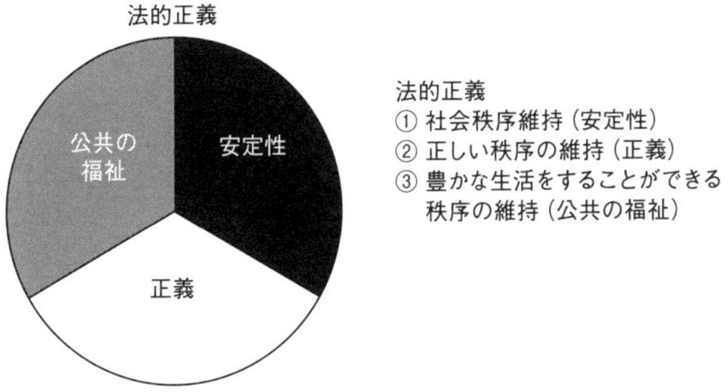

図 6.1　法の目的

6.3.1　正　　義

法により社会秩序が形成されるだけでわれわれは満足するわけではない。われわれは正しい秩序の形成を法に求める。ところで正しい (正義) とは何かが問題となるが，正義を平等ととらえるのがこれまでの一般的な考えである。正義を平等であるととらえる根拠は必ずしも明らかとされているわけではない。しかし法は基本的に人間を取り扱うものである。すなわち法はわれわれに基本的には義務・不利益を課したり，権利・利益を与えたりする。正義一般を平等と理解することができるかは別として，法のこのような性格を考えれば，われわれが正しいと考える秩序は，われわれの社会の構成員を平等に取り扱う秩序ととらえることは妥当であろう。

ところで平等には二つの形式があると考えられている。一つは同じものを同じように取り扱う平等であり。二つ目は同じでないもの，すなわち異なるものをその違いに応じて実質的に同じになるように取り扱うことである。平等のこの二つの形式にしたがって，正義を平均的正義と配分的正義に分けることができる。

人は皆それぞれ異なっている。しかしそれぞれ異なった人間を，一定の観点から見て重要とは考えられない違いを捨象していくと，その観点からみて人は同じであると評価できる。たとえば基本的人権の付与という観点から人の間に存在する違いは重要とは考えられない。性別，年齢，所得の額，宗教等は重要な違いとは考えられない。人を同じと考えて同じように取り扱うとはこのことである。逆に，一定の観点からみて重要な差異が存在する場合には，人は同じとは評価されない。たとえば課税という観点からは，高額所得者と低所得者は同じではない。同じ額を課税することは不平等である。このように重要な差異がある場合，その差異に基いて平等となるように取り扱うとはこのことである。

ここで問題となるのは，同じであるか同じでないかを判断する判断基準はだれがどのように判断するか。また同じでないと判断した場合，どのように取り扱えば同じ取り扱いになるかである。現代の市民社会においては，国民の意思に基づいて立法府，わが国の場合には代表制民主主義の制度を採用しており，国民の選挙により選出された議員により構成される国会における立法に際して判断されることになる。代表制民主主義の制度の下では国会の意思が国民の意思と擬制されるのである。

6.3.2 公共の福祉

公共の福祉，すなわち社会全体の利益という場合，個々の社会構成員の利益を無視した，社会全体の利益ではない。ここでいう公共の福祉とは，社会全体で見たときに，社会構成員がその秩序の中で豊かな生活を実現することができるか，あるいは実現しているかという問題である。この目的は理論の問題ではなく事実の問題である。歴史的に実証可能な問題である。われわれがこれまで歴史的に体験したところでいえば，社会生活全体にわたって戦争準備および遂行のために統制が全面的に実施された体制下の秩序において，人々は決して豊かな生活を送ったとは評価できない。また共産主義体制および社会主義体制の下で統制が全面的に実施された旧ソ連および東欧諸国の秩序の下で全体的にみて豊かな生活が実現していたということはできない。事実，これらの国々においてはこれらの体制は崩壊し，現在は市場経済を基本とする自由を保障する秩序が構築されている。

近代以降の歴史を見る限り，市場経済に基づく，自由で民主的な秩序，すなわち市民社会秩序が豊かな社会生活の実現を可能としてきているということができよう。しかし，近代市民社会の発展的形態である現代市民社会に，より豊かな社会生活を実現する上で問題がないわけではない。少子高齢化，一世帯家族の増加，社会構成員間の所得格差の拡大，コミュニティーの崩壊，環境破壊などなど豊かな社会生活の実現を脅かしている現象が生じている。

6.3.3 法的安定性

法による社会の安定，すなわち平和な社会生活の達成は，われわれが法に求めるまず最初に達成されなければならない目的である。しかしわれわれは秩序の維持が達成されれば，それで満足するわけではない。「悪い秩序でもないよりはましだ」，とか「悪法もまた法なり」という考えは，秩序を重視する考えである。しかしすでに述べたように，法の目的 (理念) からは悪法は法ではない。

法の目的 (理念) としての法的安定性は，秩序は正義に基いたものでなければならず，さらにその秩序において，われわれがより豊かな生活を実現できる秩序でなければならない。

以上見てきたように法は正義，公共の福祉および法的安定性を目的としている。これらの目的は調和を保っていることが望まれるが，短期的あるいは緊急の事態においては，調和が破れる場合も考えられる。例えば災害その他，避けることのできない緊急の事態の発生により，社会の秩序が破れ，混乱が生じた場合には，正義および公共の福祉に一時的に法的安定性を優先させることが必要となる場合が生じ得る。こうした場合には，国民経済の目的に法的安定性が優先することが考えられる。

経済の目的として，経済厚生あるいは望ましい経済的成果の達成 (成長，効率性，技術開発，雇用の促進等) が挙げられるが，これらの国民経済の目的は，公共の福祉，すなわち豊かな社会生活の実現という全体としての法の目的と一般的には重なり合っていると考えられるが，個別法の具体的目的と経済的目的が矛盾する場合が考えられるであろう。例えば，独占禁止法は究極的目的として消費者の利益の増進と民主的で健全な国民経済の健全な発達を掲げている。こうした目的を実現するための手段として，競争を制限する行為の禁止・制限および過度の経済力の排除により公正かつ自由な競争の促進を掲げている。この場合，経済的目的を優先させ，法の立法趣旨，政治的目的である過度の経済力の排除による民主的国民経済の促進という目的を独占禁止法の解釈執行において完全に無視することはできないであろう。

6.4 法の機能と経済

6.4.1 法 の 機 能

法は社会にわれわれが望む正しい，そして豊かな社会生活が実現される秩序を与えるものであり，この目的を達成するため主として以下の 3 つの機能を有する (図 6.2 参照)。

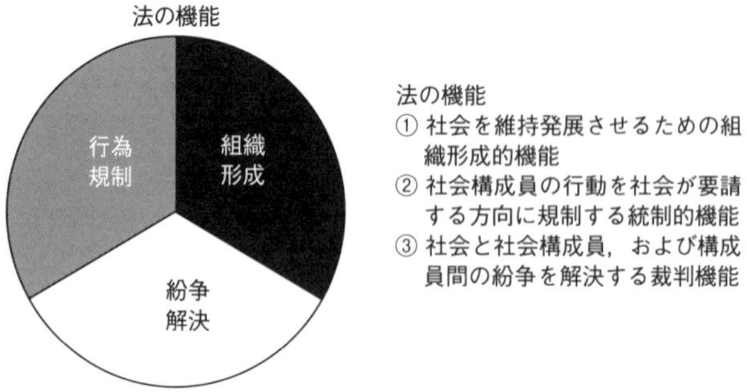
法の機能
行為
規制
組織
形成
紛争
解決
法の機能
① 社会を維持発展させるための組織形成的機能
② 社会構成員の行動を社会が要請する方向に規制する統制的機能
③ 社会と社会構成員，および構成員間の紛争を解決する裁判機能

図 6.2　法の機能

① **組織形成機能**

② **統制的機能**

③ **紛争解決機能**

国は，社会を維持発展させ社会構成員が豊かな社会生活を実現することができるようにするために，社会の仕組みや制度を構築あるいは設定しなければならない。また社会構成員に社会の要請に従って行動することを要請しなければならない。この要請に従って構成員が行動しない場合には，構成員に一定の不利益または制裁を課して要請された行動をとるよう統制しなければならない。さらに社会と構成員の間，あるいは社会構成員相互間に紛争が発生した場合にはそれを解決することが必要である。自力救済は社会を混乱に導き安定した社会を維持することを困難とする。歴史的には国家の成立に伴って，紛争の自力救済は禁止され，その代わりとして裁判制度が作られ，国は裁判により紛争の解決を図ってきている。

6.4.2　法による経済組織の形成

すでに述べたように市民社会においては法により社会の制度を設定し，法に従って構成員の行動を統制し，法に従って紛争を解決すること，すなわち法による支配が要請される。

経済は社会の重要な領域である。社会の維持発展にとって，経済制度の構築，経済活動の統制，および経済紛争の解決は不可欠である。経済に対し法が発揮するこれらの機能は，法の**経済組織形成機能**，**経済活動統制機能**，**経済的紛争解決機能**とよぶことができる。

どのように一国の経済組織を形成するか，どのように経済活動を統制するか，どのように経済的紛争を解決するか，これらの問題は個々の国の基本的原理による。国の基本的原理はそれぞれの国の基本法 (憲法) により定められている。わが国の基本法は日本国憲法が中核である。日本国憲法を中心にわが国の基本法がこれらの問題にどのような基本原理を定めているかを見ることにする。

6.4.3 日本国憲法と経済制度

わが国の基本法である日本国憲法はその前文において，**平和主義**，**自由の尊重**，**国民主権**を人類普遍の原理であり，これに反する一切の憲法，法律，命令を排除すると述べ，さらに**国際協調**を国の基本として宣言している。これら平和主義，自由主義，国民主権，国際協調はわが国制度を構築する基本的原理であり，経済制度設定を支配する原理である。すなわち**平和主義経済**，**自由主義経済**，**国民主権経済**，および**国際的経済協調**を実現することが憲法上要請されている。

ところでわが国の基本を定める日本国憲法は以下の構成にしたがって国の基本を定めている。

第 1 章　天皇

第 2 章　国民の権利・義務

第 3 章　国会

第 4 章　内閣

第 5 章　司法

第 1 章は天皇が国の象徴であることを宣言する。第 2 章は国民の基本的人権を保障し，また国民の義務を定める。第 3 章はわが国の最高機関であって，国の唯一の立法機関である国会について定める。第 4 章は国の行政を行う機関である内閣について定める。第 5 章は司法，すなわち裁判制度について定める。

特に第 2 章の基本的人権は，わが国経済の基本にかかわる国民の基本的人権について規定している。これらの規定は具体的には，第 13 条 (個人の尊重)，第 14 条 (法の下の平等)，22 条 (住居・移転・職業選択の自由)，および第 29 条 (財産権の保障) である。これらの条文と経済との関係について以下に説明する。

基本的人権と経済

第 13 条 (個人の尊重)

憲法 13 条は，「すべて国民は，個人として尊重される。生命，自由及び幸福追求に対する国民の権利については，公共の福祉に反しない限り，立法その他の国政の上で，最大の尊重を必要とする。」と定めている。この規定は個人の自由な経済活動を保障しているものといえる。

第 14 条 (法の下の平等)

憲法 14 条は，「すべて国民は，法の下に平等であって，人種，信条，性別，社会的身分又は門地により，政治的，経済的又は社会的関係において差別されない。」と規定し，平等な経済主体の地位を保障している。われわれ国民が経済主体として平等な立場で経済活動を行うことを保障している。

第 22 条 (住居・移転・職業選択の自由)

憲法 22 条は，「何人も，公共の福祉に反しない限り，住居，移転及び職業選択の自由を有する。」と規定し，いつ，どこで，いかなる経済活動に従事するかの自由を保障している。

第 29 条 (私有財産制の保障)

憲法 29 条は，「①財産権は，これを侵してはならない。②財産権の内容は，公共の福祉に適合するように，法律でこれを定める。③私有財産は，正当な保障の下に，これを公共のために用ひることができる。」と規定し，私有財産制度を保障している。私有財産の保障により自由な生産・流通活動が保障されている。

このように日本国憲法の基本的人権の保障は，すでに述べた市民社会の基本原理を保障しているということができる。日本国憲法は私的自治に基く自由な経済がわが国経済の基本であることを定めている。

6.4.4　独占禁止法と市場経済

ところで，わが国には**経済憲法**とよばれている**独占禁止法** (私的独占の禁止及び公正取引の確保に関する法律，昭和 22 年法 54 号) が制定されている。独占禁止法は，第 2 次世界大戦前および戦時中の日本を支配していた財閥解体後の日本経済を秩序づける基本的法律として，戦勝国であるアメリカの強い要請により制定された法律である。アメリカは，日本に対する占領政策として，日本の非軍事化，民主化を掲げた。日本が自由で民主的な経済を構築することが，日本が自由で民主的な国家を構築する試金石であるとして，独占禁止法の制定を強く要請した。

独占禁止法は**競争法**とも呼ばれ，市場における競争を維持することを直接の目的としているが，究極的目的は消費者の利益を確保するとともに民主的で健全な国民経済の発展の確保にある。

独占禁止法第1条はその目的を以下のように述べている。

「この法律は，私的独占，不当な取引制限及び不公正な取引方法を禁止し，事業支配力の過度の集中を防止して，結合，協定等の方法による生産，販売，価格，技術等の不当な制限その他一切の事業活動の不当な拘束を排除することにより，公正且つ自由な競争を促進し，事業者の創意を発揮させ，事業活動を盛んにし，雇傭及び国民実所得の水準を高め，以て，一般消費者の利益を確保するとともに，国民経済の民主的で健全な発達を促進することを目的とする。」

このように独占禁止法は市場における自由・公正な競争を確保し，市場の機能を確保することにより，市場の有する価格機能により市場を秩序づけ，経済全体の秩序を確保し，望ましい経済的成果を達成することを目的にしている。この意味で，独占禁止法は市場経済制度を確立する法であるということができる。すなわちわが国は市場経済を基本とする経済制度を採用しているということができ，この制度は日本国憲法の保障する基本的人権を前提とするものであり，日本国憲法に合致したものであるということができる。

6.4.5 市場経済と民法

すでに述べたように，われわれの生活は私的生活関係と公的生活関係に分類される。私的生活関係は私的自治の原理に従って，私法により秩序づけられる。私法の中心は民法である。それでは民法はわれわれの経済にどのように関係しているのであろうか。

取引の保障と民法

民法の構成についてはすでに述べたが，第1章 総則では権利義務の主体に関して定めている。第2編 物権は，物に対する権利，すなわち物権について定めている。第3編は人に対して請求する権利，すなわち債権について定め

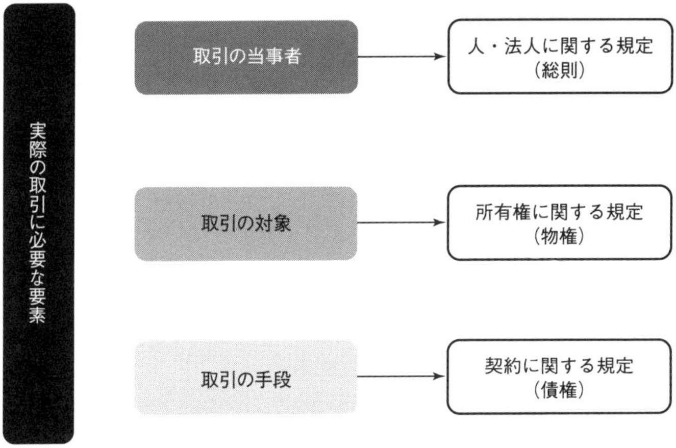

図 6.3　取引を実現するための民法の諸制度

ている。

これらの規定を経済の観点からみると，権利義務の主体に関する規定は，取引の当事者，あるいは経済活動の主体を保障する規定であり，物権に関する規定は取引の対象である物を保障する規定であり，債権に関する規定は取引の手段を保障する規定，すなわち契約に関する規定である。このように民法第1篇，第2編および第3篇は取引を保障する規定により構成されていると理解することができる。以上を整理すれば，以下のようになる (図 6.3 参照)。

取引に必要な経済的要素	取引を保障する民法の諸制度
取引の当事者	人・法人に関する制度 (総則)
取引の対象	所有権に関する制度 (物権)
取引の手段	契約に関する制度 (債権)

取引の当事者を保障する制度

われわれが現在生活している社会の経済制度は，すでに述べたように市場経済である。市場経済が成り立つためには，すべての人および企業が市場に自由に参加し取引ができなければならない。

民法第1条は「私権の享有は，出生に始まる。」と規定する。この規定は，わ

れわれ人間 (**自然人**) すべてが出生という事実をもって，取引の当事者となり得る地位あるいは資格を有していることを保障している規定である。このように民法はわれわれ人間がすべて平等な立場で市場に参加し，自己の自由な意思に基づいて取引をすることができる地位を認めている。しかし，実際には，出生したばかりの子供が自分自身で契約を結んで取引を行うことはあり得ない。また，一定の年齢に達しない人 (**未成年**) は十分な判断能力がまだ形成されていない。未成年が取引を行っても，それは本人の本当の意思に基づいたものとは言えない場合が多い。また，その年齢に達していても，精神的障害があるため，また高齢のため十分な判断能力を有さない場合もある。これらの人が行った取引は，本人の本当の意思に基づいた取引ということはできない。

そこで民法は，法律的に完全で欠陥のない契約 (取引) を行うためには，一定の要件を満たすことを要請する。この要件を欠くものが契約を結んだ場合には，その契約は無効または取り消すことができるものとしている。

すでに述べたように，われわれ人間だけではなく，人間が作った組織 (たとえば会社，学校等) も現実に契約を結んで取引を行っている。これは法律がこれらの組織に取引の当事者となりうる資格を認めているからである。このような取引の当事者となることを認められた組織を自然人に対して**法人**と呼ぶ。民法第 33 条は「法人は，この法律その他の法律の規定によらなければ，成立しない。」と定め，法人の設立を認め，成立した法人に取引の当事者となる資格をみとめている (民法第 34 条)。

法律が取引の当事者となりうる組織，すなわち法人を法律の規定に基いて成立したものに限定している (これを**法人法定主義**という) のは，世の中には無数の組織があり，これらすべてに取引を行う資格を付与すれば取引の安全を確保することができないからである。法律の規定に従って設立され，運営されている組織にのみ取引の当事者となりうる資格を付与しているのである。

現代の経済社会において，われわれ自然人は物またはサービスなどを取引し，これらを消費あるいは利用して生活を行っている消費者であるが，われわれが取引する相手はほとんどが法人であり，取引の対象である物およびサービスもこれら法人である企業が生産あるいは提供および流通させている。

すでに述べたように，消費者も法人である企業も取引当事者としては，法律上は対等な地位を保障されている。しかし後に述べるように商品およびサービスが多様化・複雑化し，これら取引の対象に対する情報に関して消費者である自然人と法人である企業とは対等ではなく，非対称な立場にある。また取引力においても対等な立場にはなく，企業の提示する条件で買うか，買わないかの自由しか有さないことが多くなってきている。ここに消費者問題が発生する根本的原因がある。消費者問題に関する法律問題は後に説明する。

取引の対象を保障する制度

民法は私的所有権制度を定めている。民法第 206 条は「所有者は，法令の範囲内において，自由にその所有物を使用，収益および処分する権利を有する。」と定めている。すなわち，物の所有権は国にあるのではなく，われわれ私人 (法人を含めて) に帰属すると定めている。そして所有者は自己の自由な意思に従って，所有物を支配することができる。「使用，収益および処分する」とは物をどのように支配してもよいことを意味する。

法律学では「私的所有権絶対の原則」という。「私的」とは物の所有権が国ではなく私人に帰属すること，また「絶対」とは他人の意思に従って物を支配するのではなく，自己の自由な意思に従って自由に支配することができ，支配はあらゆる面あるいは方向に及ぶということを意味する。

われわれは所有権にもとづいて，所有物を自由に加工して新たな物 (製品) を製造すること，また物を使用してさまざまなサービスを生み出すことができる。またこうして作られた製品やサービスを他人と取引することができる。このように私的所有権制度は取引の対象についての制度を設定して，物およびサービスの自由な取引を保障しているのである。

しかしながら現代社会においては，著しい科学技術の発達，特に先端技術の開発および実用化は新たな取引の対象を生み出している。物やサービスといった概念だけでは現代の取引の対象をとらえることは困難な状況になってきている。金融工学によって開発された様々な金融商品および金融関連商品が取引の対象とされ，こうした商品に十分な知識を有さない消費者が損失を被り，消費者被害が増加している。また土地・建物などの不動産を所有するもの，また金融資産を有する者がそれらを有さないものを支配するという，物の所有を通じて人を支配するという，本来市民社会が排除した人が人を支配するという現象が発生している。本来対等であるべき市民社会の構成員間に人的支配関係が生じ，無視できない格差状況が発生してきている。

取引の手段を保障する制度

取引は，すでに述べたように契約により行われる。民法は第三編 (債権) において，契約について，成立，効力，解除など契約に共通する規定 (第一章総則)，またよく使われると考えられる契約の種類とそれら個別の契約 (第 2 章契約) に関し詳細に定めている。民法は取引の手段である契約に関する制度を設定することにより取引が円滑に行われるようにしている。

市民社会における私的生活における原則は，すでに述べたように私的自治である。その主要な生活関係は経済生活である。ここにおける原則は私的自治であることは言うまでもない。私的自治の原則の契約における現れは，契約自由の原則である。

契約の自由は，そもそも契約を結ぶか否かの自由，契約を結ぶとして誰と結ぶか，どのような内容の契約を結ぶか，およびどのような形式で契約を結ぶか，書面によるか口頭によるかの自由を含む。

ところで取引は契約によって行われると述べたが，契約によって行われるとはどのようなことを意味するかを述べておく必要がある。契約をした当事者は契約内容に従って取引を実行することを約束する。すなわち取引関係は契約によって定められたルールに従って実施されることになる。契約は取引のルールを設定しているということができる。取引の当事者にはこのルールに従って取引を実施する義務が発生する。したがって，当事者は義務を有する者に対して義務を履行する権利を有することになる。このように契約は当事者に権利・義務関係を設定することを意味する。権利の行使と義務の履行により取引が円滑に実施されることになる。

市場経済を前提とする取引社会は，このように個々の取引契約によりルールが設定されることにより，秩序が形成されているということができる。この契約を通じて形成される取引社会の秩序を信頼して，われわれは安心して取引あるいは生活を行っているということができる。個々の取引の契約は個々の取引の当事者間の関係を規律するのみならず，全体として取引社会の信頼と秩序を形成しているのである。契約を破棄しても，相手方に損害賠償をすればよいという考え方は，契約当事者間の利害関係の調整という側面のみを考え，契約の有する取引社会の秩序維持という側面を考慮していない考えということができよう。

なお現代社会の科学技術の発達は取引の方法，すなわち契約の形態や履行にも大きな影響を与えている。今日では売手と買手の二者による対面販売に代わって，さまざまな非対面取引や複数当事者間による取引 (売り手，買い手および信販会社の三社が関係する取引) が発達し，実際にこのような取引が実施されている。通信販売，テレビショッピング，電子機器を使用した電子取引なども一般化している。こうした取引の開発および実施はわれわれの生活を便利にし，また経済の活性化および発達をもたらしている一方，さまざまな取引上の危険や被害をもたらしている。特にこれらの取引による消費者被害は重大である。

6.4.6　契約の自由

契約内容の決定と補充

われわれは，契約の自由にもとづいて，相手方との合意の下で，自己が望む相手と自己が望む条件で，自己が望む方式で契約を結び，取引を行うことができる (図 6.4 参照)。このように，私的自治の下では，取引当事者間のルール

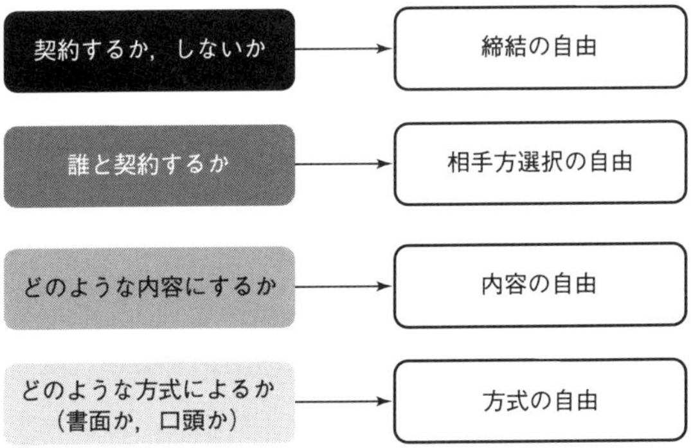

図 6.4　契約の自由

を自分たちで設定し，そのルールに従って行動することが前提とされる。そして，当事者間に問題が発生しなければ，取引は円滑に実施され，当事者双方が目的を達成することができる。

ところで，われわれは，取引をするときに将来問題が起きないようにあらゆる事態に備えてきちんとルールを契約で定めているであろうか。たとえば，スーツを購入するときに，購入した後にキズを発見した場合には，スーツを取り替えてもらうとか，修理をしてもらうとか，あるいは売主は一切責任を負わないとか，ルールを決めているであろうか。たぶんわれわれは，そうした場合を想定した詳細なルールの設定はしていないであろう。

もし取引に関して取引当事者間に事後に問題が発生し，当事者間でその問題に関して事前にルールが設定されていない場合，またルールの定めはあるが，そのルールの解釈について当事者間に意見の対立がある場合，またルールが曖昧で明確でない場合には，当事者間に利害の対立が生じる可能性がある。これが紛争に発展することもある。私的自治の下では，これらの利害対立も，紛争の解決も当事者の自由な意思に任される。しかし，最終的に当事者の自治で解決できない場合はどうなるであろうか。裁判所に解決を求めることができる。解決を求められた裁判所はどのように紛争を解決するのであろうか。

民法はこうした場合を想定して，よく生じるおそれのある紛争の解決のための基準を設定している。たとえば，デパートの洋服売り場でスーツを購入したとしよう。色と柄を選び，気に入った仕立てのスーツを選択し，試着の上購入した。家に持ち帰り，よく調べたところ，背中の部分に汚れがあった。この汚れはデパートでの購入時には気がつかなかった。このような場合，われわれは購入の際の契約で事前に問題解決のためのルールを設定することをしていないのが通常であろう。そこで，民法はこのような問題が生じることを想定して，問題解決の基準を設定している。

すなわち，契約を締結した時に買主が発見できなかったキズ (瑕疵・かし) があって，このために契約を締結した目的が達成されない場合には，買主は契約を解除することができ，その他の場合には損害賠償の請求ができると定めている (民法 570 条)。

具体的には，あまりに汚れがひどくきれいにすることができない場合に，すなわち契約を締結した目的を達成することができない場合には，契約を解除して，スーツを返却し代金を返してもらうことができる。たいした汚れではなく，容易に汚れを落とすことができる場合には，目的を達成できるので，売主の費用負担 (損害が費用分) できれいにしてもらうことになる。当事者間で解決できず，裁判所に解決を頼んだ場合，当事者間でルールが作られていなければ，裁判所はこの規定によって紛争を解決する。

以上説明したことは非常に重要なことであるので，角度を変えて説明しておくことにする。いま取り上げた規定，民法第 570 条は，われわれに規定に従って行動せよとか，契約を締結せよと要請しているのではない。われわれが取引に際し，契約によりルールを設定していない場合，当事者間で解決がつかず裁判所に解決を求めた場合には，裁判所あるいは裁判官はこの規定にしたがって事件を解決するということである。この意味で，民法 570 条はわれわれに向けられているのではなく，裁判所または裁判官に向けられた規定であるということができる。われわれにこのように行動せよと要請する規定を法律学では**行為規範**と呼び，裁判所に裁判の基準を示している規定を**裁判規範**と呼ぶ。民法 570 条は裁判規範であって，行為規範ではない。

民法 570 条のように，われわれが契約により設定するルールを補充したり，明確にしたりする役割を果たす規定を**任意規定**と呼ぶ。その規定の適用にしたがって行動するかしないかは本人の自由である (任意である) ということで任意規定と呼ばれる。われわれは私的自治，すなわち契約の自由にもとづき，任意規定と異なる内容の契約を締結することができる。この場合には，われわれは裁判所が任意規定を適用して紛争を解決することを排除し，契約内容にしたがって紛争を解決することを要請することになる (図 6.5 参照)。

任意規定と反対の規定を**強行規定**という。強行規定はわれわれの意思でその適用を排除することはできない。強行規定は国の一方的意思でわれわれに適用されることになる。たとえば前に説明した，契約の自由を保障するための諸制度を設定している民法の規定は強行規定である。たとえばわれわれ人間に権利・義務の主体としての資格を付与している民法第 3 条の規定は強行法規である。

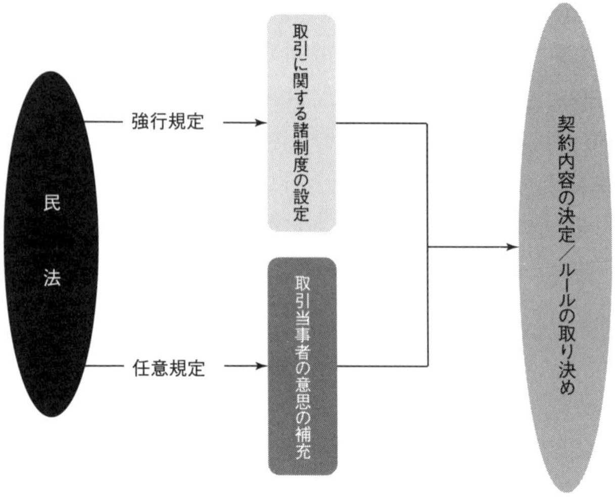

図 6.5 契約内容の決定と補充

契約の自由とその限界

われわれの経済社会は国家社会を基盤として成り立っているが，現代社会においては国境を越えて経済活動が行われている。この意味では，経済は国際社会を基盤として行われているということができる。したがって，国家秩序および国際社会との調和の上に経済社会が営まれなければならない。すなわち，私的自治・契約の自由も国家社会および国際社会との調和が必要である。言い換えれば，私的自治・契約の自由にも限界がある。契約の自由が原則であるのだから，どのような内容の契約を締結してもよいということにはならない。たとえば人を売買する人倫に反する契約 (人身売買) や，殺人など刑法で禁止されている罪を犯すことを約束する契約，国際条約で取引が禁止されている動植物を輸入・輸出する契約などが認められないことは言うまでもない。このような契約が認められれば，社会の秩序を維持することはできない。

民法は「公の秩序又は善良の風俗に反する事項を目的とする」契約は無効であると定めている (90 条)。「公の秩序」とは国の秩序を，「善良の風俗」とは社会の道徳を意味する。なおこの二つを合わせて「**公序良俗**」という。具体的に何が公序良俗に反するかは，裁判所の判決の積み重ね (判例) により決まるが，人倫・正義に反する契約や，一方に著しく不利益な契約または極端に非常識な契約は，公序良俗に反するということができる。

このように契約の自由には限界があるが，公序良俗に反しなければ自由に契約を結ぶことができるから，われわれは非常に広範囲の私的自治・契約の自由を有している (図 6.6 参照)。

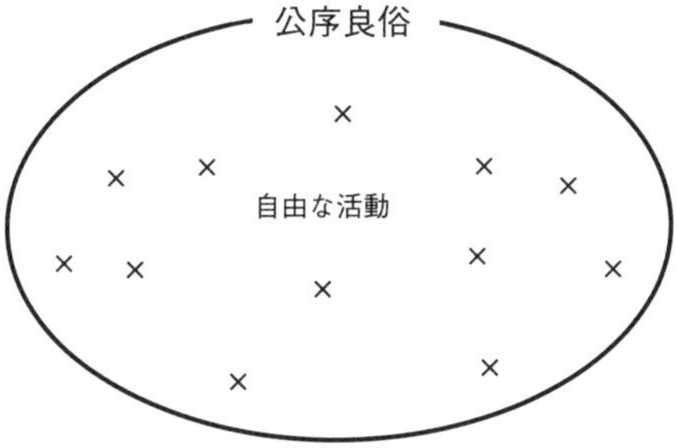

図 6.6　自由な経済活動と公序良俗

6.5　取引と契約

6.5.1　契約の種類

われわれが取引を行う場合，当事者間において契約が締結される。契約は単なる約束とは異なる。約束の場合には当事者間に権利・義務関係が形成されない。契約の場合には当事者間に権利・義務が生じる。契約において義務が果たされない場合には，権利者は義務が果たされるように義務の履行を強制することを裁判所に求めることができる。約束の場合には権利・義務関係が生じないから，約束が果たされなかったとしても，約束違反として裁判所に訴え，その責任を追及することはできない。約束違反に対しては道義的非難や社会的非難がなされることは甘受しなければならない。取引は単なる約束により行われるのではなく，権利・義務関係を発生させる契約により行われる。

われわれが取引を行う場合，すでに述べたように私的自治，すなわち契約の自由が働くため，さまざまな形態および内容の契約が締結される。取引を行う当事者にとって最も適切な形態および内容の契約が締結されることになる。売買契約による取引もあれば，賃貸借契約による取引もあるであろう。売買契約の場合でも内容はさまざまである。売買代金の支払いが一括払いの場合もあれば，分割払いの場合もあるであろう。われわれは，現代の複雑・多様な経済社会において，実にさまざまな契約を締結し取引を行っている。

民法典に規定されている典型契約

しかしながら，われわれが通常よく締結する契約の類型はそれほど多く存在するわけではない。民法典は，われわれがよく結ぶと考えられる類型の契約を取り上げて，これらの契約において紛争になると考えられる事項について，紛争解決の基準 (任意規定) を定めている。民法典は 13 の契約類型を取り上げている。しかし，これらの契約類型は民法典を制定した当時 (明治 29 年)，契約の典型的な類型と考えられたものである。この類型のなかには現代の経済社会において必ずしも典型的な契約類型でないものもある。逆に現代の経済社会においてよく使われる契約類型が含まれていない。

ここでは，民法典で取り上げられている契約類型で，現代の経済社会ではあまり典型的ではないものは除いて簡単に紹介することにする。

① 贈与契約 (549 条～554 条)
② 売買契約 (555 条～585 条)
③ 交換契約 (586 条)
④ 消費貸借契約 (587 条～592 条)
⑤ 使用貸借契約 (593 条～600 条)
⑥ 賃貸借契約 (601 条～622 条)
⑦ 雇用契約 (623 条～631 条)
⑧ 請負契約 (632 条～642 条)
⑨ 委任契約 (643 条～656 条)
⑩ 寄託契約 (657 条～666 条)

これらの契約類型は，法律学では**典型契約**と呼ばれている。これらの契約類型が，現代の経済社会において締結されている典型的な契約類型をすべて網羅しているわけではない。経済社会の変化およびそれに伴うわれわれの生活の変化に対応して，私的自治・契約の自由にもとづき典型契約も変化したり，また新たな契約類型が生み出されたりしている。しかしながら民法はまだこうした新しい状況に対応できていない。しかし典型契約をもとにして新しい事態に対応するためにも，典型契約を理解しておくことが必要である。

利用目的による典型契約の分類

民法典の典型契約をわれわれが利用する目的にしたがって分類すると以下のように分類できる。

① 物の移転を目的とする契約・・・売買契約，交換契約，贈与契約

② 物の利用を目的とする契約・・・消費貸借契約，使用貸借契約，賃貸借契約

③ 人の労務を利用することを目的とする契約・・・雇用契約，請負契約，委任契約，寄託契約

物の移転を目的とする契約

売買契約　売買契約とは，当事者の一方が物の所有権を相手方に移転することを約し，相手方がこれに対し代金を支払うことを約する契約である (55 条)。

交換契約　交換契約とは，金銭以外の物の所有権を互いに移転することを約する契約である (568 条)。

贈与契約　贈与契約とは，当事者の一方が自己の所有する物あるいは権利を無償で相手方に与えることを約する契約である (549 条)。

物の利用を目的とする契約

消費貸借契約　相手方より金銭その他の物を受け取り，後にそれと同価値，品等，等級および数量の物を返すことを約する契約である (587 条)。消費貸借契約では，相手方から受け取った物 (例えば金銭) は，消費してしまう，

すなわち無くなってしまうことが前提になっている。したがって，使用しても無くならないもの (例えば本) は消費貸借の対象にはならない。それは次の使用貸借契約または賃貸借契約になる。消費貸借契約では，借りたものは消費してしまうので，借りたその物を返すことはできないので，同じ価値，品質・等級および数量の物を返すことになる。金銭を借りる契約は代表的な消費貸借契約であり，**金銭消費貸借契約**と呼ばれる。これに利子を付すのが通常である。

使用貸借契約　相手方より物を受け取って，その物を無償で利用した後に，その物を相手方に返すことを約する契約である (593 条)。借りた物を無償で使用するところがこの契約の特徴である。友人から自転車を借りる，本を借りる，使用後使用料を払わずに返却するのは使用貸借契約である。

賃貸借契約　賃貸借契約とは，相手方に物を使用させることを約し，相手方が，それに対して報酬を与えることを約する契約である (601 条)。使用料を払って自転車を借りる，家賃を払って家を借りる，部屋代を払って部屋を借りるのは賃貸借契約である。

人の労務の利用を目的とする契約

雇用契約　労務に服することを相手に約し，相手がそれに対し報償を与えることを約する契約である (623 条)。現在は，労働者の保護のために「**労働基準法**」が定められており，使用者と労働者の関係はこの法律で規律されている。労働基準法では雇用契約とは呼ばずに「**労働契約**」と呼ぶ。労働基準法が適用されずに，民法の雇用契約に関する規定が適用されるのは，同居の親族だけを使用する場合と家事使用人の場合だけである (労働基準法 8 条参照)。

請負契約　当事者の一方がある仕事を完成することを約し，相手がその仕事の結果に対して報酬を与えることを約する契約である (532 条)。たとえば家の建築についての建設会社との契約，洋服店との洋服仕立の契約は請負契約である。この契約は完成された仕事の結果 (契約どおりに家，洋服が出来上がること) を目的とする。仕事の完成までの経過 (プロセス) は重要視されない。請け負った者が他人を使って仕事を完成させてもよい。

委任契約　相手方に法律的な事務の処理を委託し，相手方がこれを了承する契約である (643 条)。家屋の売却，あるいは購入を委託する契約は委任契約である。事務の処理には法律的な事務の処理だけではなく，それ以外の事務の処理もある。たとえば，資料の収集・整理を委託する，子供を一時預けるなど，これらを準委任といい，委任に関する規定を適用する (656 条)。委任では相手を信頼して事務処理を委託するので，委託を受けた当人が事務処理をしなければならない。この点は請負契約と異なる。

寄託契約　相手から物を受け取って相手のためにその物を保管することを約する契約である (657 条)。たとえば家を建て替えるので，家具などの家財を預かってもらう契約は寄託契約である。

以上，民法典で取り上げている契約 (典型契約) について，大まかな類型化をして，個々の契約について簡単に解説を行った。われわれが経済社会において締結している実際の契約は，これらの契約類型にそのまま該当するとは限らない。すでに述べたように，われわれの経済社会においては，私的自治・契約の自由が原則である。われわれは様々な形態の，また内容の契約を締結し，自己にとって最も望ましい成果の達成を目指している。民法はあくまでも，契約を締結した当事者間の利害対立・紛争の解決の観点から，典型的と考える契約類型を取り上げ，解決の基準 (裁判規範である任意規定) を定めているのである。これらの基準は社会一般の常識，すなわち一般的に容認されている，あるいは容認されると考えられる考えを内容とするものである。したがって，これらの基準に満足できない場合，あるいは自己の満足できる内容を求める場合には，私的自治・契約の自由にもとづいて，自己の満足のいく内容の契約を結ぶことが重要である。しかし契約には相手方があるので，相手方との交渉により，お互いに譲歩しあい，双方が納得した内容で合意しなければならないことは言うまでもない。

6.5.2 契約と権利・義務関係 (図 6.7 参照)

権利・義務の発生

契約が締結され，有効に成立すると締結された契約の内容にしたがって，契約当事者に権利・義務関係が発生する。たとえば，売買契約であれば，売主は買主に対し物を引き渡す義務があり，同時に買主に対し代金の支払いを請求する権利がある。逆に，買主は売主に対し代金を支払う義務があり，同時に物の引き渡しを請求する権利がある。これらの権利を「**債権**」といい，債権を有している者が「**債権者**」である。これに対し義務を「**債務**」といい，債務を負っている者を「**債務者**」という。ところで，民法は，「権利の行使及び義務の履行は，信義に従い誠実に行わなければならない。」(1 条 2 項) と定めている。これを「**信義誠実の原則**」いう。したがって，債権者および債務者は信義誠実の原則に従って，債権を行使し，債務を果たさなければならない。

義務の履行の強制

債権者は，債務を契約の本来の趣旨 (**債務の本旨**という) にしたがって果たさなければならない。なお債務を果たすことを債務を履行するという。債務者が債務の本旨にしたがった履行をしなかった場合には，債権者は裁判所に訴えて債務者に強制的に義務を履行させることを請求することができる (民法 414 条 1 項)。

裁判所が債務者に債務の履行を強制するには次の三つの方法がある。

① 履行があったと同じ状況をつくりだす方法 (**直接強制**)

② 債務の内容が債権者でなくても実現できる場合には，債務者に費用を出させて，債務を履行する行為を第三者に行わせる方法 (**代替執行**)

③ 債務を履行しなければ損害金を支払えと命じて，債務者に心理的な圧力を加えて間接的に履行を強制する方法 (**間接強制**)

債務不履行と損害賠償

債務者が債務の本旨にしたがった履行をしないことを「**債務不履行**」という
債務不履行により損害を受けた場合には，損害賠償の請求をすることがで

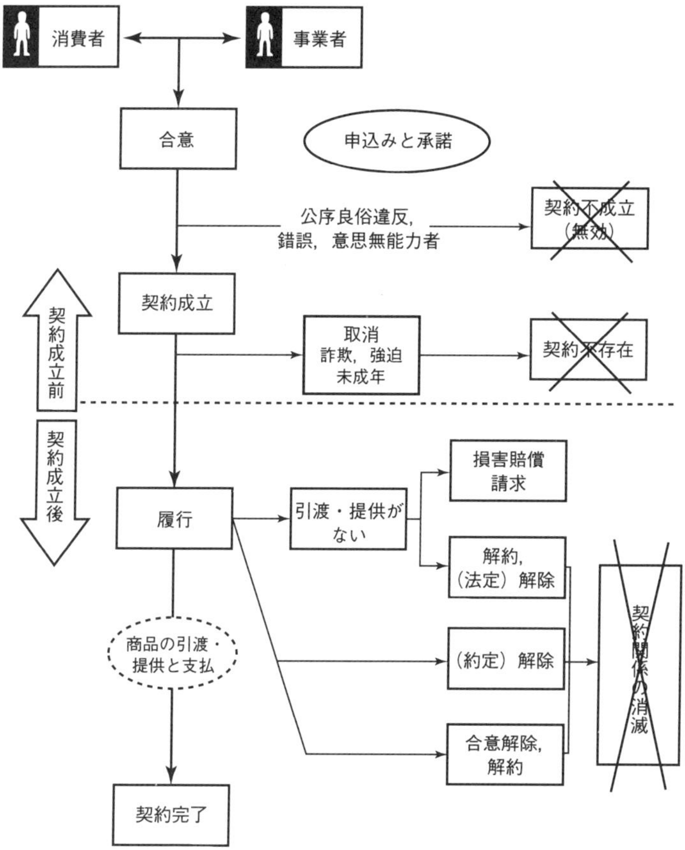

図 6.7 消費者からみた契約の枠組み

きる (民法 415 条)。なお債務不履行には次の三形態がある。

① **履行遅滞**　債務者が，債務の履行をしなければならない時期がきていて，債務を履行することができるのに，債務者の責任で履行しない場合。たとえば，代金支払いの時期がきていて，支払い可能なのに支払いをしない場合。

② **履行不能**　契約が成立した後で，債務者の責任で履行ができなくなった場合，たとえば，債務者の不注意で引き渡すべき物を壊してしまい，

代わりの物がない場合。

③ **不完全履行**　一応履行はあったが，債務者の責任で契約の趣旨にあわない不完全な履行である場合。たとえば，数量が足りないとか，契約した品質，等級の物でない場合。この場合には，不足の数量の履行，契約した品質，等級の物の履行など，完全な履行を請求することができる。

なお，債務不履行の場合には，契約の解除を行うこともできる。

同時履行の抗弁

契約当事者双方が債務を負い，その債務が対価関係に立つ場合，その契約を「**双務契約**」という。たとえば，典型契約のうち売買契約，交換契約，賃貸借契約，雇用契約は双務契約である。双務契約の場合，相手が債務を履行するまでは，自分の債務の履行を拒むことができる。これを「**同時履行の抗弁権**」という。これは公平の理念に基づくものである。要するに，相手に債務の履行を請求するには，まず自分も債務の履行を申し出ることが必要ということである。

ところで現代経済社会ではクレジットで物やサービスを購入することが通常となっている。販売業者とクレジット会社が別々の会社の場合には，物やサービスは販売会社から購入しているが，支払いはクレジット会社に行っている。販売会社が債務を履行しない場合，クレジット会社に支払いを停止できるかの問題が生じた。同時履行の抗弁権は売主と買主の間の関係を処理するものであり，買主の売主に対する抗弁権を売主でないクレジット会社に行使できるか極めて解決が困難な問題であった。クレジット契約書には「販売業者に対して抗弁事由が生じても，クレジット業者に対する支払いは継続」する旨の条項 (抗弁切断事由) が通常定められていた。

クレジット契約の取引実態を見ると，クレジット会社と販売業者の間には商品販売とクレジット契約の利用に関してあらかじめ提携関係 (加盟店契約) が結ばれ，クレジット契約の締結契約は販売業者に委託されて販売契約の締結と不可分一体に手続きが行われていること，消費者の意思としては販売業者の債務が履行されないときは代金の支払いを拒絶しうるものと期待しているのが通常であること，クレジット会社は継続的な取引関係の中で販売業者を監督できる立場にあり，損失を分散する経済的能力を有していること，消費者は販売業者との一回的な取引においては販売業者の実態を把握することは困難であり万一の損失を負担する資力を有していないのが通常であるという構造的特徴がみられる。

こうした取引実態を踏まえ，消費者保護の観点から，**割賦販売法** (昭和 36 年法 159) は，昭和 59 年の改正により，クレジットを使って分割払いで物やサービスを購入する場合，販売業者に対する抗弁事由をもってクレジット業者の支払請求に対抗することができるようにした。これは「**支払い停止の抗弁**」とか「**抗弁権の接続**」とよばれている。

契約関係の解消 (解約)

有効に成立した契約の効力を，契約の一方の当事者の意思表示により解消させて，その契約がはじめから存在しなかったと同じような効果を生じさせることが契約の解除である。

契約が解除されると，契約から生じた債権・債務は消滅し，当事者はその履行を請求できなくなる。すでに履行がなされているのであれば，その履行は債権・債務が存在しないのに履行されたことになるので，当事者は相互に返還することになる。

契約の解除が認められるのは，解除権が認められている場合である。解除権は，法律で認められている場合と契約で認められている場合がある。前者を「**法定解除権**」，後者を「**約定解除権**」という。

法定解除権

個々の契約について固有の解除権が認められている場合 (たとえば，売買契約の場合には民法 562 条，563 条 2 項) があるが，すべての契約に共通した解除権は，債務不履行の場合である。相手方に債務不履行があれば契約を解除することができる。

約定解除権

契約において，解除権が認められている場合である。たとえば契約書で，

「次の場合には契約を解除することができる」と書かれている場合，この条項により契約書に定められている「次の場合」に該当すれば解除権がみとめられ，契約を解除することができる。

法律や契約で解除権が認められていない場合でも，当事者の合意で契約を解除することは自由である。理由のいかんは問わない。これを「**合意解約**」という。なお，約定解約，合意解約の場合に，不当な高額の解除 (解約) 手数料を要求される場合がある。これらは，公序良俗に反して，その条項あるいは合意が無効となる場合がある。

6.6 「法と経済」に関係する若干の事例研究

社会的に問題となっている最近生じている事例をいくつか取り上げて検討することとする。

6.6.1 労働関係における問題

働き方をめぐる問題

すでに述べたように，現代社会においては法的には対等な権利・義務の主体の地位が保障されているが，現実にはすべての経済主体があらゆる面において対等な立場にあるわけではない。たとえば賃金を得るために仕事を求める者と従業員を採用する企業は，必ずしも対等の立場に置かれているわけではない。短期的には労働市場における需給関係に影響を受けるが，長期的には働く者を求める企業に対し職を求める労働者は一般的には提供される職場の不足のため，雇用契約あるいは労働契約締結に際して両者は対等の立場に置かれていない。サブプライム問題発生前の状況と発生後の雇用状況を比較して見ればこのことは明白であろう。憲法が労働者に労働基本権 (団結権，団体交渉権および団体行動権) を認めている理由である。

現代経済社会において自己の生活の在り方に合わせて自分に相応しい働き方を求める若者が一方に存在し，他方，企業の側にも自由な採用の形を求める要請が存在する。しかし過去の歴史を見る限り，企業は不景気のとき，また企業の継続が困難となった場合には，短期雇用の労働者 (臨時工や日雇い労働者) の再雇用を止め，こうした労働者が犠牲とされてきた。就職は豊かな社会生活を実現するための所得を得る市民の手段である。安定した職場を確保することができなければ，社会生活を維持し，自らを開発し発展させ豊かな生活を送る可能性は否定される。現在の経済不況において，新卒者や職を求める者が職場を確保することが困難となっている。いわゆるセイフティーネットによる失業者の救済という方法はあるが，これは一時的な救済である。働いて所得を得，自らが望む人生を送るという市民の基本的権利は実現されない。日本国憲法第 27 は,「すべて国民は，勤労の権利を有し，義務を負う。」と定めている。過去の歴史に学びながら，職を求める者と労働者を採用する企業の間の契約の在り方を現代市民社会全体の利益 (法の目的である公共の福祉) の実現の観点から考える必要があろう。

職場における諸問題 (パワハラ，セクハラをめぐる最近の問題)

最近，職場におけるパワーハラスメントやセックスハラスメントが社会的問題となっている。職場の上司あるいは同僚からの嫌がらせにより，精神的障害を受け，最悪の場合には自殺に至る事例も生じている。こうした現象は私企業のみならず，国および地方自治体の職場においても生じている。

使用者と労働者の間の契約 (雇用契約にしろ，労働契約にしろ) では，労働者は使用者の指揮監督の下で働く (労務に服する) 義務があり，労務に服した後に報酬 (賃金) を請求する権利がある。また使用者は労働者に指揮監督の下で労務に服することを請求する権利があり，労働者が労務に服した後には報酬 (賃金) を支払う義務がある。これが使用者と労働者の間の基本的な契約関係であるが，これに付随する使用者の義務として，労働者に対する安全配慮義務がある (労働契約法第 5 条)。職場において労働者が安全に労務に服すことができる環境および秩序を形成することが使用者の義務である。労働者も人間であり，職場においても一人の人間として尊重されることが市民社会における原則であり，人権を保障している憲法の趣旨にも合致する。使用者は職場におけるパワハラおよびセクハラを排除し，従業員を一人の人間として，その人格権を尊重した取り扱い，および指揮監督を行うことが求められる。このことは，労働者に働くことの楽しさや働くインセンティブを与えることになり，企業にとっても労働の効率性を上げ，企業の収益を増大させることになると考えられる。採用した労働者をどのように働かせるかは使用者の自由ということにはならない。使用者の労務の提供を労働者に求める権利もすでに述べたように信義誠実の原則にしたがって行使さなければならない。

6.6.2　消費者取引をめぐる諸問題

商品・サービスを購入する消費者とこれらを消費者に提供する企業の間の取引関係においても，さまざまな問題が生じている。すでに述べたように20世紀半ばからの科学技術，特に先端技術の飛躍的発達は様々な物質や取引の対象となりうるものを発明・発見し，それを商品化してきている。また情報技術の発達は新たな流通形態および取引方法も生み出している。これらの恩恵を受けてわれわれは便利で豊かな生活を実現することが可能となっている。しかし他方で様々な問題および被害を消費者にもたらしている (表6.1)。

表 6.1　年度別にみた相談内容別分類の件数の推移
(国民生活センター PIO-NET に登録された件数)

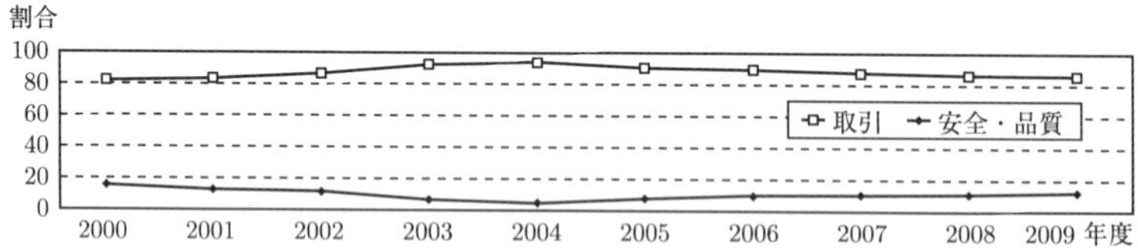

年度 / 内容	2000	2001	2002	2003	2004	2005	2006	2007	2008	2009
契約・解約	375,716	461,341	640,328	1,244,567	1,646,361	1,085,737	917,940	855,561	761,434	703,591
販売方法	217,680	270,273	361,223	650,922	872,671	582,975	480,033	426,080	368,944	342,992
価格・料金	80,763	100,561	130,626	159,207	131,508	144,641	154,785	163,302	151,263	149,668
品質・機能・役務品質	88,788	87,217	94,957	83,617	79,261	89,103	90,456	104,450	102,733	110,866
接客対応	54,296	56,404	66,426	65,152	64,176	81,767	86,821	101,109	99,856	114,647
表示・広告	15,948	21,356	28,674	32,006	47,090	45,208	41,437	45,355	41,808	41,318
法規・基準	17,324	20,789	30,049	37,019	37,520	43,377	41,216	39,806	36,097	32,302
安全・衛生	18,029	16,709	20,304	16,958	16,641	24,677	24,514	31,184	30,163	33,006
取引	449,146	555,496	760,233	1,406,835	1,817,504	1,196,252	1,009,951	933,359	835,074	775,268
安全・品質	91,676	90,072	98,842	87,062	82,946	97,775	97,659	113,373	110,832	120,742

注：データは2010年5月末日までの登録分。「取引」は「販売方法」と「契約･解約」のいずれかが問題となっているもの,「安全･品質」は「安全･衛生」と「品質･機能･役務品質」のいずれかが問題となっているもの。なお，相談内容別分類は複数回答項目。

出典：独立行政法人国民生活センター編「消費生活年報2010」

情報の非対称性あるいは情報格差

先端技術を利用した商品やサービスに関する情報，また多様化複雑化した取引方法に関する情報に関し企業と消費者の間に非対称性あるいは格差が存在し，商品サービスを正しく理解し自分が必要としている商品であるかを認識すること，また自分が選択した取引方法がどのような仕組みのものであるのか，理解することが消費者にとって困難となっている。事業者から提供される説明に消費者は依存し，十分に理解しないままに取引することが一般化している。

交渉力格差

消費者と事業者間の問題は情報の非対称の問題だけではない。現代の経済社会においては，多くの市場あるいは産業は少数の企業により構成されている寡占状況にある。消費者はこうした寡占企業が生産あるいは流通させている商品を個人事業者からではなく，法人化した企業である事業者から購入している場合が多い。こうした事業者と消費者は取引において対等の立場で交渉し，合意に基づいて取引できる立場にあるわけではない。事業者の決定した条件で買うか，それとも買うのをあきらめるかの選択しかない場合が多い。しかし生活必需品の場合には消費者は購入せざるをえない。また取引条件 (たとえば価格) もメーカーが設定し，流通業者に指示または推奨したものであることが多い。すなわち事業者と消費者の間には取引条件について交渉の余地がない場合が多い。このように交渉力に格差のある取引において，消費者は不利な条件で契約を結ばされる恐れがある。

消費者取引の多様化

消費者はさまざまな物およびサービスなどを購入する。これらの物およびサービスなどを実にさまざまなルートを通じて消費者は入手している。大型小売店あるいは近隣の小規模小売店，またコンビニに出向いて買い求める場合もあれば，新聞広告，カタログ，テレビの広告を見て郵便や電話で，あるいはコンピュータにより注文し商品を手に入れる場合もある。

これまでの取引は，主として消費者が物・サービスを購入するために店舗に直接訪れることにより行われていた (**店舗販売**)。もちろん，こうした取引は現在でも主要な取引手段として利用されている。しかし昭和 40 年代ごろから，大量生産・大量販売システムが確立されてくるにしたがい，こうした店舗販売のみならず，さまざまな手段を通じた取引が行われるようになってきた。すなわち，店舗外でなされる取引 (**無店舗販売**) が台頭し普及してきた。

一口に店舗外取引といっても，種類はさまざまである。そして年年多様化しているのが実態である。代表的なものとしては，**訪問販売**，**通信販売**，**ネガティブオプション** (注文していない商品が送られてきたり，注文した商品と一緒に注文していない商品が送られてきたりする，いわゆる送りつけ商法。)，そして電話勧誘販売などがあげられる。通信販売の中でも通信手段が多様となり，最近ではインターネットを通じた電子商取引も一般的になされてきている。

このような購入手段・取引方法の多様化は，現代経済社会における消費行動の特徴となっている。こうした取引から従来見られなかった新しい問題が発生して，消費者問題・被害を複雑化させ，あるいは深刻化させている (表 6.2 参照)。

商業倫理および法令順守意識の低下

さらに問題なのは，商品およびサービスの安全性および不当表示問題，また不十分な説明がしばしば社会問題化していることである。この問題は商業道徳あるいは商業倫理の問題であるが，現代経済社会において企業および企業経営者の商業倫理意識の低下，あるいは法令順守 (コンプライアンス) 意識がきわめて乏しいことに問題がある。安全安心な社会生活の確保のために，安全に安心して使用・利用できる商品およびサービスを生産・提供することは企業の最低限の責務である。すでに述べたように，企業はわれわれ人間が豊かな社会生活を実現するために作ったものである。しかしながらわれわれ人間を無視した企業の利益優先の事業活動がしばしば行われ，消費者被害を発生させている。

表 6.2 年度別にみた販売購入形態別相談件数・割合の推移
(年民生活センター PIO-NET に登録された件数)

販売形態／年度	年度別総件数	店舗購入	店舗外販売						合　計
			訪問販売	通信販売	マルチ取引	電話勧誘販売	ネガティブ・オプション	その他無店舗販売	
	上段：件数　下段：割合 (%)								
2000	547,138 (100.0)	185,778 (34.0)	136,789 (25.0)	65,554 (12.0)	15,835 (2.9)	66,448 (12.1)	4,082 (0.7)	9,933 (1.8)	298,641 (54.6)
2001	655,899 (100.0)	196,725 (30.0)	154,742 (23.6)	130,482 (19.9)	18,803 (2.9)	73,893 (11.3)	4,397 (0.7)	10,182 (1.6)	392,499 (59.8)
2002	873,665 (100.0)	228,694 (26.2)	181,900 (20.8)	236,988 (27.1)	21,229 (2.4)	95,131 (10.9)	5,292 (0.6)	12,019 (1.4)	552,559 (63.2)
2003	1,509,887 (100.0)	226,980 (15.0)	184,817 (12.2)	764,770 (50.7)	20,247 (1.3)	108,751 (7.2)	4,767 (0.3)	15,822 (1.0)	1,099,174 (72.8)
2004	1,919,674 (100.0)	230,301 (12.0)	168,344 (8.8)	1,245,539 (64.9)	20,070 (1.0)	87,415 (4.6)	5,036 (0.3)	12,764 (0.7)	1,539,168 (80.2)
2005	1,302,797 (100.0)	266,125 (20.4)	170,038 (13.1)	537,713 (41.3)	21,678 (1.7)	70,709 (5.4)	4,604 (0.4)	14,372 (1.1)	819,114 (62.9)
2006	1,111,915 (100.0)	291,108 (26.2)	140,316 (12.6)	368,299 (33.1)	21,297 (1.9)	59,596 (5.4)	6,724 (0.6)	12,611 (1.1)	608,843 (54.8)
2007	1,050,467 (100.0)	337,656 (32.1)	117,971 (11.2)	336,574 (32.0)	24,320 (2.3)	52,873 (5.0)	3,030 (0.3)	12,177 (1.2)	546,945 (52.1)
2008	950,251 (100.0)	328,107 (34.5)	99,552 (10.5)	280,752 (29.5)	19,150 (2.0)	49,261 (5.2)	3,055 (0.3)	10,377 (1.1)	462,147 (48.6)
2009	899,433 (100.0)	328,248 (36.5)	97,382 (10.8)	248,726 (27.7)	15,727 (1.7)	49,474 (5.5)	2,548 (0.3)	9,597 (1.1)	423,454 (47.1)

注 1：データは 2010 年 5 月末日までの登録分。表中の割合は年度別総件数を 100 として算出した値である。
注 2：「店舗外販売」とは，販売購入形態のうち「店舗購入」と「不明･無関係」を除いた，「訪問販売」，「通信販売」，「マルチ取引」，「電話勧誘販売」，「ネガティブ・オプション」，「その他無店舗販売」の形態。
注 3：「訪問販売」には，「家庭訪販」，「アポイントメントセールス」，「SF 商法」，「キャッチセールス」などが含まれる。
出典：独立行政法人国民生活センター編「消費生活年報 2010」

少子高齢化と消費者被害の多発

日本は世界 1 の高齢化社会になった。また出生率も減少し少子化も進んでいる。さらに二世代あるいは三世代同居の家族は減少し，ほとんどが一世代の核家族になっている。こうした社会においては，高齢者は相談する相手がなく，信頼できる情報が少なくなり (高齢化とは親しい人々の減少の過程であり，これらの人々から得ていた信頼できる生活情報の喪失の過程であるという見方もある)，高齢者特有の不安 (経済的不安および健康上の不安) あるいは心配，また高齢者であるが故の判断力の低下，などから消費者被害にあうことが多くなってきている。事実，高齢者からの消費者被害相談の相談全体に占める割合が増加している (表 6.3 参照)。

表 6.3　2009 年度の契約当事者年代別等にみた相談内容別分類ごとの相談件数・割合 (国民生活センター PIO-NET に登録された相談)

契約当事者 ＼ 相談内容別分類		表示・広告	販売方法	契約・解約	接客対応	包装・容器	施設・設備
		上段：件数　下段割合 (%)					
計		41,318 (4.6)	342,992 (38.1)	703,591 (78.2)	114,647 (12.7)	755 (0.1)	1,153 (0.1)
年代	20 歳未満	1,367 (5.0)	15,737 (57.4)	24,944 (91.0)	1,578 (5.8)	6 (0.0)	18 (0.1)
	20 歳代	4,518 (4.1)	47,165 (43.3)	95,061 (87.2)	10,905 (10.0)	43 (0.0)	76 (0.1)
	30 歳代	7,671 (4.6)	62,708 (37.7)	136,814 (82.3)	22,038 (13.3)	124 (0.1)	178 (0.1)
	40 歳代	7,249 (4.9)	54,616 (36.8)	116,811 (78.7)	20,721 (14.0)	108 (0.1)	200 (0.1)
	50 歳代	5,939 (5.0)	40,201 (33.5)	91,315 (76.2)	16,895 (14.1)	130 (0.1)	173 (0.1)
	60 歳代	5,698 (5.0)	39,255 (34.3)	83,382 (72.8)	15,792 (13.8)	136 (0.1)	179 (0.2)
	70 歳代	5,072 (4.2)	56,470 (46.3)	90,955 (74.5)	13,575 (11.1)	112 (0.1)	158 (0.1)
	小　計	37,514 (4.6)	316,152 (39.2)	639,282 (79.2)	101,504 (12.6)	659 (0.1)	982 (0.1)

出典：独立行政法人国民生活センター編「消費生活年報 2010」

消費者保護から消費者の権利確立のための立法

現代経済社会において，さまざまな消費者被害が発生している。こうした消費者被害の発生を事前に防止し，不幸にして消費者被害が発生した場合には，被害からの消費者を救済すると同時に被害の回復および拡大を防止することが必要である。現代社会においては，大量生産大量販売される商品・サービスが通常である。またこれら商品は最先端技術を使用して，全国的に，あるいは国境を越えて販売される。したがって消費者被害は一部の地域にのみとどまらずに広範囲に及ぶ恐れがある。国による消費者被害に対する対応が要請される。

当初消費者は社会的弱者と考えられ，保護されるべき対象考えられた。消費者問題に対する基本法として 1968 年に制定された法律の名称も，「**消費者保護基本法**」であった。この法律が制定されたのは，日本経済が高度成長期に入り，消費社会が出現し，消費者問題が社会問題として認識され始めた時期であった。この当時の消費者問題は，商品の品質，安全性が中心であったが，消費者取引の対象である商品の表示も問題であった。このように社会問題化した消費者問題に対処するため，消費者保護のため個別立法が制定された (1960 年の薬事法，61 年の割賦販売法，電気用品取締法，62 年の景品表示法，家庭用品品質表示法など)。このように個別立法により各省庁がばらばらに消費者保護のための保護を行っていたのでは後追いとなるばかりでなく，統一的な規制が困難であることから，総合的かつ整合的に消費者行政を推進するため，前記「消費者保護基本法」が制定された。しかしこれら法律の基本的考え方は消費者を弱者として保護の対象と考えたことであった。

わが国経済が安定成長からバブル経済に入ると，消費者問題も契約締結方式，契約内容，消費者信用が中心となった。いわゆる「悪徳商法」による消費者被害が大きな社会問題となった。このバブル経済の時期には，投資や利殖に絡むさまざまな悪徳商法が出現したばかりでなく，証券会社，保険会社はじめ銀行などにより十分な説明をせずに金融商品が販売され，またゴルフ会員権や投資マンションなどが利殖を目的に不当な勧誘により販売され，多くの消費者被害が発生した。これらの消費者問題への対応のために，事業者規制のためにいわゆる業法が多数制定された。

バブル経済の崩壊，それに引き続く経済不況，そこからの経済の回復を図り，さらに規制緩和による企業の活性化と経済成長が図られた。規制緩和において消費者の自立および自己責任が強調された。同時に消費者と事業者間に存在する格差から生じる消費者トラブルや消費者被害の増大という事態に対応するために，消費者をめぐる環境を整備する必要が認識され，格差のある当事者である消費者と事業者間の取引に適した新たな立法の必要性が生じた。こうした要請に応える法律として「**消費者契約法**」が，2000 年 4 月 28 日に成立し，2001 年 4 月 1 日より施行された。

消費者契約法は第 1 条 (目的) で，「この法律は，消費者と事業者の間の情報の質及び量並びに交渉力の格差にかんがみ，事業者の一定の行為により消費者が誤認し，又は困惑した場合について契約の申込み又はその承諾の意思表示を取り消すことができることとするとともに，事業者の損害賠償の責任を免除する条項その他の消費者の利益を不当に害することとなる条項の全部又は一部を無効とするほか，消費者の被害の発生又は拡大を防止するため適格消費者団体が事業者等に対し差止請求をすることができることとすることにより，消費者の利益の擁護を図り，もって国民生活の安定向上と国民経済の健全な発展に寄与することを目的とする。」と定める。

また同法は事業者および消費者の努力義務を以下のように定めている（3条）。

事業者の義務　事業者は，消費者契約の条項を定めるに当たっては，消費者の権利義務その他の消費者契約の内容が消費者にとって明確かつ平易なものになるよう配慮するとともに，消費者契約の締結について勧誘をするに際しては，消費者の理解を深めるために，消費者の権利義務その他の消費者契約の内容についての必要な情報を提供するよう努めなければならない。

消費者の努力義務　消費者は，消費者契約を締結するに際しては，事業者から提供された情報を活用し，消費者の権利義務その他の消費者契約の内容について理解するように努めるものとする。

規制緩和においては，市場機能の重視と自己責任の強調，市場の公正性・透明性の確保を担う競争政策と，消費者が市場に参加し，適正な選択を行える環境の確保を担う消費者政策が一体的に取り組まれるべき必要性が主張された。政府の国民生活審議会消費者政策部会の報告書「21世紀型消費者政策の在り方について」が2003年5月に公表された。報告書は消費者政策のグランドデザインのポイントとして，以下の点をあげた。

① 消費者の位置付けを「保護される者」から「自立した主体」へと転換すること。

② 消費者が，安全に生活し，必要な情報を得て適切な選択を行えることなどを消費者の権利として位置付けること。

③ それらの権利を実現するために，行政，事業者，消費者がそれぞれの責務と役割を果たすこと。

④ 消費者政策の手法は，事業者への事前規制を中心とした手法から，市場メカニズムを活用する手法へ重点をシフトするとともに，事後チェック体制を強化すること。

⑤ 安全の確保等，市場メカニズム活用が適当でない政策領域では，引き続

き規制などによる行政が関与すること。

そして，このグランドデザインを具体化するための基本的方策も示され，その中で，消費者保護基本法の見直しが提言された。この提言にしたがって同法の改正が 2004 年に行われ，名称も「**消費者基本法**」と改められた。

消費者保護基本法は，その目的を「消費者の利益の擁護および増進に関する対策の総合的推進を図り，もって国民の消費生活の安定および向上を確保すること」と定め，この目的を達成するために行政 (国，地方公共団体)，事業者，消費者のそれぞれの役割分担を定め，

① 国および地方公共団体は，経済社会の発展に即して総合的施策を策定し，実施すること，

② 事業者は，消費者保護に必要な措置を講ずるとともに，行政機関の施策に協力すること，

③ 消費者は，自ら必要な知識の習得に努めるとともに，自主的かつ合理的な行動に努めること

とされた。消費者基本法は目的規定に，「消費者と事業者間の情報の質及び量並びに交渉力等の格差にかんがみ，··· 消費者の権利の尊重及びその自立の支援その他の基本理念を定め」という文言を新たに挿入した。

同法が消費者の権利を具体的に明示したこと (2 条 1 項) が重要である。消費者の権利を，国民の消費生活における基本的な需要が満たされ，その健全な生活環境が確保される中で，安全が確保されること，自主的かつ合理的な選択の機会が確保されること，必要な情報および教育の機会が提供されること，意見が消費者政策に反映されることおよび被害が適切迅速に救済されること，と具体的に明示した。消費者が保護の対象から，権利の主体，特に消費者の権利の主体であることが保障されたことが重要である。

なお従来の縦割り行政の弊害を除去し，統一的に消費者行政を実施するために，2009 年 9 月に**消費者庁**が設置された。

現代社会においては，消費者は市民社会の構成員である市民である。消費者である市民が豊かな市民生活を送ることができるよう，消費者，事業者，政府 (地方政府を含む) が市民社会におけるそれぞれの役割を果たすことが望まれる。そのことが消費者基本法において定められている役割および義務とあ

いまって市民 (消費者) の豊かな生活を実現することに資すると考えられる。

6.6.3 政策策定および実施の透明性と国の説明責任をめぐる問題

国の予算が法令に従って適法に執行されているか，予算が効率的あるいは経済的に執行されているか，当該支出により国の事業目的・政策目的が達成されているか，さらに長期間継続して実施されている政策・事業の場合には，当初の政策目的が時間の経過に伴って社会的必要性が減少していないか，あるいは失われていないかといった観点からのチェックが必要である。こうしたチェックに対する国民の要請も増大している。さらに，過去に巨額の予算を投入して完成させた施設・設備が現在，有効に活用されているか，それらの施設・設備に対する社会的ニーズがその後減少または喪失していないか，そうした事態が生じている場合に無駄に維持管理費あるいは運営費が支出されていないか，他の目的に活用できないかといった検討も必要である。こうした要請が公会計監査に求められている。ところでこうしたチェックをする公会計監査の国の機関として**会計検査院**が存在する。会計検査院は憲法により設置された機関である (憲法第 90 条)。ところでこうした要請の背景として，国家機能の拡大と国の財政負担の増大，社会の急激かつダイナミックな変化，近代国家の前提要件の崩壊あるいは虚偽性の顕在化，政策・事業の決定・実施過程の透明性と説明責任に対する国民の要請の強まりが考えられる。

国家機能の拡大と国の財政負担の増大

われわれはより豊かで便利な生活を望んでいる。これに伴いわれわれの生活関係は拡大・複雑化してきている。現代の政府はこれまで，一方で拡大・複雑化する社会の秩序を形成・維持すると同時に，他方で国民の求める豊かで便利な生活実現のために多様な行政サービスの提供を求められてきている。このことは，政府の財政負担の増大をもたらし，それを支える国民の負担である税その他の国民の負担は限界に達している。

そこで政府の役割の見直し，効率的で小さな政府の実現が要請されて，行政改革あるいは財政改革が各国で進められている。公的規制緩和も，不必要な規制を排除し，社会のより一層の発展を実現すると同時に規制に必要な費用の削減という側面を有している。

社会の急激かつダイナミックな変化

現代の社会は急激かつダイナミックに変化している。政府の行う事業は適宜見直しをしていかなければ，社会のニーズに適合しなくなってしまう。また，時の経過に伴って，政策・事業の社会的ニーズが失われたり減少したりする。長期にわたり継続して実施されている政策・事業の見直しが必要である。

近代国家の前提要件の崩壊あるいは虚偽性の顕在化

近代以降の民主主義国家における立法 (政策決定) は，国民の社会意識 (実在する社会意識ではなく国民の意識であると擬制された社会意識) を前提とし，その反映として理解されてきた。従って，立法機関において決定された法および政策は国民の意思，あるいは国民の総意と理解されなければならないものととらえられてきた。

しかしながら，立法機関において決定された意思はさまざまな利益集団の利害対立関係の中で形成されてきたものであり，国民の現実の意思とは乖離する場合がしばしば生じる。こうした状況のなかで，政策目的が本当に実現しうるものなのか疑問が生じる場合がある。そこで，策定された政策・事業がどのような効果 (結果) をもたらしたか，それは当初目的とされたものであるかを事後的に評価すること (政策評価) が要請される。

また，近代以降の民主的な国家においては，国家の機能を分立させ，それぞれの機能を独立した機関 (立法，行政，司法) に付与してきている。これら独立した機関が相互に牽制機能 (チェック機能) を発揮することにより，国家は全体として調和ある望ましい形で機能し，主権者である国民の負託にこたえることができると考えられてきた。しかしながら，予定された国家機関相互間の牽制機能は，期待されたようには十分に発揮されてこなかったことが歴史的な事実として明らかとなってきている。特に，立法機関による意思決定，またそれを具体化する行政機関における政策決定およびその実施に対する司法機関のチェック機能は十分には発揮されてきていない。意思決定・政策決定の妥当性，政策実施の経済性・効率性・有効性確保にはその権限が及んできていないことは明らかである。政策・事業の意思決定およびそれらの実施主体以外の第三者機関による事後的な評価が必要とされる。

政策・事業の決定・実施過程の透明性と説明責任に対する国民の要請の強まり

国民は主権者としての立場から，また納税者としての立場から，国の意思決定および政策・事業の実施等に関して，その透明性と説明責任を求める傾向が強まっている。

以上に述べたことは，人々が豊かな生活を送るために，どのような国家組織を構築する必要があるか，また国は何をなすべきかを問いかけている。こうした問いかけに答える際，以下の要素が考慮される必要があろう。

(1) 政策の決定・実施に対する外部的事後評価システムの導入と強化
(2) 国家機関相互間の「チェック・アンド・バランス」の確保
(3) 施策・事業に関する意思決定過程および実施状況・結果に関する透明性と説明責任の確保

ところで，近代以降の国家は，わが国の会計検査院と同様の機関を有している。各国検査院は，その国の歴史および政治文化の中で十分に機能を果たすことができるように，国家組織に位置づけられてきている。この位置づけや発展の相違に応じて，各国検査院の組織，権限，手続および検査結果公表方法に違いが認められるが，現在各国の検査院が目指している方向は共通していると考えられる。各国の会計検査院は，近代国家の権力分立がそれぞれの国において，必ずしも十分に機能してこなかったことを認識し，立法および行政機関に対するチェック機能を果たすことにより主要な国家機関相互間のチェック・アンド・バランスを確保する努力を行っている。例えば，アメリカの会計検査院であるGAO (General Accounting Office) は，2003年にGovernment Accountability Officeに名称変更し，行政府の説明責任を明らかとすることを主要な任務としていることを明らかにしている。また，オーストラリア会計検査院であるANAO (Australian National Audit Office) は，主要な役割が政府の説明責任を果たすことにあることを強調している。

GAOの前委員長であったDavid M. Walker氏は説明責任の重要性と政府監査の関係について，「公の資源に対する説明責任はわれわれの国の統治過程において重要な概念であり，健全な民主主義にとって大切な要素である。立法者，政府職員および国民は政府のサービスが効率的，有効に，経済的に，また法令にしたがって提供されているかを知ることを望んでいる。彼らはまた政府のプログラムがその目的，望まれた結果を達成しているか，またそれに要した費用を知ることを求めている。政府監査は国民に対する説明責任を果たすという政府の義務の履行において重要な要素である。」と述べている。

単に行政主体の予算執行や事務・事業の遂行過程について検査し，検査結果を公表するだけでは，説明責任を果たしたことにはならない。質の高い信頼性のある検査活動に基づく検査報告こそが説明責任を果たすことになる。専門的な知識に基づいた検査，事実を確認して行う客観的な検査，被検査機関から独立した立場での検査，法律で定められた適正な手続き (due process) に従った検査が，高い質と信頼性を保障する。会計検査院の検査報告書はこれらの点で質の高い，信頼性ある検査報告である蓋然性を有している。この点で，わが国会計検査院も，企業会計において監査人が遵守しなければならない監査基準に相当する公会計における監査基準，例えばGAO の Government Auditing Standards (2003 Revision) のような検査基準の策定が緊急の課題といえよう。GAO の監査基準は，その目的を以下のように述べている。

「本文書に含まれている基準および指針，これらはしばしばGAGAS (generally accepted government auditing standards) と呼ばれているが，これらは以下のことを確保するために政府監査人により用いられることを意図している。すなわち，政府監査人が適格性，誠実性，客観性および独立性を彼らの行う監査の計画，実施および報告の各段階において維持することを確保するために使用することである。同時に，法律，規則，契約，協定あるいは指針により要請された場合には，監査人および監査機関はこの基準および指針に従わなければならない。…GAGAS に従って行われる監査業務は，財務監査，証明業務および業績監査を含む。GAGAS に従って実施された政府監査および証明業務の利用者は，当該業務の客観性および信頼性を確信するであろう。」「GAGAS は，監査人の職業的資格，業務の質，実証作業の実施，および有意義な報告に関係する。GAGAS に従って監査結果の報告を行えば，その仕事は政府の行政，意思決定および監視の改善をもたらすことができる。

政府監査は，要するに国民への説明責任という政府の義務を履行する上で重要な要素である。」

参考文献

ラードブルフ著『法学入門』(東京大学出版会，1961 年)
ロナルド・H・コース著『企業・市場・法』(東洋経済新報社，1992 年)
金子 晃編著『市民社会の法』(不磨書房，2000 年)

索　引

欧　文

あ　行

か　行

さ 行

た　行

な　行

は 行

ま　行

や　行

ら　行

執筆者一覧

鈴木《すずき》淑夫《よしお》	1955 年	東京大学経済学部卒業
	1976 年	経済学博士（東京大学）
	1988 年	日本銀行理事
	1991 年	野村総合研究所理事長
	1996 年	衆議院議員（2 期 7 年）
	現　在	鈴木政経フォーラム代表
津谷《つや》典子《のりこ》	1986 年	米国シカゴ大学大学院社会学研究科博士課程修了
		Ph.D.(シカゴ大学)
		米国東西センター人口研究所リサーチ・フェロウ
		日本大学助教授を経て
	1997 年	慶應義塾大学経済学部教授
早見《はやみ》　均《ひとし》	1988 年	慶應義塾大学大学院経済学研究科博士課程修了
	2001 年	博士（商学）（慶應義塾大学）
		應義塾大学産業研究所助手，助教授，教授を経て
	2004 年	慶應義塾大学商学部教授
田中《たなか》　滋《しげる》	1980 年	慶應義塾大学大学院商学研究科博士課程修了
		慶應義塾大学ビジネススクール助手，
		経営管理研究科助教授を経て
	1993 年	慶應義塾大学大学院経営管理研究科教授
大沼《おおぬま》あゆみ《あゆみ》	1988 年	東北大学大学院経済学研究科博士後期課程修了
	1991 年	経済学博士（東北大学）
		東北大学経済学部助手，東京外国語大学助教授，
		慶應義塾大学経済学部助教授を経て
	2003 年	慶應義塾大学経済学部教授
金子《かねこ》　晃《あきら》	1967 年	慶應義塾大学大学院法学研究科博士課程修了
		慶應義塾大学法学部助手，講師，助教授を経て
	1976 年	慶應義塾大学法学部教授
	1997 年	会計検査院検査官，会計検査院長
	2004 年	公認会計士・監査審査会会長
	現　在	慶應義塾大学名誉教授，弁護士，
		(社)全国消費生活相談員協会会長

編者略歴

丸《まる》 山《やま》　　徹《とおる》

1949年　東京に生まれる
1972年　慶應義塾大学経済学部卒業
1983年　経済学博士(慶應義塾大学)
1990年　慶應義塾大学経済学部教授
現在，東京大学大学院数理科学
研究科客員教授を兼ねる

主要著書

数理経済学の方法 (創文社，1995)
積分と函数解析 (シュプリンガー東京，2006)
新講経済原論 第二版 (岩波書店，2006)

2011年 8月10日 初 版 発 行

経済学教室 13
現代経済事情

編　者　丸山　徹
発行者　山本　格
発行所　株式会社　培　風　館
東京都千代田区九段南 4-3-12・郵便番号 102-8260
電　話(03)3262-5256(代表)・振 替 00140-7-44725

中央印刷・三水舎製本

PRINTED IN JAPAN

ISBN978-4-563-06263-7 C3333